大神教你做新媒体运营

巴大仁◎著

電子工業出版社
Publishing House of Electronics Industry
北京 · BEIJING

内 容 简 介

移动互联网带来了新媒体，也让“两微一端”的新媒体运营岗位炙手可热。一方面，企业急需招聘相关的优秀人才，而正规大学教育与社会职业培训都刚刚起步，尚无法输送更多优秀人才；另一方面，大学生对这个新职业充满了兴趣，急需了解。当此之际，笔者以一个从业者的经历和视角撰写了本书，相信会对大学生、职场新人有一定的借鉴和指导意义。

本书为新媒体新人和想要进入新媒体的观望者提供了一个一线从业者的视角，为读者全面解析新媒体的前景，帮读者测试是不是适合做新媒体，还原了一个新媒体人真实的工作内容，重点分享了做好新媒体工作的实用方法论总结，并针对一些价值感缺失的编辑提出了强化综合运营能力的建议和案例。而要成为一个有前途的新媒体人，最核心的在于学习能力和专业素养。书中也完整还原了我的转行新媒体之路，以及怎样为公司在一年内做出50万粉丝的经验，最后还有新媒体人常用工具分析和学习网站与书籍推荐。

图书在版编目（CIP）数据

大神教你做新媒体运营 / 巴大仁著. —北京：电子工业出版社，2017.5

ISBN 978-7-121-31233-5

Ⅰ. ①大… Ⅱ. ①巴… Ⅲ. ①传播媒介 – 运营管理 Ⅳ. ①G206.2

中国版本图书馆CIP数据核字（2017）第066516号

责任编辑：李 冰
特约编辑：田学清 罗树利等
印 刷：北京七彩京通数码快印有限公司
装 订：北京七彩京通数码快印有限公司
出版发行：电子工业出版社
北京市海淀区万寿路173信箱 邮编：100036
开 本：720×1000 1/16 印张：16.75 字数：376千字
版 次：2017年5月第1版
印 次：2018年6月第2次印刷
定 价：49.00元

凡所购买电子工业出版社图书有缺损问题，请向购买书店调换。若书店售缺，请与本社发行部联系，联系及邮购电话：（010）88254888，88258888。

质量投诉请发邮件至zlts@phei.com.cn，盗版侵权举报请发邮件到dbqq@phei.com.cn。

本书咨询联系方式：libing@phei.com.cn。

前　言

> 组织崩溃，平台重塑，个人崛起。一个全新的“众媒时代”已然来临。面对新一轮的媒体变局，我们一边忧心忡忡、极尽思虑，一边又看到前所未有的机会就蕴藏于这场浪潮之中。
>
> ——腾讯公司副总裁　陈菊红

2015 年 11 月 12 日，清华大学沈阳教授率先在新浪新媒体峰会上发布了《未来媒体趋势报告》，次日企鹅智酷与清华大学新闻与传播学院新媒体研究中心联合发布了《众媒时代：2015 中国新媒体发展趋势报告》；也是这一天，已经连续 12 年发布媒体研究报告的美国皮尤研究中心（Pew Research Center）科技互联网研究总监 Lee Rainie 发布了《变革中的数字世界——2015 美国新媒体研究报告》。结合这三份行业报告，以及我对新媒体行业的长期观察，对于一线从业者来说，有如下三大利好消息。

生产力变革：互联网技术持续发展，第四次工业革命萌芽

从媒体行业的生产力来看，我们要将眼光拉回到门户网站也就是 Web 1.0 时

代，这时候的媒体内容属于专业生产和专业传播时代，门户网站最基本的商业模式就是通过将低成本甚至免费获取的内容运营为海量资讯，以此吸引流量，从而获取广告收入。2001 年秋天，互联网公司的泡沫破灭成为互联网的一个转折点，随后 Web 2.0 的概念应运而生。进入 Web 2.0 时代则更加注重用户的交互，改变了过去用户被动接受的局面，转变为用户既是内容的消费者，也是内容的生产者。在美国新媒体研究报告中提到，互联网用户、移动互联网、社交网络/社交媒体这三大数字革命改变了新闻和信息环境，第四次工业革命——物联网也正在发酵。物联网、虚拟现实和人工智能将开辟新媒体更加辉煌的未来和我们无法想象的前所未有的表达方式。

生产关系变革：媒体形态不断分化，众媒时代来临

最开始接触到“众媒”这个概念的时候我尚不以为然，但是半年时间过去后，我越来越觉得用“众媒时代”这个词语来形容我们现今的媒体形态再贴切不过了。媒体已经不再是电视、广播、报纸和周刊等主流媒体的专有名词了。随着互联网科学技术的进步与发展，逐渐衍生出越来越多的媒介形式。随着一些社会热点的爆发或者网络爆文的传播，我们发现新媒体在其中的作用变得不可小觑，甚至起到决定性作用。我们真正看到了一个众媒开启的时刻，一切“人”（机构或个人），只要愿意，都有可能成为信息的生产者与传播者。

我们将视角望向未来，随着第四次工业革命的到来，物联网得到充分发展，未来一切物体都可以上网，屏幕和数据将与我们的生活息息相关；增强现实技术会将媒体和数据带入我们的现实生活；虚拟现实则变得更加沉浸式、更有吸引力；随着更多让人分心的事物出现和人类大脑的变化，未来信息推送将变得更为普遍。最终，不仅“人”是信息的传播者，而“物”也将成为信息的发布者。也许《三体》中提到的“一切物体皆是屏幕、皆可点击的时代”就会成为现实，那就离真正的万物皆媒不远了。

不可能人人都是产品经理，但可能人人都是新媒体

在互联网产业兴盛之后，产品经理的岗位越来越火热，以至于社会上戏谑地称“人人都是产品经理”。毫无疑问的是，就可行性来讲，肯定不可能出现人人都是产品经理的局面，但是如果从“媒介即信息”的角度来看，则每个人都是信

息的生产者或者传播者，因此可谓人人都是媒介，加之我们前面提到的万物皆媒的畅想，人人都是新媒体恐怕更加切合未来。如果我们将视角聚焦到微观，看一看朋友圈，就会发现越来越多的人不再用朋友圈分享生活状态，而是变成了信息推送。

放眼于新媒体产业全景图，我们看到了政务新媒体、企业新媒体、传媒新媒体及自媒体等形态，不难发现，从政务到企业再到个体，新媒体已经无孔不入。根据《未来媒体趋势报告》，在110家样本媒体中，微博、微信、APP客户端的开通率分别为96.36%、95%和60%，共有66家媒体完成了“两微一端（微博、微信及移动客户端）”的布局。新的产业形态出现需要更多的新媒体人，而新技术的发展和进步也要求更高技术水平的从业者。

综上，传统媒体正在加速衰退，媒体被不断地分化和重构已经成为不争的事实。移动互联网和新媒体正在颠覆旧的传播方式和消费模式，政府与新闻单位的传播力断崖式跌落就要求它们寻找新的传播方式，而媒体的分化使得一部分企业已经掌握了传播的“制空权”，同时消费模式的变迁也要求企业积极寻找新的变现渠道，因此企业新媒体运营官也将越来越重要。

但现实是新媒体运营人才有断层，企业和政府等各类组织习惯了和传统媒体打交道，自己要运营新媒体一时不习惯，也没有人才。高等学府也还没来得及开设对应的课程，还没有大规模培养这方面的人才。还好，人是善于学习的，书籍就能填补这方面的空白，本书应运而生。

首先，我根据自己的一线从业经验总结了新媒体内容运营、活动运营、用户运营、社群运营等工作中实用、有效的方法论，并辅之以案例展示，便于理解。其次，提出了新媒体人的六大自我修养，这是做好任何一份互联网工作所必须具备的通识能力，也是有利于提升自我的工具，强烈荐读。最后，讲述了我的新媒体运营经历，复盘了我做过的成功案例。“他山之石，可以攻玉”，希望我的成长历程会给读者以启发。

作者

2017年1月

目 录

第 1 章

新媒体与新媒体运营

本章会帮大家廓清两个概念，即何为新媒体及何为新媒体运营。当然，我不会长篇大论讲定义，只是稍微了解一些概念，对于从业者来说还是很有必要的。了解完定义之后，接下来你也许想知道当今时代对于新媒体运营岗位的需求是怎样的、学校或者社会对新媒体人才的培养理念又是如何。

1.1 新媒体的定义

虽然业界与学界目前对于新媒体的确切概念还没有达成共识，处于众说纷纭的阶段，但不可小觑的是，新媒体这个词汇不仅渗透到我们日常工作与生活的方方面面，甚至成为各种高峰论坛和学术会议的中心话题。因此，新媒体对于当今社会的影响可以说是全面而深刻的，不仅对政治与经济产生巨大的影响，也在潜移默化地改变着我们的生活方式和思维方式，同时也给学术和理论界带来了全新的课题。“新媒体”一词越来越受到各界人士的关注，也成为新闻学、传播学理论研究的前沿方向。

因此，对于新媒体概念和范畴等基础理论的探讨越来越成为学界和业界迫切需要解决的问题。

对于“新媒体”一词诞生于何时，学界已经有了很多具体的说法。目前普遍引用的“新媒体”一词最早见于 1967 年美国 CBS（哥伦比亚广播电视网）技术研究所所长、NTSC 电视制式的发明者 P.Goldmark 发表的一份关于开发 EVR（电子录像）商品的计划书。1969 年，美国传播政策总统特别委员会主席 E.Rostow 在向尼克松总统提交的报告书中也多处提到“新媒体”这一概念。由此“新媒体”一词开始在美国社会流行并在不久以后扩展至全世界。

中国传媒大学廖祥忠认为这些颇为流行的说法其实并不确切，他认为“新媒体”这个概念至少可以上溯到 20 世纪 50 年代。始见于 1959 年 3 月 3 日马歇尔·麦克卢汉应邀赴芝加哥参加全美高等教育学会举办的会议时提出。在这次听众逾千人的大会上，麦克卢汉讲演的题目是“电子革命：新媒体的革命影响”；也是在这次大会上，麦克卢汉提出了著名的“媒介即信息”这一论断。

就当今的学界与业界而言，其实对于新媒体也有了诸多定义。早期，联合国教科文组织对新媒体下过一个定义：“新媒体就是网络媒体。”清华大学熊澄宇教授提出：“所谓新媒体，或称数字媒体、网络媒体，是建立在计算机信息处理技术和互联网基础之上，发挥传播功能的媒介总和。”还有我们在知乎上常见的一种观点是：“新媒体是一个相对概念，因为新媒体之‘新’是今日之新。”这种观点是由上海文广新闻传媒集团总裁黎瑞刚提出的，他说：“所谓新媒体，是一个相对的概念，是在我们平时见到的报刊、广播、电视等传统媒体以后发展起来的新的媒体形态，最常见的就是数字媒体。”美国《连线》杂志对新媒体的定义是：“所有人对所有人的传播。”

在诸多定义中，美国《连线》杂志的这一观点可谓一语道破新媒体的本质特征，虽然这一见解不足以成为概念的定义，但是比较有利于我们理解。尤其是在目前人们对新媒体还没有一个清晰的、一致认可的定义情况下，我认为，我们不必纠缠于概念、特征、类型等学术认知，而应从更为现实和务实的角度出发，尤其是在这本写给新媒体运营人员的书籍中，我更倾向于采取狭义的概念来阐释，这样相对来说会更有利于感知和理解。

因此，从外延上界定，我认为网络媒体、移动媒体和数字媒体皆为新媒体的范畴；从内涵上定义，新媒体就是所有人能够制作、创造并向大众进行分发和传播的带有交互性与个性化的一种传播介质。

从业内来看，在 2015 年新浪新媒体峰会上，清华大学沈阳教授在演讲中谈道：“未来就是单向的，一切都是媒体。”而在讲述完传统媒体之后，沈阳教授在当下媒体中提到了“两微一端”这个概念，我认为这 4 个字极为准确地概括了当下我国的新媒体形态，即以微博、微信和手机客户端为主要传播介质的新媒体形态。

所以就狭义概念来讲，或者以当下主流的媒体生态来说，本书的探讨也以“两微一端”为主，其中又尤以微信为例，为大家讲述新媒体的趋势、定义以及新媒体产业中重要的一环——新媒体运营的攻略与技巧，希望能助当下中国众多的新媒体从业者或者学习者一臂之力。

1.2　新媒体运营的定义

上一节在对新媒体进行定义时，我认为新媒体就是所有人能够制作、创造并向大众进行分发和传播的带有交互性与个性化的一种传播介质。其中从业内微观角度，我强调了“两微一端”的新媒体产品形态，因此，本节在讲述新媒体运营时，我也以“两微一端”这三个具体的产品来阐释新媒体运营的相关概念。

新媒体的产生就需要新的媒介形式作为载体，无论是网络新媒体、移动新媒体、数字新媒体、新型电视媒体还是其他新媒体种类，都需要有具体的产品承接形式。新媒体运营是指这些产品形式中无论是以“两微一端”的微博、微信和客户端为主流的产品形态，还是在知乎、简书、豆瓣、电台、视频自媒体等新兴媒体平台上进行品牌推广、产品营销、信息新闻资讯传播的运营方式。

运营人员通过对事件与热点的挖掘，结合自己与品牌策划相关的优质、广泛传播性的内容和线上活动，通过用户运营、内容运营、活动运营等方式向用户进行广泛的信息传递或者精准的消息推送，提高曝光度，提升参与度，从而充分利用粉丝经济达到相应营销或者传播的目的。

我国的新媒体从2009年新浪微博出现，到2011年微信产品上线，已有七八年了。在这段时间内，随着微博、微信社交媒体的发展，以及各种手机客户端在国内的火爆，也带动了大量互联网运营人才的就业，新媒体运营这个岗位也从早期的职能模糊，发展到现在逐步形成了明确的岗位设置和岗位要求。那么，具体来说，新媒体运营包括哪些工作内容呢？主要有如下4个部分。

1. 内容运营

根据新媒体的特征之一——原创性，新媒体运营工作中很重要的一部分就是内容运营。内容运营是指在基于产品或者资讯的前提下，进行内容选题、内容策划、内容创意、内容采写、内容编辑与排版、内容推送、内容置换等与内容创造、搬运、整合和推荐相关的运营工作。

2. 活动运营

活动运营一般是指以产品的特点和对产品人群画像的分析为基础，通过创意传播或者奖品奖励的形式，带有明确的动机去策划相关的活动，以期实现用户新增、品牌曝光和产品售卖等目的。

3. 用户运营

对于用户运营，现在业内已经基本上达成了共识，就是围绕用户进行与拉新、留存、促活和转化相关的运营。如果从产品的生命周期来讲，就是在用户的注册、使用、活跃与付费的相关重要节点上，通过种种运营手段，进行用户的开源和节流。

4. 社群运营

比较常见的运营工作就是上述的内容运营、活动运营和用户运营，但是这里我要加上一个社群运营。这不仅顺应当下形势，也是我在一线工作中感觉到的很重要的一项运营内容。2015年被称为社群元年，但是通过观察我发现，2016年才是社群理性健康成长的年元，而且在 2016 年的企业招聘上，我也发现了一些社群运营岗位的招募。那么，何谓社群运营呢？就是通过一系列运营手段，聚集一批用户并促进这些用户的活跃度，通过管理、刺激和激励增强自组织成员、成员与管理者、成员与产品之间的信任和认同。比如，通过社群运营手段，使人们对人格型社群中的意见领袖产生信任，对产品型社群中的产品产生情感等。

1.3　新媒体运营的人才培养和市场需求

中国高校开设新媒体专业课程是一个很好的市场反应，一方面是企业需要高校培养更专业的人才，另一方面是高校通过开设新媒体专业课程既满足了市场需求又能有效获取生源。

1.3.1　新媒体运营的人才培养

据英国总领事馆文化教育处 2009 年 12 月发布的全球学生留学决策调查，自 2006 年以来，大众传播课程已经连续 3 年进入最受欢迎的五大课程行列。在国内，2010 年教育部首次组织新媒体与信息网络专业申报，2011 年中国传媒大学（南广学院）开始招收新媒体与信息网络专业学生，2012 年湖南师范大学等 8 所高校进行此专业的招生。后经专业名称修订，2013 年本科专业招生目录中不再有新媒体与信息网络专业，统一开设网络与新媒体专业。2013 年首次批复 28 所高校招生，2014 年批复 20 所高校招生，2015 年批复 29 所高校招生。该专业文理兼收，毕业授予文学学士学位。

新媒体的出现不仅改变了过去的信息生产机制，同时也引起了新闻传播教育的革命，各大高等院校纷纷开设与新媒体相关的专业以适应市场对专业人才的需求和相关理论的研究。在这些开设新媒体专业的高校中，它们不再把培养记者作为新闻传播专业的主要方向，而是把培养一批泛媒体、宽口径、复合型新闻传播人才当作教学改革的主攻方向。

这种教育理念的改革不仅适应了当下经济发展的需要，同时也引发了新闻传播教学理念的革命与创新，是经济发展的必然，也是高校适应市场发展的新探索和新起点。

1.3.2 新媒体运营的市场需求

根据院校网站在招生简章中对新媒体相关专业的发展前景描述，此专业的学生通过系统学习，毕业后能在各级党政机关、部队、院校、企业等从事网络新闻宣传与媒介传播优化等工作，在各级报社、广播电台、电视台及其网络平台、大中型网络媒体等从事媒介内容生产与媒介经营管理等工作。

根据百度百科词条中对新媒体相关专业的市场背景分析，新媒体人才的市场需求体现在如下 4 个方面。

（1）传统媒体逐渐向新媒体方向转型，新媒体人才成为媒介机构的“抢手货”。

互联网已经改变了媒体的生产方式和生存形态，报纸逐渐向网络版、手机版转型，甚至出现了“报纸消亡”的趋势，广播、电视也不再固守在传统的频率和频道内，而是开创了网络广播、网络电视。

新闻节目的编排和制作已经完全进入了网络时代，由媒体技术带动的新媒体的发展已经渗透到媒介的每一根神经，网络逐渐成为采集、传播和消费信息的主要渠道，互联网已经改变了人们的生活方式、生活习惯、思维方式，融合传统媒体的先进成分，同时用现代传播技术推动的新媒体已经成为信息时代新闻传播的发展方向和传播哲学，新媒体人才成为媒介机构的时代新宠。

（2）新媒体传播人才是信息时代各级机关的紧缺人才，市场缺口很大。

信息也是生产力，信息传播是任何机关维持正常运转、建构政府形象、扩大自身知名度、拓展业务范围的关键策略。原有的宣传部已经不能满足现代信息传播的需要，宣传部靠原有的瞒、骗、堵、压不仅没有封锁信息，相反影响了本单位的社会形象。

但是现有的宣传、公关部门大多停留在传统媒体的观念里，缺少充分利用现代传播技术的新媒体人才。由于高校专业设置与经济发展、市场变化的不同步，导致了新媒体专业人才培养的滞后。开设新媒体专业是根据人才市场结构调整的明智之举。

（3）随着经济全球化的深入，各种所有制企业的发展，特别是跨国公司的深入推动，综合信息的准确、快速、全面传播在企业中的经济价值体现得日益突出，对综合信息人才的需求已经成为企业发展的当务之急。

新媒体人才已成为企业的“生产要素”，而不是传统意义上的广告和宣传，而是涉及对企业产品、服务、消费人群的组织结构、社会环境等综合要素的考量，利用现代传播技术进行调查、分析、研究，为企业的未来发展提出科学规划，已成为企业竞争的“无形资产”。

（4）高等院校传统的新闻传播学培养模式已经不能满足时代、社会发展的新需求，调整高校新闻传播教育的培养模式已是大势所趋。

中国的新闻传播学教育起步较晚，培养方式参差不齐，跟风、模仿、粗放型的多，创新、有特色、集约型的少，导致了我国新闻传播学人才培养模式和格局的严重失衡，特别是一些中等规模高校“组装型”的培养模式，导致了新闻传播人才的“拔苗助长”式生产，在满足当时新闻传播人才需求的同时也为新闻传播学人才的深入发展埋下了隐患。如何调整和整合原有新闻传播专业的培养模式和课程设置，使学校培养的新闻传播学人才能够适应和满足社会、经济建设发展的需要，已经成为高校能否顺利转型的关键。新闻传播学是这种变化最为显著的学科之一。

新媒体传播学尽管在大的方向上依然属于新闻传播学的范畴，但是其学科设置的主要框架、培养人才的方式、课程包含的新技术成分与以往相比却大相径庭。新媒体传播专业重在人才的创新性、综合性、技术性、实践性、可塑性，新媒体本身就意味着该专业设置就是一个开放的学科体系，融合了现代传播的最新成果，紧跟时代、社会发展步伐，及时开创新的理论。

第 2 章

新媒体行业前景与职业规划

我收到最多的咨询除微信如何涨粉之外，就是新媒体这个行业的前景怎么样，尤其是很多大学生非常关心这个问题。我当年在学校准备从事这个行业之前也曾四处在网络上搜索人们对于新媒体前景的分析，当时几乎是找不到任何评价的。本章会通过很多现象和数据来详细分析新媒体的前景，帮助读者判断自己是不是真的适合做新媒体；如果决定从业或者已经从业，那么新媒体的职业发展又该如何规划。

2.1 新媒体行业前景分析

经常有准备进入新媒体或者刚刚进入新媒体的从业者向我咨询新媒体行业的前景问题，我给出的答案是：以我现在的观察，新媒体行业至少还有十年的黄金期。由于在咨询的场景下这个话题难以展开阐述，这里我就详细分析一下。首先表明我的总体判断，虽然我国的新媒体已经经过近几年的高速发展，具备了一定的规模，但是依然处于初级阶段，高速发展的通道在短期内还不会关闭，未来十年内我相信仍然会有一个高速发展的态势。

2.1.1 资本看好新媒体行业

按照正常的逻辑，资本的力量应该在最后讲，但是这部分最有看点，所以我就把它提到了最前面。我大学的时候学的是财务管理专业，现在还记得当时有个会计名词叫“现值”，是指对未来现金流量以恰当的折现率折现后的价值。而资本投资中的公司估值也一样，通过预测公司未来自由现金流、资本成本，对公司未来自由现金流进行贴现，所谓公司估值即未来现金流的现值。所以投资行为是基于对一家公司未来价值的看好，从资本的认可上我们可以充分证明新媒体行业的未来前景。

根据微信公众号内容数据价值评估的第三方机构——新榜的数据，其对截至2016 年 6 月的新媒体融资案例进行了汇总，获得融资的机构高达 113 例，总融资额超过 15 亿元。我大致数了一下，超过千万元融资规模的就有 50 多家。其中估值上亿元的账号就有 7 个：罗辑思维、南派三叔、科技每日推送、彬彬有理、毒舌电影、华尔街见闻、开始众筹。

另外，新媒体融资加速的趋势相当明显。2016 年上半年新增的融资案例超过 50 例，比 2015 年新媒体融资案例总数还多。随着越来越多资本方的介入，新媒体投资的领域也开始多元化，除科技、时尚、体育、旅行、健康等大类外，酒业、电商、宠物、美容等更细化领域的垂直自媒体也开始走进资本的视线，这个趋势接下来可能会更加明显。

当资本开始进入新媒体行业时，一方面是对这个行业价值的认可，另一方面借助资本的力量，新媒体行业将会迎来新的一轮繁荣和发展，新媒体公司会借助资本的力量越来越正规、越来越强大，甚至会在未来出现并购、重组等现象，最终形成一些新媒体巨头企业。

2.1.2　全球新媒体产业正处于加速发展阶段

2010 年，在全球经济从危机中复苏的大背景下，世界各地的新媒体行业由保持持续发展转向加速提升。十多年来，数字技术、网络技术、信息技术等新技术不断创新，促进了媒介创新和媒介融合，媒介传播格局正在发生深刻变革。近年来，在新媒体使用日益普及的带动下，全球新媒体产业一直保持快速增长的势头。

由于新媒体的传播时效、技术手段和盈利模式都优于传统媒体，因此新媒体的传播优势、精准性得到越来越多的投资者、广告主、营销机构的认同，也得到越来越多的运营商、内容提供商、服务提供商、终端厂商以及消费者的关注。路透社、凤凰网、央视新闻、美国 Comcast、英国 Vodafone、法国电信、NTTDoCoMo 等多家公司都于近几年推出了各自的新媒体发展战略，形成了一个大面积加速发展的局面。

新媒体的广泛使用极大地带动了相关产业的高速发展。

首先是互联网广告行业获得了较大的市场规模。2015 美国新媒体研究报告（皮尤研究中心）数据显示，2014 年美国在包括移动广告在内的数字广告方面的支出达 507 亿美元，较 2013 年的 431 亿美元增长了 18%，其中移动广告支出达 190 亿美元，较 2013 年的 107 亿美元大增了 78%（见图 2-1）。

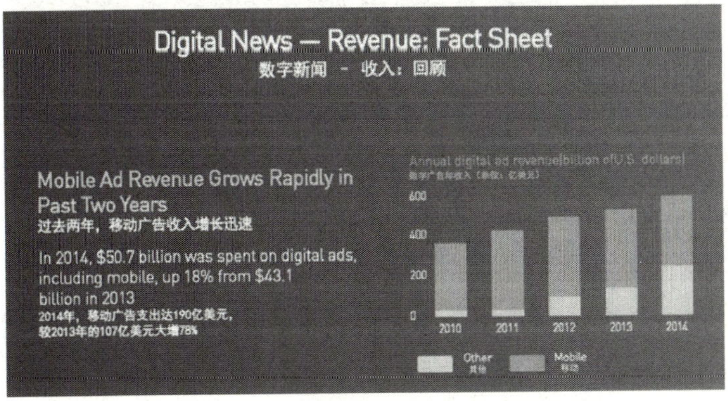

图 2-1　互联网广告行业发展情况

资料来源：2015 美国新媒体研究报告

其次，新媒体发展给传媒业和通信业带来巨大而深刻的变革。2010 年美国

GDP 增长速度虽然低于预期的 3%，但相对于美国媒介市场，信息产业增幅在 5%以上，而互联网媒体增幅达到 25%左右。欧洲新媒体发展也很迅速，在宽带发展方面，英国保持着最高营业额收入，德国则是增速最快的国家。

2.1.3 我国新媒体产业呈现蓬勃发展趋势

首先，中国互联网及移动互联网的发展逐步成熟。艾瑞整理 CNNIC 最新数据显示，截至 2015 年 12 月，我国网民规模达近 6.9 亿人，全年共计新增网民 3951 万人，增长率为 6.1%，较 2014 年提升 1.1 个百分点。我国互联网普及率达到 50.3%，超过全球平均水平 3.9 个百分点，超过亚洲平均水平 10.1 个百分点。

同时，移动互联网经过多年发展已经进入相对成熟阶段，移动网民增速远超整体网民增速，中国整体网民的增长已经由 PC 网民增长转移到移动网民增长。相对于无法实时随身携带的 PC，用户对于移动端的依赖性越来越强（见图 2-2）。

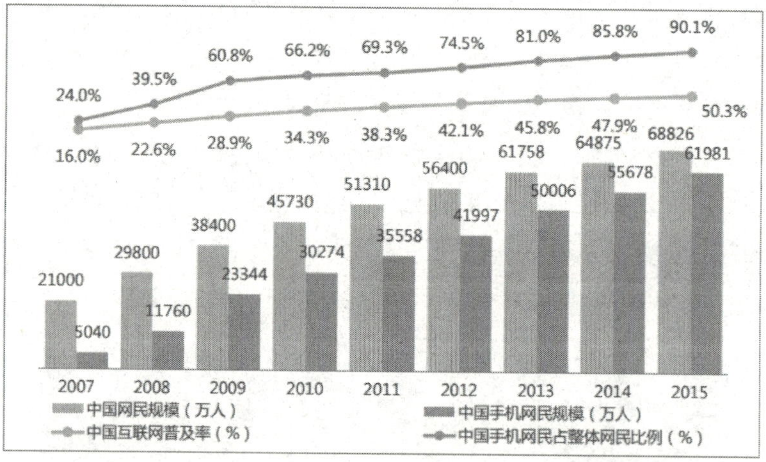

图 2-2 2007—2015 年中国整体网民及移动网民规模

资料来源：艾瑞整理 CNNIC 最新数据

其次，中国新媒体高速发展是全球新媒体产业发展的一个缩影。我国新媒体产业总体市场规模近几年同样保持了快速增长的态势。根据艾瑞咨询发布的《2016 年中国网络广告行业年度监测报告》，2015 年度中国网络广告市场规模达到 2093.7 亿元，同比增长 36.0%，与 2014 年保持相当的增长速度。

在持续几年保持高速发展之后，未来两年市场规模仍将保持较高水平，但增速将略缓，至 2018 年整体规模有望超过 4000 亿元。2015 年移动广告市场规模达到 901.3 亿元，同比增长率高达 178.3%，发展势头十分强劲。移动广告的整体市场增速远远高于网络广告市场增速。预计到 2018 年，中国移动广告市场规模将突破 3000 亿元，在网络广告市场上的渗透率达到近 80%（见图 2-3）。

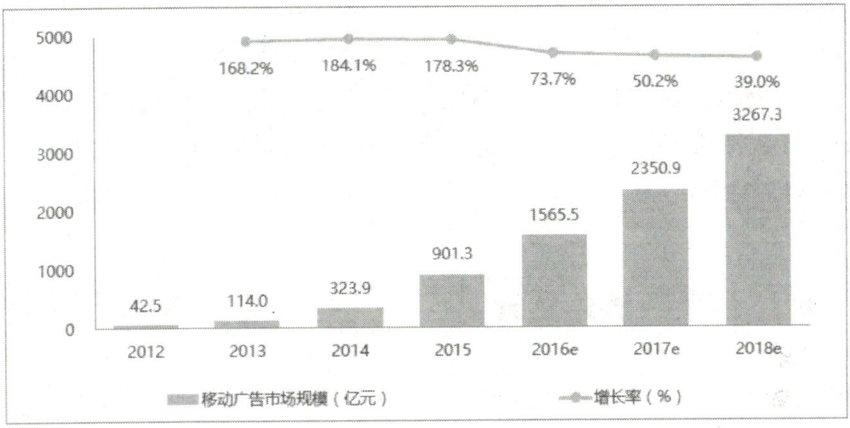

图 2-3　2012—2018 年中国移动广告市场规模及预测

资料来源：艾瑞《2016 年中国网络广告行业年度监测报告》

移动互联网的高速发展为移动广告的发展提供了巨大的空间。移动广告市场经过几年的竞争后，逐渐进入了新的发展阶段，针对垂直行业的移动广告平台在各自领域逐渐形成规模化经营，移动广告产品的创新和成熟进一步吸引广告主向移动广告市场倾斜。移动程序化营销、场景营销、泛娱乐营销、自媒体社群营销成为未来几年移动营销发展的趋势。

最后，在政策层面，就在笔者撰写这篇文章前夕，中央统战部刚刚成立了第八局，全称为“新的社会阶层人士工作局”，这是中央统战部近 11 年来首次设立正局级部门，专门负责新的社会阶层人士统战工作。新的社会阶层人士包括 4 类人，其中一类就是新媒体从业人员。而在新媒体的发展和传播技术问题上，也早已经引起国家高度重视，被列入国家重点规划。

从我国国家战略上来看，国家“十二五”规划强调要面向经济结构转型，重点培育和发展以新一代信息技术为代表的“战略性新兴产业”，其中包括三网融合、物联网、云计算等技术范畴。这些技术领域均是我国新媒体产业发展的重要支撑，是新媒体产业在“十二五”期间获得长足进展的必要保障。

综上，无论是从资本的角度，还是从全球新媒体产业以及我国的新媒体产业角度来说，我都相信新媒体未来仍有较长的一段高速发展期。所以，如果你是真的喜欢新媒体，那么此时我依然是鼓励你进入的；但是如果你只是看到近两年新媒体的高速发展，就想转行到这一新兴行业，则要慎重考虑。

进入这样一个既快速发展又日新月异的行业，就意味着你要有强烈的学习意念，因为它的发展更新速度实在是太快了，如果不是真心喜爱的人，那么其学习进度是跟不上的；而如果缺乏长远的职业发展规划，那么你会发现这一行将越做越痛苦，最终也会因为跟不上行业的发展而被淘汰。因此，下一节将讲述新媒体职业发展规划，希望会对你有用，尤其对于想要入行的和工作一年左右的新媒体人，强烈推荐阅读。

2.2 你适合做新媒体运营吗

从知乎用户对新媒体的早期辩论来看，当时对于新媒体运营的概念还是停留在刷刷微博和微信的印象上。如今社交媒体在我国的发展已经有近 7 年的时间，这期间孕育出来的新媒体运营一岗也已经渐趋成熟，有了清晰的工作职责和职业发展方向，在互联网运营里面已经崛起为一个很大的范畴，涉及方方面面的内容。

除了第 1 章我们提到的内容运营、活动运营、用户运营和社群运营这些常规内容，还需要运营人员具备数据分析、消费者行为分析、受众人群画像描绘、传播规律分析、事件营销与话题引爆等诸多相关的技能。这已经不是一个单一工种，而是一个对综合能力要求很高的岗位。那么，对于这样真实的社会需求，你适合做新媒体运营吗？

如果抛开不同的表现形式，从本质上来说，那么新媒体运营人员的运营对象无非两种：要么运营人；要么运营产品（见图 2-4）。在实际工作中你可能只运营人，也可能只运营产品，还有可能既运营人也运营产品。那么，如何做一名合格的运营人员呢？这就要看你是否具备运营好人或者产品的能力。因此，接下来我们探讨的就是运营人与运营产品各自需要的综合素质。你可以把接下来的内容作为进入新媒体行业前的自我检测，也可以当作你想进入新媒体行业的必修能力去学习培养。

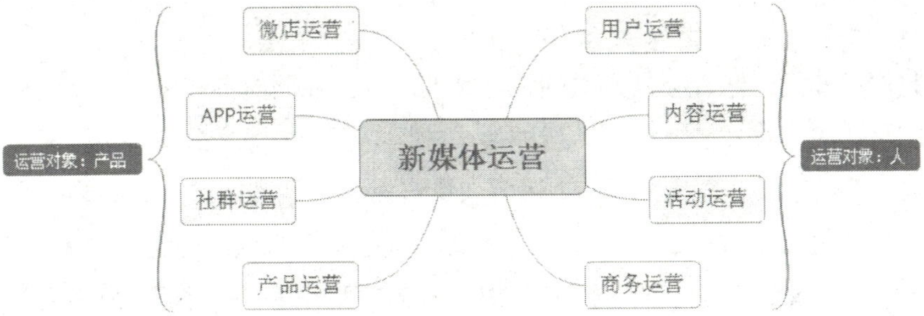

图 2-4 新媒体运营的对象

2.2.1 以人为对象的运营素质模型

LinkedIn 创始人霍夫曼说："一款好的产品及运营，一定能迎合人性七宗罪中的其中之一。"我第一次看到这句话的时候，就知道再也读不到比这句话更好的了。这里面说到两个方面，一方面是好的产品一定是迎合人性的，另一方面是好的运营也一定是迎合人性的。总之，都强调了对人性的理解和利用。

在我国，对社交产品尤为擅长的腾讯公司更是对人性有着很到位的理解，比如微信之父张小龙多次谈到他对人性的解读，还有腾讯的高级产品经理陈婷婷在 2015 中国产品经理大会广州站时分享过"七情六欲聊运营——如何做更懂用户的产品运营"，后来演讲稿的内容在网络上极为火爆。她通过人性的五大弱点去分析了当下中国比较受欢迎的一些网站或者 APP 分别迎合了哪种人性弱点，虽然揭露得很赤裸裸，但无疑找准了这些产品的命门。

那么，一个好运营应该具备什么样的特点呢？笔者认为好运营应该是"敏而好言"的，即敏感、好奇、多言。

1. 敏感

这里的敏感是指对变化非常敏锐，不论是发生在自己周围还是产生于自我内在的变化，都能敏感地察觉到。这样的性格在运营工作中会具备天然的优势，它有利于你去察觉用户的需求，甚至能够帮助你像乔布斯一样去创造用户需求。

比如，在内容运营中，敏感的人能够轻易发现用户对某类话题的偏好，甚至能够识别出不同用户群体的不同偏好。他们会比其他人具备更好的网感，那么在内容运营中就能够及时发现受众的关注点，能够抓住热点，切中人们最基础的情感，如感动、愤怒、贪欲等。在敏锐地捕捉到用户的"贪"、"嗔"、"痴"之后，就能够利用运营的手段去迎合、引诱和放大，从而实现运营的目标。

2. 好奇

我们都知道，好奇心是人类的天性，人们一旦在面对神秘的、新奇的、自相矛盾的事物时，就容易被激发出三种形式的探究行为：感官探究、动作探究和言语探究。正是通过这些探究行为，运营人员可以很好地利用好奇心引导受众去了解我们想让他们了解的信息，让人们去交流讨论我们希望他们交流讨论的事物。

比如，我曾经在一个微信群内看到如图 2-5 所示的一些对话，很多人都说吓死了，劝大家不要点开。相反的是，看到越多人说大家不要点开，我就越想向上翻，看上面的人发了什么。好奇心这个东西的力量真是强大！难怪有人说好奇害死猫呢。

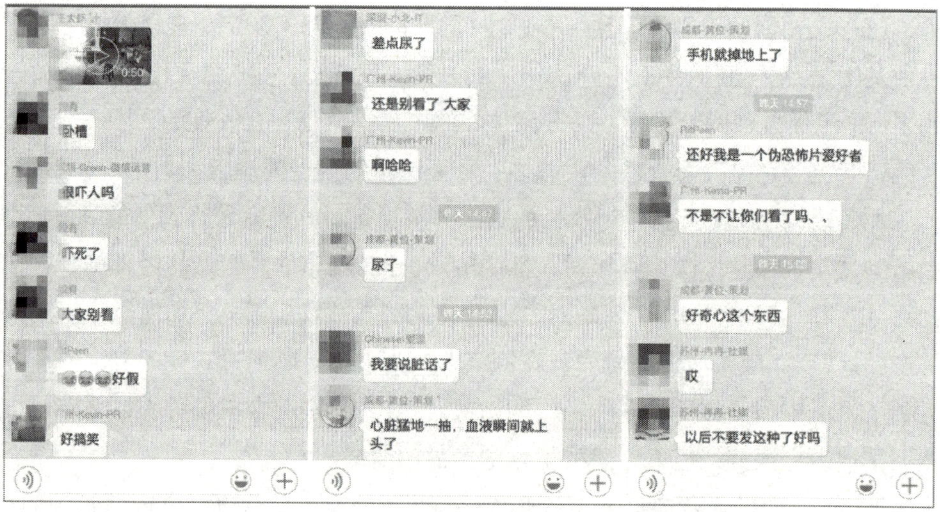

图 2-5　好奇心

上面说的是将好奇心用在工作上，现在我们再说好奇心对我们自身的引导。我觉得我能从财务管理专业进入新媒体行业，其实很大程度上就是好奇心在帮忙。我在上大学的时候看到微博上有微博协会这样一个组织就很好奇，关注后进行了研究，最终创办了我们学校的微博协会，开始正式接触新媒体运营的工作。当然，那个时候还没有新媒体运营这个概念，现在想想其实是那段经历成就了现在的我。

因此，我现在非常强调好奇心这个东西，我觉得好奇心是让我们进入新领域的不二法门。所以我在创办新媒体研习社的时候，会从知乎上筛选用户到研习社的公众号，新用户关注公众号后会自动推送一条消息，就是引用戴尔电脑的制造者戴尔先生说的“让好奇心引导你”，然后引导用户回复“好奇心”。还葆有好奇心并回复的人才能收到我们研习社发的邀请进入社群的二维码。一名好的运营人员是要乐于接受和尝试新鲜事物，并对新鲜事物永远葆有好奇心的。

3．多言

在以人为主要对象的运营中，“多言”是一个优点，所以外向且健谈的人如果想做新媒体，则不妨多考虑一下社群运营和商务运营这类偏与人沟通的工作。网络的出现极大地方便了人们的沟通，但同时也增强了人们的孤独感，几乎每个人的微信通讯录中都有百十人的好友，但却找不到人聊天，因此大家都需要借助朋友圈去刷存在感。所以，沟通越来越成为一种需要。在内容运营中体现为你把倾诉欲转化为文章，在社群运营中体现为及时与用户互动，在商务运营中体现为良好的沟通氛围，而这是“多言”的人才能享有的优势。

2.2.2　以产品为对象的运营素质模型

当运营对象为一个具体可感的实物时，要想运营好产品，就需要做到自己先熟悉产品，了解产品的属性。只对产品熟悉也是不够的，还应该对产品的受众进行深度的分析，并最终通过运营实现对产品的有效推广和营销。

1．理解产品

业内有这样一句话：产品是从 0 到 1 的，运营是从 1 到 100 的。而在以产品为对象的运营中，优秀的运营人员应该是从 0 到 100 的。我们不仅要运营好产品，还要有一颗产品经理的心。所以你要比任何人都熟悉产品的每一项功能，甚至每个历史版本的功能。你要清楚产品的卖点，知道尽可能多的用户使用场景，能够快速定位并解决用户提出的使用中的问题，最好还要对产品有自己的理解。

2．了解用户

新媒体区别于过去网媒的一个很大差异在于网络媒体时代的流量是很庞杂的，无法有效聚焦用户。而在新媒体时代的粉丝却都是精准的用户，如果不是你的受众，他就不会关注你。

所以对于你的订阅者群体要在脑海中有一个清晰的人群画像，既要让他们了解你是谁，同时你也要知道他们是谁。相比于前者，了解我们的订阅者是谁可能更有难度，因此这是需要我们做一些工作的。我们可以通过过去记录下的用户行为和数据分析用户的喜怒哀乐，也可以查看行业内的分析报告了解受众群体的属性特征，还可以通过自制调查问卷的方式进行主动调研。但是需要说明的是，这些数据可能并不准确与符实，有了大致的用户画像后还需要经过多次的检验去验证其正确性，然后不断修正。

3. 善于推广

产品型运营都有很明确的目标，要么售卖产品，要么增加产品用户数。而这都需要同一种能力，就是营销推广的能力。推广的方式有很多种，这里先提出这个概念。比如，你可以通过软文推广，像《对不起，我只过百分之一的生活》是一款软件的推广；也可以用 H5 推广，《吴亦凡即将入伍》是一款游戏的推广；还可以通过活动推广，《以爱之名给孩子的圣诞礼》是我做的给公众号拉新的推广活动。

2.2.3 个人性格与职业测试模型

前面是从岗位的职责要求角度来陈述什么样的人适合做新媒体运营，下面将从个人性格层面来帮助大家观察自己是否适合做新媒体运营。在巴大仁新媒体研习社中，有很多都是大学生和刚刚毕业走上工作岗位的同学，从他们在研习社中的提问可以看出，很多人都是盲目走上新媒体运营岗位的。这个盲目体现在两方面：第一是盲目地进入；第二是进入后盲目得不知所措。

为了避免大家被近两年的新媒体热带得盲目从业，这里为大家推荐一个工具，帮助大家更好地认识自己。之所以推荐这个工具，是因为我当时在做职业抉择的时候，这套分析工具很好地帮助我在本专业财务管理与新媒体爱好之间做出了选择。而且在世界 500 强的企业中，很多 HR 都会用到，这就是国际最为流行的职业人格评估工具——MBTI 职业性格测试。

MBTI 性格类型系统中的 4 种性格倾向组合与古老智慧所归纳的 4 种性情是相吻合的，这 4 种组合是：

直觉（N）+思维（T）=概念主义者

触觉（S）+知觉（P）=经验主义者

直觉（N）+情感（F）=理想主义者

触觉（S）+判断（J）=传统主义者

一般来说，NF 型理想主义者更适合记者、编辑、作者等内容工作，更适合从事新媒体。但也不是说必须是 NF 型才适合从事，这只是统计学意义上的普遍情况。所以，如果你的测试结果是适合，则也不能说明你能够做好，因为这里面还要付出努力学习和钻研；如果你的测试结果是不太适合，但是你确实很喜欢，那么我相信你也能够做好，因为努力学习和钻研依然能够起作用。但是千万别不适合还不喜欢，仅仅因为听说这个行业很好就盲目来做，因为时间是宝贵的，还是要把时间用在你适合且喜欢的事业上，毕竟兴趣会引领你走得更久、更远！

2.3　新媒体职业发展规划

随着人们对网络、手机等新媒体信息需求的增加，新媒体运营、新媒体策划、新媒体营销等新兴阶层人士已经发展成一个规模庞大的职业群体，远远超过传统媒体编辑、记者的从业人员数量。而这些新媒体从业人员长什么样？有什么特点和共性呢？也就是新媒体从业人员的群体画像是怎样的？我们来看浙江理工大学新闻学博士陆高峰的《新媒体编辑记者职业资格管理现状及需求调查》，他在文章中列举了 10 条新媒体从业人员职业发展与职业资格管理现状的情况，如下：

- 年轻化明显，近 6 成新媒体从业人员年龄在 35 岁以下。
- 高学历倾向明显，9 成新媒体从业人员具有本科以上学历。
- 超 6 成新媒体从业人员工作年限在 5 年以下。
- 女性新媒体从业人员的职业低龄化趋势比男性更明显。
- 7 成新媒体从业人员从事内容编辑制作和新闻采访写作工作。
- 男性从事采访写作、技术开发和经营管理的人员比例较高，女性从事内容编辑制作的人员比例较高。
- 近 6 成新媒体从业人员在互联网站工作，从事“两微一端”的工作人员占 1/3。
- 女性在互联网站、微博、微信工作的人员比例高于男性。
- 近 8 成新媒体从业人员没有网络或新媒体采编资格证。
- 男性拥有网络或新媒体采编资格证的人员比例明显高于女性。

就总体情况我们不难看出，新媒体从业人员呈现出明显的年轻化、高学历倾向。这向我们透漏出怎样的信息呢？新媒体行业能够吸引大量高学历的优秀年轻人，说明行业前景不错，与美国的硅谷能够吸引世界顶级高校的优秀年轻人是一个道理。与此同时，职业低龄化趋势也表现明显，超 6 成新媒体从业人员工作年限在 5 年以下。这就说明这个行业尚缺乏中流砥柱的人物，也就是在行业内还没有形成“阶层”固化，而我们还大有可为，这时候就凸显出职业规划的重要性。

因此，在新媒体行业不能说谁比谁更有资历，我们相当于在同样的起跑线上，所以我没有资格给大家一些职业规划上的忠告，但是对此我有一些自己的思考，如果还有些道理，那就是幸事一件。

2.3.1 苦练基本功，做复合型人才

我经常接到一些咨询，他们在描述问题的时候反馈的大多是自己一个人要运营几个账号，每天都要加班很晚工资却很低之类，问我要不要辞职。在这些辞职派中十有八九的理由都是自己做的工作很多，却得不到重视，而本质问题就是觉得薪资太低。遇到这样的询问，我都会反问回去：是不是现在公司交给你的工作你都做得出类拔萃了？是不是这家公司已经没有东西可供你学习了？如果答案是否，那么我认为率性的“一言不合就辞职”是一种莽撞的非理性行为。

下面先让我们来看一项调查，在这项调查的结果中指出，新媒体行业现急需三类人才：

- 上岗后就能补位的高素质人才。
- 既懂新闻又懂经济的新媒体经营管理人才。
- 精通新媒体业务技能的复合型传媒人才。

那么，请对照一下你现在是否属于这三类企业急需人才中的一类。要知道新媒体这个行业从最开始单纯的内容运营，发展到现在已经十分完善了。除内容运营之外，现在还离不开活动运营、社群运营与营销策划等工作。在当今的就业市场上，单纯做好某一项是不能够表现出较强竞争力的。所以我希望这些年轻气盛的、刚刚从业的伙伴们能够先练好基本功，多沉淀几年，争取将自己打造成复合型新媒体人才。

所以我在做了一年的内容运营和活动运营及社群运营，把粉丝做到 50 万人之后，转向了新项目开发，主要涉及商务合作与产品逻辑架构并统筹团队的商业化设计。不断尝试新的方向，走出舒适区，锻炼自己的多维竞争力。

最后，在练好基本功向复合型人才发展的过程中，还有一点格外重要，就是要做好知识的输入与输出。所有应届生前三年的努力决定了其未来财富的积累。首先，我们不仅要学习新媒体方面的专业知识，也要懂得传播学、广告学、

社会心理学等相关的学科知识；其次，不仅要知道运营上的知识，也要触类旁通地了解一些设计和产品方面的理念，甚至是编程（如果有兴趣能够懂一点则更好）。

而对于知识的输出则更为重要，因为输入的时候是混乱的、缺乏逻辑的，但是你在输出的时候是需要先做整理，然后形成清晰的思路的，这样的训练有助于完善我们的知识结构和认知模式。用采铜在《精进》一书中的说法就是努力作品化。比如，把自己阅读过的书进行作品化的梳理，至少对于自己来说等同于思考过，也整理过，有思考、有整理的东西，多少才能算是自己的东西，才可以使用，自己的半衰期才会更长、更有价值。

2.3.2　你的价值体现在下一份工作上

我从学校出来工作的时间还算比较早，大四上学期考完试就直接来北京上班了。当时由于没有毕业证，所以虽然是通过社会招聘进入公司的，但依然是实习生身份，离开学校到了一个陌生的城市，只有很低的实习薪资，在北京生活起来确实是囊中羞涩，感觉生活很艰辛。不过令人高兴的是，我通过一些优化方案和运营策略，在短暂的实习期间就将微信公众号从 3 万粉丝做到了 10 万粉丝。根据行业当时的特点，如果有运营过 10 万粉丝大号的经历，就可以成为简历上的一个亮点，相对来说更好找工作。像我这种接手一个账号后快速实现增长达到 10 万粉丝的量级，自然会成为简历上一项很有帮助的经验。

经济上的压力，加上做出了一些不错的成绩，与低微的薪资一对比，难免会产生想换一个更好的、更挣钱的工作的想法，这也是人之常情。加上当时央视财经频道的一个创业栏目也向我发出了邀请，后来又有一些猎头联系我，还有一些公司的 HR 通过我的知乎直接邀约。这些无论是来自内心的离职念头，还是一些外部的诱惑因素，也让我一度产生想换工作的躁动。

直到后来我在网络上看到这句“你工作的价值体现在下一份工作上”，一下子就寻找到了内心的定力。

在这篇文章中作者写道：“其实我最担心，如果我今天没有进步，那我下一份工作的价值又会有多少？人生几十年，谁还没做过几份工作，但是我不会去抱怨当下的工作环境和薪水，因为我一直坚信，在职场，如果你表现很好，那么你的老板自然会给你涨工资；如果没有，那也没关系，因为你的薪水价值一定是在下一份工作中体现出来的，你要做的就是在这个环境里像海绵一样吸收，随着时间的推移，你想要的真的慢慢都会有的。”

与此观点类似，我在分答上也听到过江南春的一条语音答案。在给某位提问的应届生提供职场建议时，他说：“如果你在工作中受到了委屈、不被理解，这很正常，这就是社会。但是只要你去努力，最后所有的付出肯定都会有回报。”

另外，对于下一份工作的选择，我也想与你交流一些跳槽的注意事项。

当你经过一些年头的潜心修炼和积累，我相信大家多多少少会做出一些成绩，在知识积累上也有了一定的深度，这个时候考虑换一下工作和环境就是不错的选择。不过跳槽一定要在自己最好的状态时跳，这时候人的精神和气场是完全不同的，思维也最清楚，这样才更容易跳到理想的位置。但是在跳槽的时候也要做好选择，很多时候选择比努力更重要。

跳槽前的第一点，务必想清楚自己想要什么，才会懂得取舍。因为当你在准备跳槽的时候，你就会发现没那么简单，会面临很多选择或者诱惑。比如公司类型的考虑，是上市公司或创业公司；公司的前景和成长性；跳槽后能否给自我带来成长；公司的团队风格；离家的距离；薪水的多少；职位是否有提升，等等。

这时候有一个清晰的职业规划就显得尤为重要了，因为它会让你找到内心的定力，化繁为简坚守自己的原则，否则很容易在跳槽的过程中迷失自我，从而走上不断跳槽的不归路。

因此，一定要给自己设定一条底线，这是你在面试谈条件的时候坚决不能动摇的。比如我是比较看重公司文化和团队风格的人，我们一生中陪父母、陪爱人的时间都没有跟同事在一起的时间多，如果团队文化不佳，那么对我来说就是很恐怖的一件事，所以在面试中当面试官问我“你还有什么问题想问我的吗”时，我肯定要了解一下团队风格。或者你可以为自己设置一个通过跳槽实现质变的目标。比如实现从小学升初中、初中升高中、高中升大学这样的跳跃式发展，而不是在跳槽之后依然没有什么变化，这种只是在不同学校转学的事情就没有多大的价值了。职业生涯的前半段是一个人成长最快的时候，在这个时候我们一定要想清楚自己要不要跳槽、为什么要跳槽。如果你积累好了，也做出了正确的选择，那么我相信你的价值一定会在下一份工作中得到充分的补偿！

2.3.3 玩转资源，撑起一片天

记得在和公司同事交流的时候，我说好的运营应该有三个阶段：第一阶段的基本素能——高度敏感，善于数据分析；第二阶段的基本素能——放眼世界，善于竞品分析；第三阶段的基本素能——整合资源，善于利用资源。前两个阶段现在看来不置可否，但是最后一个阶段我始终相信资源的价值。“玩转资源，撑起一片天”，也就是说运营资源对更大的结果负责。

作为新媒体运营的顶级职业规划，如果有幸能成为运营总监，那么我认为最重要的就是做两件事：一是优化配置公司内部资源；二是盘活运用外部资源。当然，就像当年我在从业之前四处查找新媒体职业发展规划时看到的一个回答：“新媒体运营的终极目标可能就是 COO，但是目前我还没见过。”所以这个阶段实在太高了，不是我现在能够讲清楚的，因此这里就不费笔墨来妄加评议了。

而我想说的是，通过运营成为公司合伙人甚至通过运营直接成为 CEO 在现在看来都是很有可能的。比如，在前景分析中我们讲到的那些获得融资的账号，在我刚从业时那些知乎回答者哪里能想象到，他们更想象不到的就是一个微信账号居然可以估值上亿元甚至几十亿元，但是现在这些都真实地发生着，而且未来可能会更多地发生着。

所以，我不是很赞同有些运营精英给出的建议，他们很多人在职业规划上的终点最后都落到了转行上，比如做几年运营之后转到产品岗。持这种观点的人其实在本质上并不看好新媒体运营，而且大多是传统的运营精英给出这样的建议，因为他们并不真的了解新媒体运营，所以存在看空的心理。而现在形势早已不同，让我们一起加油，准备好撑起一片天吧！

第3章

新媒体运营基础技能

内容创业是最近一段时间非常火的词，也有很多通过生产高质量的内容而成功融资的公众号案例。所以，内容的重要性在微信的生态圈中早已经深入人心。本章将为读者详解如何选题与拟题、如何排版与配图、如何生产高质量内容，为读者提供方法论的参考。

3.1 如何选题与拟题

一个从传统媒体转行新媒体的媒体人说过，在传统媒体领域有一个好处，就是有开选题会的传统，后来他把这个传统带到了新媒体行业，依然奏效。于是我也把这种传统媒体的做法移植到我的工作中，确实大有裨益。

每天的选题和拟题我们会开一次会议，一是可以减少新媒体运营人员在选题时的个人偏好，二是可以在讨论的过程中各个小编相互学习、相互促进，三是有利于保证在工作交接后新员工刚到岗的情况下照样可以展开正常的运营工作。

选完题后就是拟题的环节，所有参会的人员会根据选题自拟几个标题，然后一一陈述并自荐。往往一圈陈述结束后就会出现几个待定标题，因为好标题和差标题的区别很大，大家只要一看几乎很容易达成共识。然后对选出的几个待定标题进行一轮投票，当天的题目就差不多可以确定了，小编只需再稍加优化与润色即可。这种方式特别适合在企事业单位进行推广，因为有足够多的人可以相互讨论，而自媒体作者往往是孤军奋战，想开选题会也没人一起开。

通过多期的选题会，我们也慢慢总结出了方法论，如什么样的选题适合我们的账号、什么样的话题容易戳中我们的用户痛点、标题应该怎么取更吸引人、搬运的文章如何优化标题，都有成熟的方法论和模板可以套用，极大地提高了工作效率，也制定了检验好选题和好标题的参考标准。所以我们的新媒体小编即使某天有事，工作也不会被耽误，有人能够顶上去；小编离职了也不会导致工作被搁置或者推送质量下降的情况，从而极大地保障了内容质量的稳定性。我将这些方法论的内容总结如下，希望会对各位新媒体从业者有所帮助。

3.1.1 直击痛点的选题四法则

为什么有些文章能够在朋友圈经久不衰？为什么同样的话题总是一点就着，引发广泛的讨论？为什么有些人能够时常生产出爆文？这些传播最广的文章在选题上有哪些共通之处呢？

1. 利用好奇心

在前面的章节中我也提到了好奇心，因为好奇心的力量实在太强大了，以至于在很多环节我都不得不提到这个人类天性，在选题的四法则中我们也首先来讲关于好奇心的选题法则。利用好奇心的前提是我们要了解好奇心，人类的好奇心首先体现为对一些事物表示特别注意的情绪。比如我们的用户主要是 K12 阶段的家长，他们普遍对孩子的学习很关注，还有孩子的安全和健康。

其次是要善于利用人们喜欢探究不了解事物的心理状态，这点很容易理解。

最后，好奇心还表现为人们对于怪诞的嗜好或热情。

了解了好奇心之后，我们在选题的时候就要重点选一些能够激发人们好奇心的话题，这样的文章往往更容易受欢迎。下面我以写作当天新榜榜单上面的热门文章为例，为大家示范几条。

例 1：《刚刚霍金发了第二条微博！中国网友火速攻占！》（见图 3-1）

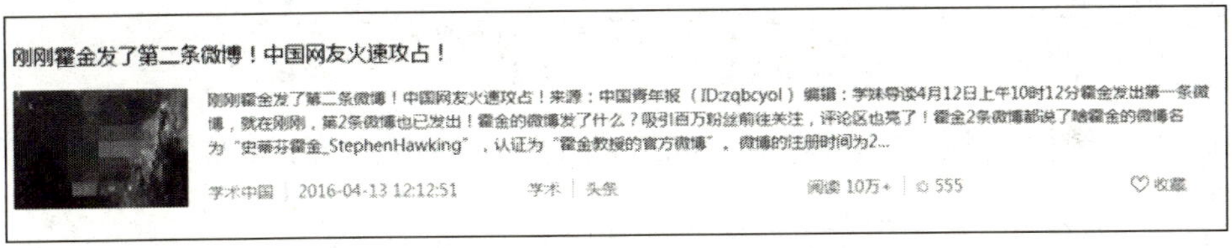

图 3-1　微信文章数据（1）

霍金开微博的新闻当时各种弹窗和推送都有提及，很多人都知道这件事。然而这篇文章的选题切在了霍金的第二条微博上，霍金开微博这件事听过也就过去了，而当这篇文章说霍金发了第二条微博且被中国网友攻占时就具备了激发好奇心的因素。大家看到标题后会好奇霍金发了什么？中国网友又说了什么？

例 2：《网红自媒体，最大的价值不是流量，而是……》（见图 3-2）

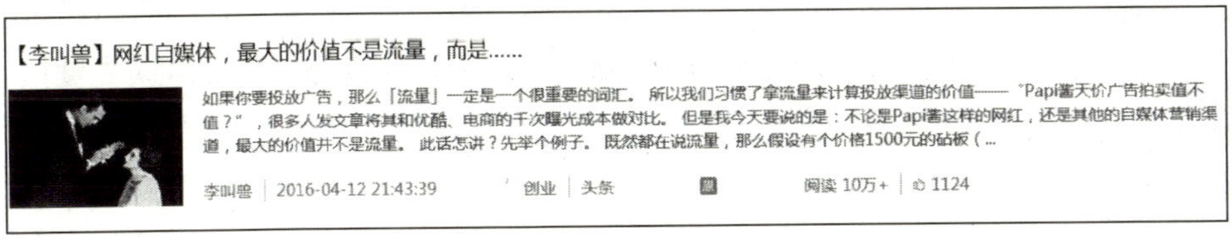

图 3-2　微信文章数据（2）

李叫兽这个选题也十分典型。首先，他以当下火热的网红为话题，在命题上也是典型的文案派做法，采用了"不是……而是……"的句式结构；其次，"而是"后面的内容不说出，用省略号代替，也是很好的激发好奇心的方法。

例 3:《看见那个人了吗？撞死他！》、《如何谋杀你的妻子》（见图 3-3 和图 3-4）

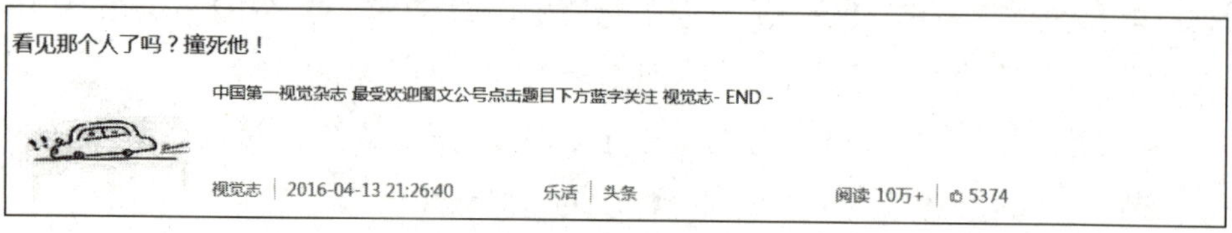

图 3-3　微信文章数据（3）

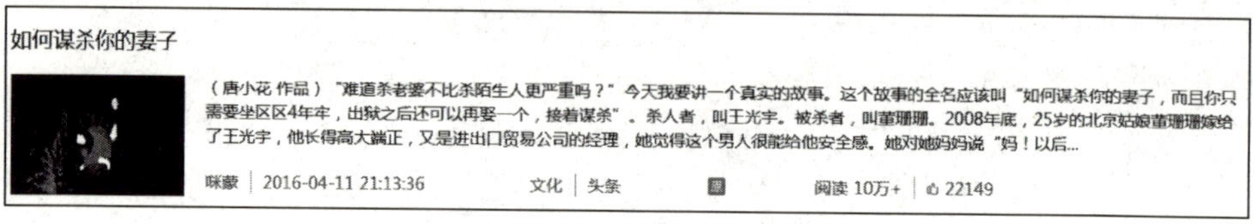

图 3-4　微信文章数据（4）

这两篇文章选题的立意就是典型的人们对于怪诞的嗜好或热情。

2. 反传统、反常识

俗话说得好："狗咬人不是新闻，人咬狗才是新闻。"在选题的时候也一样，常识性的东西大家都知道，即使不知道，在看了你的文章后也就具备了常识，所以不会有转发的动作。

常识是指社会上智力正常的人应有的知识，人们在学习到一个新的常识的时候，很少有人愿意去分享，因为我们都不愿告诉别人自己在阅读这篇文章前连这个常识都不知道。而反常识的话题却恰恰相反，因为大家都自认为是智力正常的人。

所以对于常识性的东西大家有很强烈的认同感，但是现在我看到这条反常识的内容，而且说得还很有道理，这时候我就会倾向于认为自己比大多数人先觉悟，所以我就愿意分享这些反常识的内容，去为那些还被常识"欺骗"的人进行科普，而且在心理地位上我是有优越感的。所以反常识的选题会带来更多的转发和分享，阅读量就会提高，也会带来新的粉丝。

例 1:《欧洲最帅公主抽烟骑马、未婚生子，但她是个好女孩！》（见图 3-5）

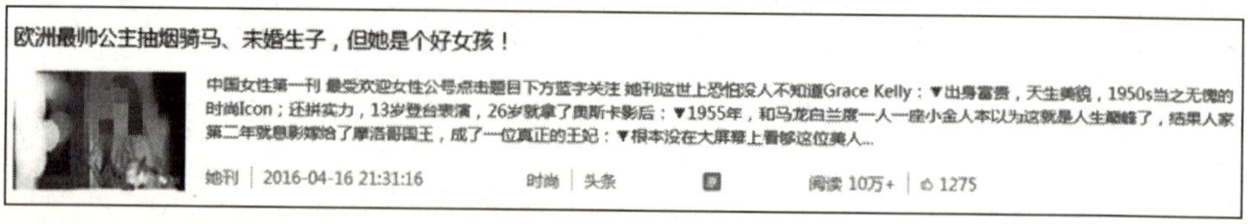

图 3-5　微信文章数据（5）

这个标题就是典型的反传统、反常识。首先，我们知道形容女孩一般用“漂亮”这样的形容词，而这里却用的是“帅”这个一般形容男生的字眼。其次，在我们的传统意识里，都认为公主应该是文文静静、端庄淑雅的，这个公主却是抽烟骑马，还未婚生子！如果真有这样的女孩，那么人们对她的评价多半会是坏女孩，可是这个标题却说她是个好女孩！这就处处在颠覆人们的常识，因此非要点开文章看看不可。

例 2：《长寿秘诀已破解，无关饮食烟酒和运动》（见图 3-6）

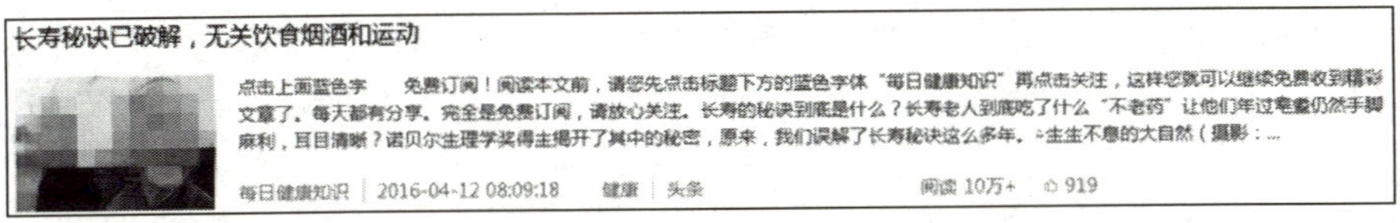

图 3-6　微信文章数据（6）

在我们所接触到的教育里，都告诉我们吸烟、喝酒有害健康，没事就要多运动，运动对身体有好处。这个标题却说长寿的秘诀已经被破解了，长寿与否跟是不是爱抽烟、喝酒或者做运动没有关系，这就实现了反传统和反常识的目的。虽然其内容未必科学和正确，但是具备了吸引人的因素，同样获得了较高的阅读量。

例 3：《女生嘛！污一点才可爱！》（见图 3-7）

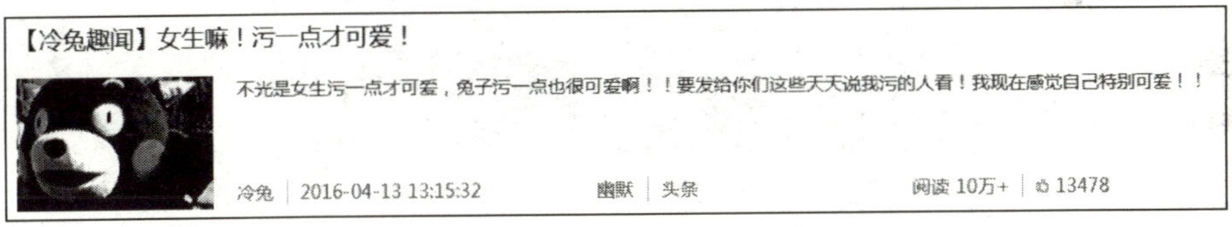

图 3-7　微信文章数据（7）

过去几千年的传统文化都在教育我们成为一个高雅的文明人，对于女生则更是希望她们都做一个淑女，可是这个选题却说“女生嘛！污一点才可爱！”，简直颠覆了三观。

例 4：《真人真事：妹妹要嫁亲哥哥……》（见图 3-8）

图 3-8　微信文章数据（8）

在封建社会解体之后就很少听说近亲结婚的事情了，而且在常识里我们都知道近亲结婚是不允许的，也是对孩子不利的。这篇文章说有个妹妹要嫁给亲哥哥，还是真人真事，实现了反常识的目的。

3．引发情绪共鸣

相信很多人都对如图3-9～图3-11所示的企鹅智酷的这三个统计结果谙熟于心，也就是微信公众号文章阅读类型中比例最高的是情感资讯，分享比例最高的也是情感资讯，而微信用户阅读公众号的方式是 80%的人会从朋友圈里发现内容。那么，如果想让这 80%的人能够打开我们的文章怎么办？在选题的时候要尽量选那些能够煽动情绪、引发情感共鸣的话题，这样有利于我们的文章在朋友圈中被分享和传播。

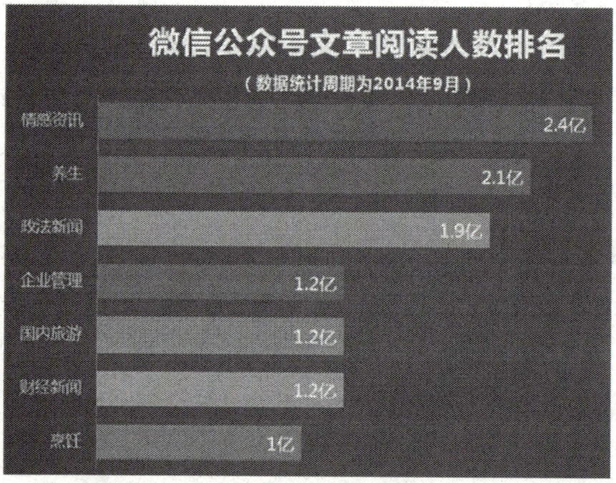

图 3-9　微信公众号文章阅读人数排名

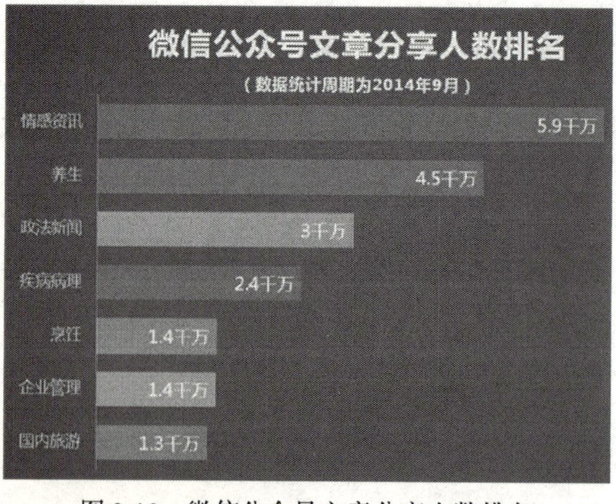

图 3-10　微信公众号文章分享人数排名

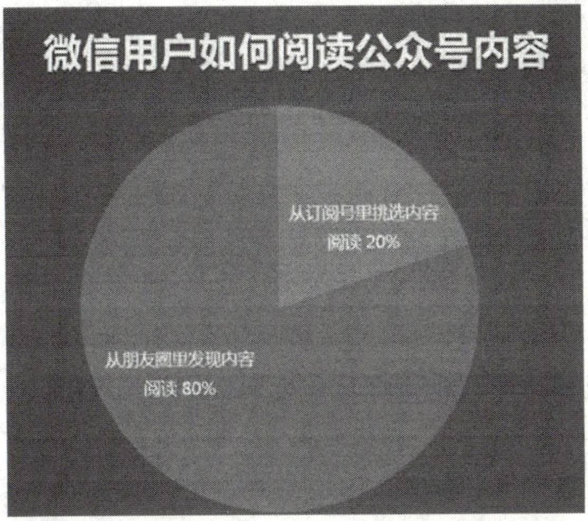

图 3-11　微信用户如何阅读公众号内容

资料来源：企鹅智酷

4．高级“鸡汤”

我们都知道鸡汤文一直是长盛不衰的，即使在所谓的“反鸡汤”文化颇为流行的今天。其实仔细想想你是真的讨厌“鸡汤”吗？你只不过站在了鄙视链的上端去反那些鄙视链下端的“鸡汤”罢了，同时又迫不及待地四处寻觅更高阶级的入门之路，不断给自己灌上一个阶级的鸡汤。要知道鄙视链是会一直存在的，而在这个过程中你不知道喝了多少“鸡汤”，只不过你需要的是高级“鸡汤”罢了。

那么，如何炮制一碗高级“鸡汤”呢？

首先，要清楚鸡汤文的特性。要知道“鸡汤”的终极内核是积极、向上、“政治正确”的，在这一点上也是极为符合社会主义核心价值观的，所以说要是鸡汤文不盛行，我表示不服。

其次，要有一个好故事做材料。心灵鸡汤（Chicken Soup for the Soul）这一系列品牌从 1993 年至今，已经绵延不绝 20 余载，目前这一图书系列已经有数百分册，其累计销售额仅在北美地区就有 13 亿美元。创造这一传奇的诀窍其实就是三个字：讲故事。“好”故事是“鸡汤”的原材料。

最后，结尾要政治正确、三观端正、实现升华。一个好故事是“鸡汤”的核心素材，然而就像煲汤一样，只有好食材也是不够的，还要有最后那一撮提味的调料。鸡汤文也是这样，不管前面如何抱怨，如何形容得很惨，但是只要在结尾告诉读者“我很聪明，我很努力，我一定可以成功，只不过还没有等到合适的机会”这种类似的自我升华就会大受欢迎。

综上就是一碗“鸡汤”的炮制秘诀方法论。如果要举一个例子，那么不必多，我只需举一个你们都喜欢的咪蒙的例子就足够了。随便打开一篇文章，就以我写稿时她最新的一篇文章《我能想到最性感的画面，就是你跪键盘的样子》为例。

文章开头讲了一个朋友圈好友如何抱怨四川妻管严的故事，接着讲了一个话唠中介唠叨的韩国妻管严的故事，最后一个故事是中国学者胡适的妻管严案例。这就是我们上面提到的“好故事做材料”，煲“鸡汤”的前提是会讲故事。接下来就到了结尾升华的时候，“为什么妻管严的男人性感呢？因为他们一定是内心强大的人。”结尾段一开头咪蒙就进行了主题升华。最后咪蒙写道：“妻管严们绝对不是真的怕老婆，再彪悍的老婆也很难打得过老公啊。他怕她，只是怕她生气，怕她伤心，怕她难过。这不是怕，这是爱啊。”怎么样，你感受一下这是不是政治正确、三观端正、实现升华的结尾方式？

因此，无须多看，咪蒙在这方面的厨艺可谓炉火纯青。不信你可以自己去翻看咪蒙的任何一篇文章，然后按照这个逻辑去分析，就会发现如出一辙。所以，人们反的不是“鸡汤”，而是过时的、低品位的“鸡汤”。我们永远需要有更高级的人给我们灌更高级的“鸡汤”！

3.1.2 拟好标题的八大公式

大卫·奥格威在《一个广告人的自白》(Confessions of an Advertising Man)中对标题提出了这样的看法：“标题在大部分广告中都是最重要的元素，能够决定读者到底会不会看这则广告。一般来说，读标题的人比读内文的人多出 4 倍。换句话说，你所写的标题的价值将是整个广告预算的 80%。假如你的标题没有达到销售效果，那么可以说你已经浪费了客户 80%的广告预算。”奥格威说，将现有的广告换上新标题，销售力度就能增强 10 倍。“一条”公众号的创始人徐沪生也说过：“怎样起一个 1 小时阅读量达 100000+的标题？答案就是拟 100 遍标题。”

既然大家都认知到标题的重要性，那么怎么取好一个标题呢？有没有什么套路可以借鉴呢？下面给大家介绍一下我总结的拟好标题的八大公式。

1. 符号式

符号包含标点符号、特殊符号、数学符号、形状、方向和箭头等。由于大多数符号都符合简单明了的原则，所以人们对于标点符号的辨识度要远远高于文字，所以在标题中恰当地使用标点符号可以帮助我们有效地抓住读者的眼球，吸引他们留意标题。

例 1：省略号

老板说：男浴池 10 元，女浴池 100 元，男的果断交了 100 元，结果……

千万不要生女儿，因为……

明天宁波将有大事发生……

例 2：问号

你怎么不结婚?

男人除了性还在想什么?

花痴是基本人权，花你钱了？蹭你网了？占你时间了？

例 3：叹号

女生嘛！污一点才可爱！

亲情的巨轮说沉就沉了！哈哈哈哈哈!!

天了噜！只要 5 块钱就能变得比范冰冰漂亮！

例 4：特殊符号

✎投稿须知

◎“五险一金”变“四险一金”，拿到手的工资变了吗?

§一曲《同学情》，歌词写得太真实！

2．数字式

与标点符号一样，数字也具备易辨识性，更容易吸引眼球。另外，数字具有高度概括性，简单明了，能够告诉那些迫切想要知道内容的人到底有几点，而且在微信阅读这种环境下也更便于人们阅读。

人到中年：4 点，3 忘，1 有

月薪 3000 与月薪 30000 的文案区别！

72 岁的任正非独自在机场排队等出租车被拍

3．网络体

几乎每隔一段时间就会有一种什么体爆红，比如之前的“凡客体”、“淘宝体”，现在的“知乎体”，另外还有一些网络语言的流行，都可以进行加工，借势传播。比如我在写作本文的时候正在流行的“各种小船说翻就翻”，我在爆文榜里看到很多借用这个句式大肆传播的案例。

例 1：知乎体

路痴是一种什么体验？

在苹果公司（Apple）总部工作是怎样一番体验？

有个小小女友是一种怎样的体验？

例 2：流行语

对不起，我去×××了，不要再找我了！

×××的小船说翻就翻！

×××版《南山南》，我把×××唱给你听！

4．热点式

结合当下的节日、所在行业的大事记、最新最热的事件或者现象，直接用在标题中。因为在事件发生后的一段时间内人们的关注点在这里，他会去网络或者朋友圈里寻找相关的信息进行查看，所以这时候标题一定要主题突出，直接点出日子或者事件，便于相关的字眼进入检索人的眼睛，而且有利于享受到搜索引擎分配的流量。因为热点是有时效性的，所以这里不再举例，因为书籍出版的时候举的例子早就不是热点了。

但在这里我也要给出三条跟热点的建议。

- 有备而来，快速反应。

有些热点我们是可以预见日期的，比如苹果公司的发布会，在之前就会公布日期，只是我们不知道发布会的内容罢了。那么对于这种有明确日期的未来的热点，我们就可以提前做好准备，想好选题和策划，等到日期如期到来，只需要在准备好的素材上稍加补充就能抢先发布，要知道发布的先后顺序对结果有很大的影响。对于未知的突发热点，我们就要快速响应，这时候就考验到我们平时的广泛阅读和积累了，能不能快速针对热点拼凑出相关素材是决定我们能否抢占热点的重要因素。

- 切忌人云亦云，要有自己的态度和观点。

热点出现的时候往往是千军万马都在抢，三教九流纷纷伺机而动。要想突出重围，首先就要看你的时效性，能否抢在前面赶制出内容；其次就要看你制作的热点是不是足够新颖，有没有独特的视角。否则只是发一些大家都在发的内容，只能是泯然众人矣，并不会带来爆发；如果跟自身结合得不好，反而会带来负面影响，给读者一种总想搞个大事的坏印象。所以，热点也不要盲目地去跟，在决定制作的时候要确保有独家素材或者有新颖的态度和观点。

- 找到恰当的结合点。

并不是所有的热点都适合跟，有些关联性太差的热点建议就不要牵强地捆绑了，否则只会让受众质疑你这个账号的定位，导致精准用户的流失。用户原本想看某个专业领域的信息，结果你天天发布的都是各种社会热点，反倒会让用户觉得是恶意炒作，进而取消关注。

5. 名人式

名人就意味着注意力，无论是娱乐明星还是商界大亨，他们的名字出现在标题里的时候总会增加一些注意力。而且以这些名人名字命名的标题如果内容也很优秀，则经过名人的“背书”也会带来更高的转发量。

徐克最喜欢的女演员；陈凯歌称之为心灵沟通者；高晓松说她是天才

她是李敏镐的未婚妻，而她样貌常撞脸，时而孙俪时而郑爽！

相声演员赵津生 跨界揭秘天津包子

6. 悬念式

用唬人的词汇、刺激的语言、爆炸性的事件作为标题的前半段，然后在标题的结尾留一个省略号，这样自然就达到了制造悬念的目的，让人心里痒痒的，必须要点开文章一探究竟。其实本质上还是在利用我们多次提到的人类的天性——好奇心。

明天宁波将有大事发生……

当天秤座遇上十二星座！

胸部下垂、满脸皱纹……年过 60 的她却……

7. 干货式

人们都是喜欢干货文的，这点毋庸置疑。但是干货放送也要适销对路才会有市场，因为行业不同、分类不同，受众需要的干货类型也不同。但是总的来说，总结某个领域的知识、汇总某个行业的常用工具、制作某个软件的实用教程这类干货文章对相应的受众还是相当有吸引力的。

你这一整年要看的科普书都在这儿啦！

论文查重去哪里？留学党必备的 8 个论文审查网站！

一线创业者的血泪总结，创业公司的近万字战略笔记

8. 反常式

这跟我们上面提到的选题法则中的“反常识、反传统”是一样的，这项原则也是让我记忆深刻的，因为我们账号的第一篇阅读量达 20 万+的文章就是采用这种标题实现的，这篇文章的标题是《请告诉孩子，学习从来就不是件轻松的事》。

做人呐，就是要懒一点。

微信不是什么好东西！

请告诉孩子，学习从来就不是件轻松的事

3.2 如何排版与配图

在任何视觉媒体中，文字和图片都是很重要的两个构成要素，其排列方式直接影响阅读或观看的视觉传达效果与体验。因此，合理的布局与排版、恰当的图文搭配可有效地增强视觉传达的效果，提高文章的诉求力，更能赋予版面一种审美价值。

3.2.1 标题排版技巧

由于标题起到提纲挈领的作用，所以标题的版式是重中之重。对标题进行适当的修饰有利于读者快速了解这篇文章的主旨和大概内容，方便读者进行信息的获取。

1. 封面标题的字数

我们公司之前邀请腾讯的一个高级编辑给我们做分享，她提到腾讯的内容是多渠道分发的，所以展示在不同渠道的内容要起不同的标题，其中针对移动用户阅读的文章标题有一个限制，即不能超过 12 个字。“一条”的创始人徐沪生也说过，“一条”的文章标题一般会在 12 个字左右。

移动阅读时代，手机屏幕比较小，字数多了就会换行显示，单图文的标题是在配图的上面还好，但是多图文的标题是会覆盖一部分配图的，如果标题行数多了，就遮住了大部分配图，会显得不美观（见图 3-12 和图 3-13）。

图 3-12　字数很多的标题

图 3-13　字数较少的标题

所以封面标题的字数建议为 12 ~ 15 个字，一方面有利于保持美观，另一方面能够适应现在的快速阅读习惯。如果你的每条标题字数都很多，则会让人看一眼就感觉很累。

2．正文小标题的排版

在字数上与封面标题一样，正文的小标题字数也要尽量精简。最好保持在一行之内，否则小标题在手机上占据两行就像一个小段落了，失去了标题的意义。另外，如果标题是两行则会很难排版，因为排版样式中很少有两行的样式，即使有也是非常不美观的。

在样式上建议小标题跟正文有所区别。常用的方法有：将小标题加粗、调大字号、增加小标题前后的行间距、改变小标题的字体颜色或者添加背景色等。

在排版后一定要预览。编辑完成后将排版样式预览到手机看一下效果，而且不能只看自己手机上的样式，还要考虑到不同屏幕大小的手机显示效果，这一点在标题的排版上尤其重要。因为手机屏幕大小不一，在你的手机上显示正常的样式，在小屏幕的手机上就会折行显示，从而导致排版样式的溢出。本来一行的排版样式变成了两行，是会十分影响美观的。

在搭配上建议前后的样式要统一。全文的小标题要采用同一种排版样式，所以标题的字数要尽量统一，以便能够适用相同的标题样式。不仅排版样式要一致，在配色上面也要协调，不能每个标题样式使用不同的颜色，看起来花花绿绿的就不好了。

3.2.2 文章排版技巧

文章排版可以很轻松地暴露一个账号运营人员的审美，以及运营人员对这个账号运营的精心程度。因为排版过的文章和没排版的文章、精心排版的文章与粗糙排版的文章是高下立现的。如果想让自己账号的排版拥有赏心悦目的阅读体验，则下面的建议请认真揣摩与践行。

1. 规划整体版面，适度留白

在图书编排的时候，版面设计十分重要，要合理地设置页面周边的余白来安排文字的排版和书籍的装订。在业界莫里斯所提倡的版面设定理论也很有指导意义。然而这个规则并不完全适用于移动阅读时代，所以我们需要根据不同的载体特点来合理地安排版面。移动时代一般不用考虑上、下余白（图 3-14 中 c、d 区域），影响版面的因素主要是左、右余白（图 3-14 中 a、b 区域）。微信本身就设置了一定的余白，但是根据账号特性的不同，比如偏文艺风格的账号，可以考虑设置两边缩进 0.5 或 1 个字符。

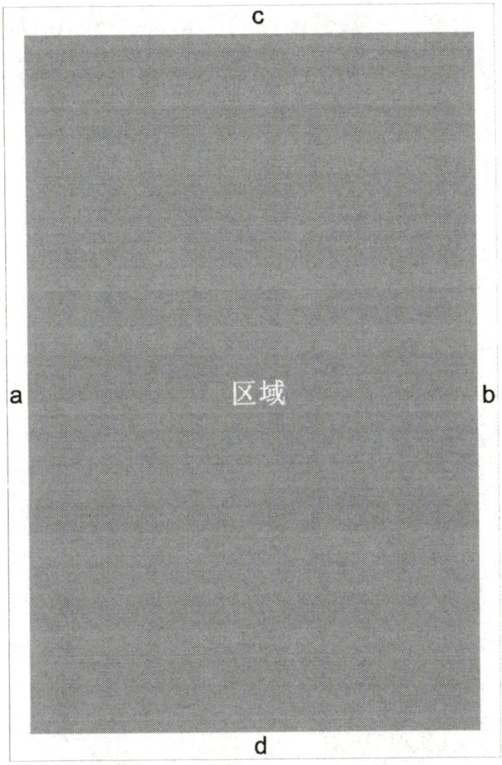

图 3-14　版面布局示意图

2. 营造层次感，使页面结构清晰

所谓层次感，是指页面中的文本排列出的视觉层次。在印刷品中，我们会经常看到这些具有层次感的作品由一级标题、二级标题和正文等构造出来的页面结构。可以适当地突出一级标题，使其比二级标题看起来重要，同时二级标题又看起来比正文显眼。

正文是页面中的主要内容，所以一切基调都要以正文为基础。只有在选定了正文的字体和颜色后，才能对标题等其他页面元素进行调整。如何基于正文的文本来安排其他部分的效果呢？下面有一些原则可供参考：

- 正文的字号。微信默认的字号是 16px，一般来讲是不用调整的。但是，如果你的受众主要是中老年人，则可以适当增大字号，更便于他们阅读；如果你的受众主要是文艺青年，则可能 14px 的字号看起来更有文艺范儿。
- 选定了正文字号之后，就可以根据它来调节标题的字号。一般标题的字号要比正文大一点，比如正文为 14px，则标题可以设置为 16px。

- 如果文中需要注释，则注释的字号一般比正文小一号。如果正文字号为16px，注释就可以设置为14px，同时注释部分一般会用灰色填充文字的颜色。

字号分级示意图如图3-15所示。

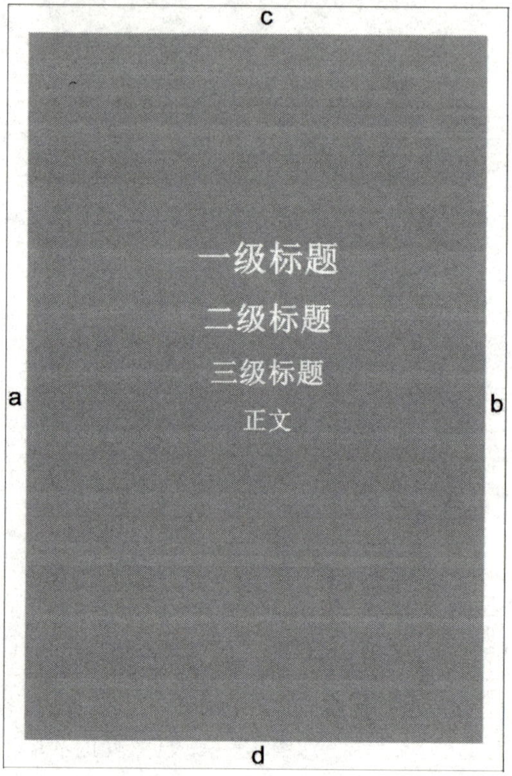

图3-15 字号分级示意图

3. 调节纵向间距，增强易读性

纵向间距通常指的是行间距和段前段后距（见图3-16）。行间距的大小对于文章的易读性有很大的决定性作用。如果行间距过大，那么在阅读下一行的时候视线要移动的位置较多，就会增大阅读的难度；反之，如果行间距过小，文字就会挤在一起，更加大了阅读的难度。

段落与段落之间也需要保持一定的距离。这种段间的留白要比行间的留白更大一些，是为了方便用户更好地识别内容和区分意群。需要注意的是，这里的段间距不是通过按两次回车键来产生更大间距的，而是通过编辑器中的段前距、段后距来设置的。

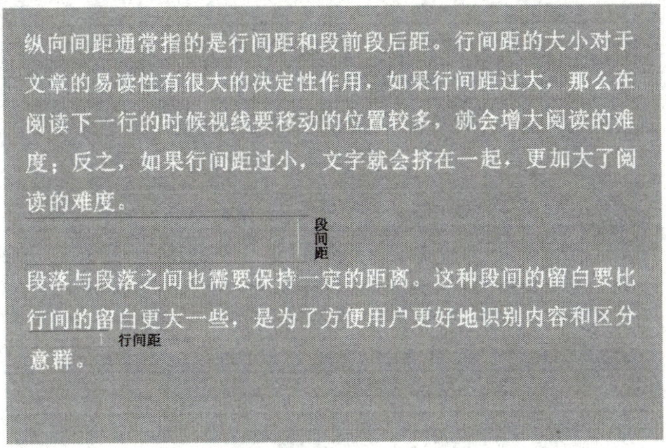

图 3-16　纵向间距示意图

通过合理地调整与安排纵向间距，可以方便用户在阅读的时候快速扫读。下面依然给出一些参考标准：

- 行间距。通常建议设置为 1.5 倍或者 1.75 倍，这是一种看起来比较舒服的范围。
- 段间距。段间距可以通过微信官方的编辑器调整段前距或者段后距来实现，通常建议段间距设置为 15 倍就恰到好处了。
- 首行不要缩进。这里需要格外提一下，就是我看到有些小编在编辑微信文章的时候会习惯性地首行缩进两个字符，不知道这是过去的传统习惯还是从其他地方复制粘贴后懒得编辑。总之，在移动端是无须首行缩进的，缩进了反而会导致段落看起来不整齐。

3.2.3　封面配图注意事项

文章标题的重要性几乎每位运营人员都不可否认，但是文章的封面配图充当门面的作用，同样不可忽视。企鹅智酷的一项调查显示，图片类新闻成为网民喜好度“单项冠军”，其次是文字类新闻，再其次是视频类新闻（见图 3-17）。从这里可以看出人们对内容消费的偏好变化，也很好地证明了图片在信息传播中的重要性。那么，微信公众号在封面配图中需要注意什么呢？

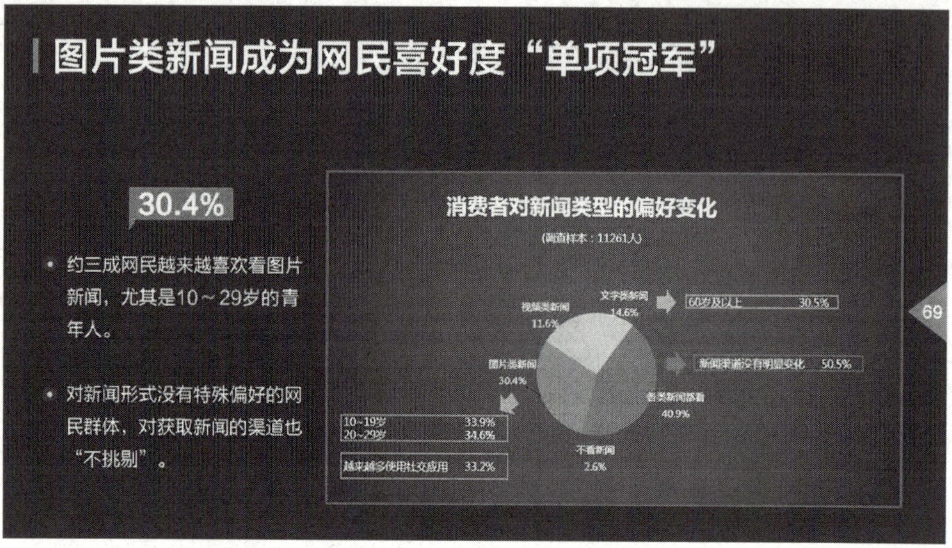

图 3-17　网民最喜爱图片类新闻

资料来源：企鹅智酷

1. 具备可读性

当用户从订阅号折叠列表进入公众号之后，我们要确保最近一条推送的文章配图和标题具备可读性。可读性是什么意思呢？就是指书报、杂志或文章内容吸引人的程度，以及读物所具有的阅读和欣赏价值。我想大家应该都有过被标题党吸引进入公众号，结果看到配图就立刻被恶心走的经历吧。所以可读性涉及两方面：第一是标题要说人话，简短有效，即可阅读性；第二是配图要具备审美性，即欣赏价值。

2. 注重色系搭配

文章封面配图建议多采用纯色系背景的图片，这样可以有效增强标题的可读性。由于微信多图文的标题是在封面图上的，以半透明的形式展示，所以封面图的效果会影响到标题的展示效果。杂乱的背景、多彩的封面一方面会降低图文的欣赏价值，另一方面会让标题不突出。而纯色系背景的图片会让人感觉心安、不浮躁，彰显出一种简约化的风格，而且具备欣赏价值，从而影响读者的感受，愿意拿出一些耐心，点击进入看看（见图 3-18）。

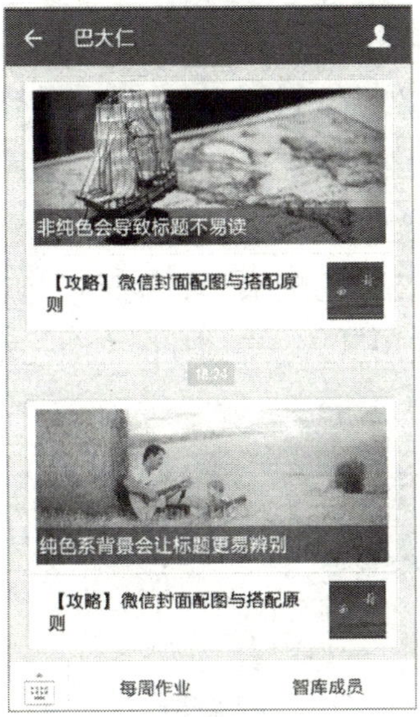

图 3-18　杂色背景与纯色系背景对比图

3. 强化对比度

当我们选择一个暗色调背景的时候，就需要使用浅色调的文字与之搭配；反过来，当背景比较明亮的时候，文字就应该使用深色。这就是我们要说的强化对比的方法。大家都知道，微信多图文头条标题的文字是白色的，那么我们在选用头条配图的时候，为了增强对比度，就要多选用深色调的背景图，从而形成鲜明的对比。这种对比强烈的元素组合在一起，就会令人印象深刻（见图 3-19）。

图 3-19　头条的深色背景与白色标题

4．图题相符，风格适宜

标题是文章主旨的浓缩，配图是标题的图像化展示。图片是为了突出标题，因此称之为“配”图。这就要求我们在对文章选用配图的时候做到图片与标题相呼应，从而更好地传情达意（见图 3-20）。在配图风格上也要做到与自己公众号的定位相符合，不能运营政府性质的账号，却天天使用二次元风格的配图；运营生鲜电商类的账号，却总使用风景唯美图片做配图。这样风格不搭就会显得不伦不类。

图 3-20　图片与标题相呼应

3.2.4　正文配图注意事项

图文混排是运营人员极为重要的一课，也是一项重要的技能，同时也是一件很难达到完美程度的事情。要想在微信文章中给读者呈现出赏心悦目的图文混排效果，需要受多方面因素的制约，首先需要一些出色的具有欣赏价值的图片，其次要具备出色的文字排版技巧，这样才有可能做好图文的混排。如果你想修炼这项技术，那么如下技巧或许对你有些许帮助，更多的还需要自己去学习、去领悟。

1．文本与图片之间有层次感

为了提高微信文章的可读性，我们在做图文排版的时候为标题、段落、注释与图片之间创建出层次感是非常重要的，这样你的文章在呈现给读者的时候，他们会迅速找到感兴趣的部分，而且可以更有效地告诉读者我们想让他们看到的信息。层次感的营造可以通过字体的大小、字体样式的变化、为图片添加注释、为图片添加排版样式等方式实现。另外，适度使用一些小符号或者分隔线会起到良好的效果。

2. 图文相符，贴合主题

设想一下，如果是你自己在写一篇文章，那么你是不会随便就配一张图的。所以我们在转载或者使用一些其他人的文章时也要仔细阅读一下文章，然后根据文章的主题和内容，选择相应的图片进行搭配。而不要按照网上教程告诉你的，段落不要太长，每两三段之间插入一张图片，于是你就在作者的文章中贴补丁似的随便插入一些图片。这样做可能会起到一些缓解视觉疲劳的作用，但是同时打断了读者的连续阅读，图文的割裂会让读者忘记上一段文字讲了什么，就容易导致上下文衔接不起来。

3. 善用动态图

早期的一些动态图是文章开头引导新用户点击蓝色公众号名称可以关注公众号的引导图，还有文末的点击阅读原文引导图。现在很多公众号尤其是 90 后小编都喜欢在文章内插入一些动态图，有些动态图幽默地表达了作者的意图，但是有些账号则完全是为了加动态图而加动态图。

如果不是表达需要，则建议不要滥用动态图，因为大量的动态图会导致微信文章的打开速度很慢，而且动态图的动态性容易吸引读者的注意力，甚至图文不搭配的动态图容易破坏读者的注意力，影响读者的连续思考。现在也有一些比较好的动态图使用案例，比如在文章开头的地方制作一张精美的动态图展示标语；还有一些账号制作了一些有趣好看的动态二维码，比如我看过一个迷宫路线的动态二维码，就很好玩，让人忍不住想去长按识别二维码。

4. 巧妙的图文转换

图片可以实现文字的效果，文字也可以转换为图片，这就是我所说的图文转换。图片转换为文字最常用的方式就是表情，这些表情图片有的可能自身带有文字，有的一个表情就够了，文字不言自明。文字转换为图片，大家所熟知的案例就是“一条”的小标题，它会将一些词汇制作成图片作为文章的小标题，起到了很好的效果（见图 3-21）。

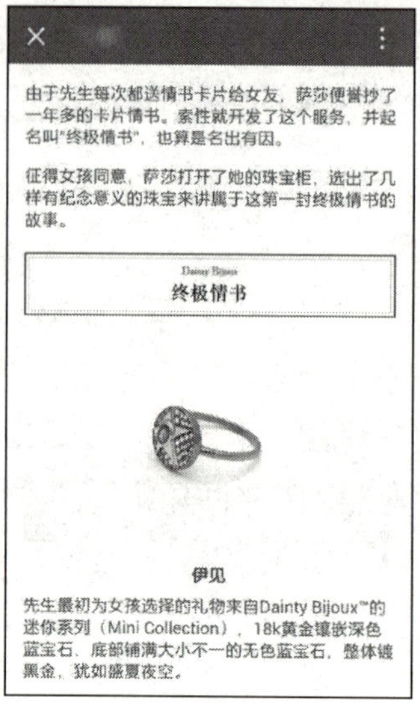

图 3-21　文字转换为图片的效果

5. 适度留白增加观赏性

很多人都喜欢苹果的网站风格，原因就是：网页虽然复杂精细，但页面简单并有大量的空白区域。同样，我们在进行图文混排的时候也要在文字与文字之间、文字与图片之间、图片与图片之间进行适当的留白，从而为文字和图片留够“呼吸”的空间，这样也会让排版看起来很整洁、美观（见图 3-22）。

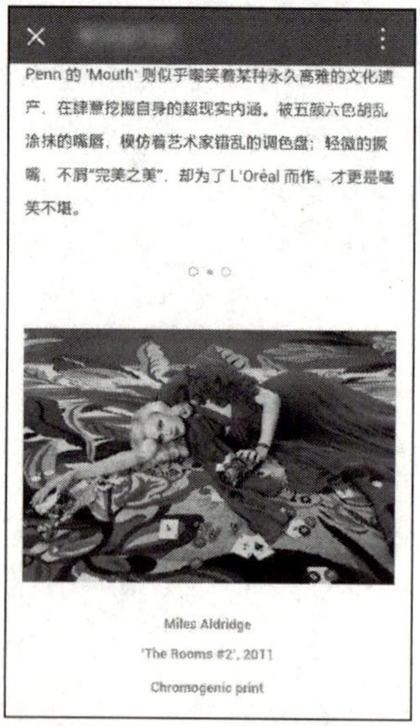

图 3-22　适度留白提升美感

6. 配图要轻盈

所谓的配图轻盈化，一方面是指配图内容的轻盈化，也就是说图片要尽量符合简约化风格，元素单一，不要在一张图片上布满密密麻麻的文字或者其他元素，这样会让读者感觉很累；另一方面是指图片色彩的轻快，除了根据特殊场合的严肃性搭配黑灰色系的图片，更多时候我们可以多用一些轻柔欢快风格的图片，会让人有舒服畅快的阅读体验，不至于太压抑（见图 3-23）。

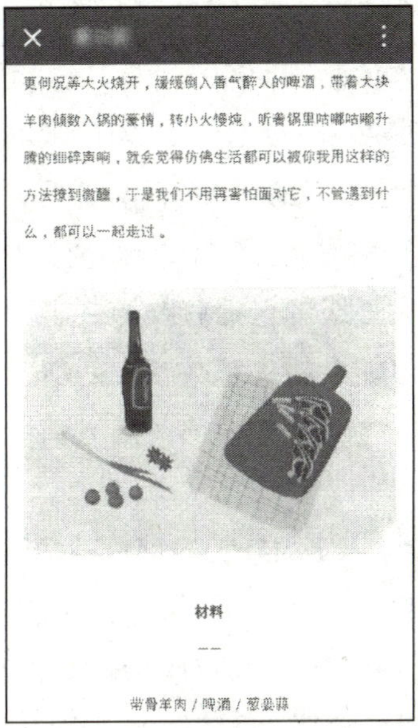

图 3-23　轻盈化配图

3.3　如何生产高质量内容

在我们团队里，大家都高度认同一点，那就是在新媒体的业务范畴内做好内容是最根本的要务。因此，我们格外强调内容的第一性，无论如何都要保证内容的质量。只有在内容上站稳了脚跟，才能拥有自己稳定的订阅者，才能吸引新用户，才有可能尝试商业化。没有好内容，一切都无从谈起！

3.3.1　内容的重要性

首先，内容跟拉新息息相关，只有好内容才能提高文章的转发量，从而获取到新用户。其次，内容也是留存用户的主要方式，能用语音、视频作为主流内容去留存用户的公众号是微乎其微的。再次，优秀的内容可以调动用户的活跃性，带来很好的留言讨论氛围。最后，好内容是商业转化道路上的一件利器。

1. 好内容带来新用户

在新媒体行业有一个有趣的现象，就是这个行业格外迷恋 10 万+阅读量的文章。除了这个行业，没有其他行业会这么重视 10 万+的概念。为什么会出现这样的情况呢？就是打开微信文章后，在文章的末尾，微信官方会给出一个阅读量的统计数据，数值的最大值是 100000，超过最大值就用 100000+来代替。但是对于普通公众号来讲很难创造一次 10 万+阅读量的传播，只有少量的账号长期享有这样的成绩，以及少量的文章能够交出 10 万+的传播成绩。

那么，大家为什么这么重视 10 万+的阅读量呢？因为在粉丝基数没那么大的情况下，要想达到这么大量级的传播就要炮制出一篇好的内容，好的内容会带来高转发量，这样才有可能在粉丝基数不大的情况下实现海量传播。而高转发量可以让你的公众号有机会曝光在更多的新人面前，从而吸引新的读者订阅公众号。

如图 3-24 所示是某账号一年内新关注用户的折线图，其中有三个高峰点，这三次大的粉丝增长是由于三次大活动带来的，所以我们这里不考虑。大家只看我用圆圈圈起来的两个点，分别是 2015 年 7 月 20 日和 2015 年 11 月 20 日，然后我为大家找到了当天的图文数据（见图 3-25 和图 3-26），这两天均有高传播量的内容，获得了较高的转发量，从而带来了粉丝量的有效增长。

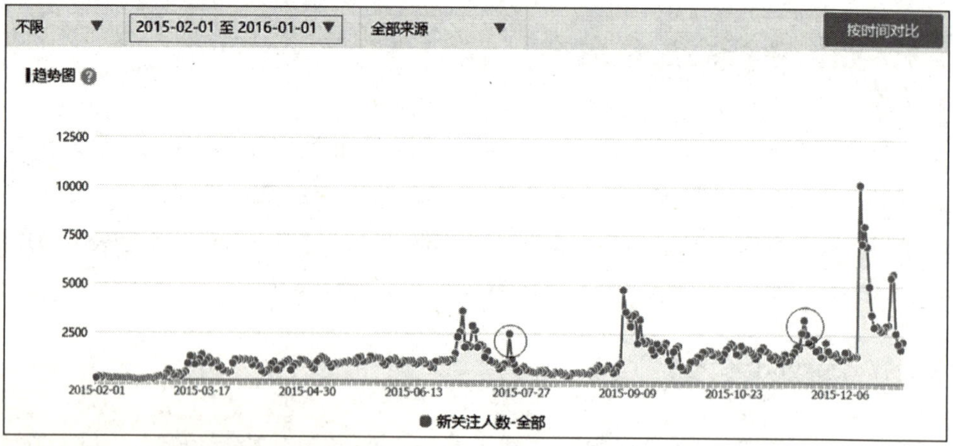

图 3-24　新关注人数异常波动点

文章标题	时间	送达人数	图文阅读人数	分享人数
帮说 | 7月24日教育大事记	2015-07-24	[illegible]	2740	17
最短最火毕业致辞含标点535字 网友转发评论超..	2015-07-24	[illegible]	13478	375
帮说：有女不如儿，知道真相我眼泪掉下来	2015-07-23	[illegible]	17680	45
你知道孩子的屁股为啥打不得吗？	2015-07-23	[illegible]	35603	1355
帮说：一个5岁小女孩打110把妈妈抓起来了，...	2015-07-22	[illegible]	12824	37
别打我de孩子！！！校园暴力不能再忍了	2015-07-22	[illegible]	14941	160
【报名啦】寸草报晖：升入高三，家长准备好了..	2015-07-21	[illegible]	3025	31
是怎样的教育才培养出才女林曦？	2015-07-21	[illegible]	37682	2368
千万别这样叫孩子起床！不是闹着玩	2015-07-20	[illegible]	68002	1187

图 3-25　2015 年 7 月 20 日图文数据

2015-11-20 至 2015-11-23

文章标题	时间	送达人数	图文阅读人数	分享人数
孩子上课总是难以集中注意力，一般有两个原因..	2015-11-23	[illegible]	11436	549
妈妈们，不是你脾气差，是你太累了......	2015-11-23	[illegible]	25349	2311
放手是为了更好的归来！为您的孩子赢免费英国..	2015-11-23	[illegible]	7861	66
周末课堂：帮孩子召唤满分的7颗龙珠	2015-11-22	[illegible]	23884	1583
一高三女生作文：《我和弟弟差十岁》	2015-11-21	[illegible]	84867	6331
帮答：题目稍微有些难度，孩子就不去思考了，..	2015-11-20	[illegible]	16058	827
最理想的婚姻：见到她才想结婚，娶了她从未后..	2015-11-20	[illegible]	31832	1898
请严肃地告诉孩子：学习肯定是辛苦的	2015-11-20	[illegible]	240374	39245

图 3-26　2015 年 11 月 20 日图文数据

2. 好内容留存新用户

好的内容可以有效地留存用户，其中格外重要的是可以留存新用户。因为老用户已经对我们的公众号产生了认可和联系，而新用户对我们还一无所知。所以对于新用户来说，你的每一次推送都是在被新用户审查。如果审查合格就继续关注，如果连续不对路就难免会遭遇被取消关注的待遇。尤其是我们的运营人员需要做各种各样的活动去拉动粉丝增长，而活动带来的订阅者忠诚度本就极低，也不精准，如果内容做得不好，让人一看就很粗糙，那么可想而知，接下来迎接你的就是推送一次损失一大批粉丝，推送一次用户取消关注一批，到最后辛辛苦苦做活动拉来的一点新用户又陆续全部流失了。但是如果内容做得足够好，虽然不可避免地也会流失一部分新用户，但是可以确信的是，流失的只是不精准的用户，这部分用户本来就对我们没有意义，他们取消了关注其实只是一个筛选精准用户的过程，也是很自然的，至少不会导致精准用户流失。所以要想做好用户留存，离开好内容是万万不行的。

3. 好内容可活跃用户

一个公众号的用户黏性从哪里可以看出来？就是看这个账号的点赞量和留言量。点赞量可以说明读者对你的内容的认可度，留言量则可以看出用户的参与度。认可度和参与度反映了公众号的用户活跃程度。那么，又是什么决定了一个公众号的点赞量和留言量呢？就是一篇文章的质量。如果内容足够好，就可以带来高阅读量，高阅读量又会带来高点赞量和留言量。

为什么我要强调点赞量和留言量呢？因为这两个数据背后代表的是活跃用户。否则你的文章阅读量很高，但是点赞的人数和留言的人数寥寥无几，这跟僵尸账号有什么区别呢？别人看后也会觉得这么高的阅读量不过是刷的假数据罢了。所以说活跃用户量可以从一个账号的点赞量和留言量中窥出一二，而高留言量和点赞量又离不开好的内容，因此我们说好内容可以活跃用户。

4. 好内容更利于转化

我在公司的商业化方案中提到了一个概念"内容电商"，我认为我们想要做好电子商务的前提是做好内容。因为标题决定了用户看不看你的文章，内容决定了用户对你这篇文章的好评度，而好评度又影响着用户对你的微店商品买不买账。从这里可以看出，一篇内容假如没有取一个好标题，就会导致你微店的商品根本没有机会展示在读者面前。

如果标题不错，就会吸引读者点击打开文章，文章的内容又决定着读者是否有兴趣阅读这篇文章，看到文章末尾；是不是看到文章末尾影响着有多少用户可能去点击阅读原文，进入我们的微店；只有用户进店了，才有可能带来商业转化。所以这里的每一步都离不开好内容的支撑，于是我的"内容电商"的概念就应运而生了。

其实我不举例子大家也可以明白我的意思，道理很明显。如果一定要举例证明，就是我知道一个账号，叫作"好狗狗"，这个账号对于内容运营做到了足够的精细化，他们甚至为每种狗狗都做了一个定位，然后为不同的角色寻找相应的用户群体，从而吸引相关粉丝互动起来。他们的内容都有很高的阅读量、点赞量及评论量，对于这一点，我还特意对比了一条、关爱八卦成长协会、丁香医生、教育百师通等大号，都达不到他们账号的点赞量和留言量。而好内容有利于商业转化，其单日微店成交量最高达 2000 多单，日均也能达到七八百单。

3.3.2　如何寻找内容

新媒体运营人员每天都要发愁的一件事就是内容！内容！内容！什么样的内容是我的订阅者爱看的？哪里去找我的订阅者爱看的内容？为什么最近文章阅读量又降了？想必这些问题是很多新媒体从业者都要头疼的吧，何况上面我们也刚刚讲到内容对于一个公众号的重要性。那么，下面我们来看看新媒体运营人员可以从哪些渠道解决内容供应问题？本小节主要讲述外部内容渠道，3.3.3 节会讲到原生内容的方法。

1. 关注榜单，获取爆文

一篇文章不会只在一个账号火爆，一篇文章也不会只火爆一次。所以密切关注榜单，从榜单网站获取一些好内容无疑是很省时省力也经济实惠的方式。现在各种榜单工具特别多，大家可以在网上搜索一些榜单工具，然后试用一段时间，看这个工具是不是可以做到每天更新、文章收录量是不是够大。

因为很多榜单网站已经陆续关闭了，网站上都是很久以前的文章，所以筛选一下，把你认为不错的、能够经常更新的榜单网站建立一个书签。需要文章的时候就可以去榜单网站逛一逛，这类网站很多都有分类，只要进入相应分类，就可以看到本行业内的大量文章，而且这些文章都是经过其他公众号检验的，具备一定的传播力。

只要用户人群相似，那么效果就会相差无几。但要注意的是，一定要看清文章的版权声明，有明确版权要求的一定要获得作者授权，或者付给作者一定的稿费。对于有些文章，作者允许转载但是附带条件，比如转载的时候注明来源，按照作者的要求去做就可以了。千万不要忽视版权的保护，这样只会让自己得不偿失。

2. 写作问答平台或行业垂直网站

获取内容资源的另一个重要渠道就是现在流行的各种写作平台，比如简书网站、汤圆创作，以及一个不可小觑的问答平台——知乎社区。在简书这类写作平台上有很多网络写手，他们的特点就是非专业作者所占比重较大，所以一般都很平易近人，不会像那些专业作家一样给你摆谱。如果看到不错的文章，那么只要作者没有注明禁止转载，都可以发信息给作者获得授权，他们一般都会允许转载，除了要求注明来源，几乎不会再有其他要求。

知乎社区也是很不错的渠道，在这个平台里有很多高质量的、专业性的回答，也有一些轻松活泼的答案，可以根据自己账号的性质选用适合自己的内容。但是知乎社区以及知乎上的作者对版权的保护都较为重视，所以选用这里的文章时一定要跟作者联系取得授权。对于一些大神的文章，可能你发私信了他不会及时回复，因为大神的私信一般比较多。所以保险的方式是平时多留意好文章，看到不错的就及时跟作者发私信沟通获得授权，这样以后需要的时候就可以及时用了，免得当天用当天私信得不到答复干着急。

行业性的网站和论坛也有很多好内容，比如我是做家庭教育的，家庭教育类网站除了我们自己的全国还有很多个，此外还有一些地方性的家庭教育网站，再者一些大的门户网站如人民网、网易、新浪网、腾讯网也都有教育板块。虽然很多网站已经不更新了，但是里面的内容有些还是不错的，对于这种没有时效性的行业来说依然有利用价值。

3. 外网翻译

如果有一定的外语水平，则不妨尝试一下翻译外国的文章，毕竟过去中国的很多大网站都是这么做的，包括现在新媒体流行后很多的账号内容也是从国外翻译过来的。其实之前我也不知道，后来我开始尝试翻译国外文章的时候，只要把外文的标题翻译后再在国内的搜索引擎中进行中文检索，就会发现很多文章已经有人翻译过了，于是恍然大悟，噢！原来大家都是这样做的。

假如外语水平不怎么好呢？依然很好解决。尤其是在现在共享协作氛围这么浓厚的环境下，可以组建义工翻译组。我当时就是这样做的，自己翻译了早期的一些文章，在刊出文章的同时发布一条翻译义工招募启事并留下联系方式，这样就会有热心的人士联系我。

人数多了之后，我就组建了一个翻译组微信群，在群里发布翻译需求，谁有时间就帮忙翻译。一开始我没想到会有人愿意做，但是尝试后才发现还是有很多人乐意做的，更没想到的是，还有人通过朋友介绍来报名，因为很多人想通过这种任务制度逼自己去练习外语。所以你也不妨尝试一下，与大家共享翻译国外文章的乐趣。

4. 投稿与专栏

在微信官方对抄袭的打击日益严厉的情况下，微信公众平台也无疑迎来了原创内容的春天，同时也让过去复制粘贴获取内容的方式越来越难以为继。但是如果不是行业内的专家，写不出好文章怎么办？这时候就可以借助外力来生产一些内容。一种方式是号召大家投稿，另一种方式就是邀约行业专家撰写专栏。但是这两种方式都要设计好奖励机制，否则是运行不下去的。

3.3.3 怎么撰写内容

首先希望大家能够明白，这不是可以写点文字就能当自媒体的时代，而是要懂得人性，能够敏锐洞察用户需求的人才有可能做好自媒体。所以说写文章也是有套路的，严格来说就是要符合一定的内容模型。只有这样精心打磨出来的文章才能直击用户的贪、嗔、痴，才可能煽动用户的情绪，引起情感共鸣，营造出属于自己的社群亚文化，凝聚一批相同气质的人。下面就为大家拆解套路的招式。

1. 明确写给谁看

可能大家看到这句话的时候心里会想，这不是废话吗？然而等到很多人去做的时候却总是忘了先考虑这篇文章是要写给谁看的。《孙子・谋攻》说："知己知彼，百战不殆。"新媒体运营也一样，只有明确了你的读者是谁、有什么爱好、有什么需求，把用户的属性分析透彻，你才能把文章写进读者心里。

如何做人群画像分析呢？自己做数据调研当然是最好的了解用户的方式，但我知道肯定有很多人不愿意做这件事。那么就可以通过第三方的数据报告去了解，比如专门做这项工作的有艾瑞咨询，他们有一些收费的报告，也有一些免费的报告。还有企鹅智库也会做一些行业分析调查和人群特点分析。此外，还可以查看百度指数的人群风向标，了解不同年龄层次的人群关心的是什么。

2. 定内容话题

有些话题是天然带有传播因子的，而有的话题怎么炒作也传播不开。纵观那些能够广泛传播的内容，几乎都符合一定的规律。这个规律其实也不是什么秘密，早在 2014 年，社交媒体追踪服务分析工具 BuzzSumo 就公布了一份报告。他们对社交媒体上 10000 篇分享转发量比较高的文章进行了分析，发现这些高转发量的文章引起的读者情绪依次是敬畏（25%）、大笑（17%）、娱乐消遣（15%）、高兴（14%）、共鸣（6%）、愤怒（6%）、惊奇（2%）、悲伤（1%），其他情绪类型占 15%（见图 3-27）。

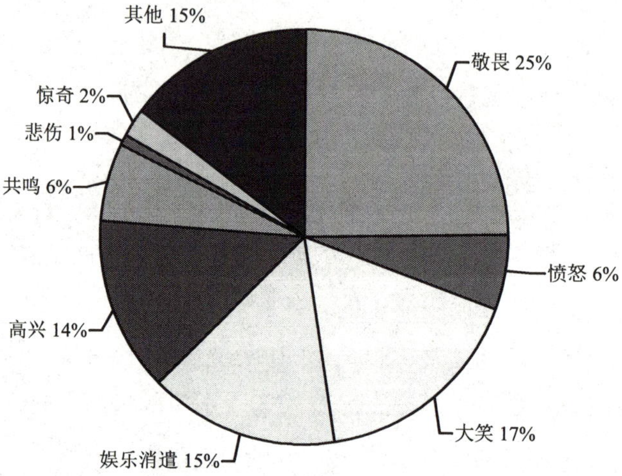

图 3-27　高转发量的文章引起的读者情绪占比

资料来源：BuzzSumo

此外，《纽约客》发表过一篇研究文章，发现容易被分享的内容具备以下几个特点：

- 文章主题积极。
- 让读者非常愤怒和恐慌。
- 让读者觉得自己不仅聪明，而且消息灵通、见多识广。
- 能够提供实用价值。

综上，在选择文章的撰写基调时，我们要尽量倾向于积极有趣或者让人愤怒和恐慌的情绪；如果不适合打情绪牌，则可以尝试让文章对读者有用；如果不能提供具体的实用价值，则至少要帮助读者铸造社交货币，即当读者转发后能够帮他达成自我实现，让别人觉得他是既聪明又见多识广的。

3. 如何写出一篇好内容

契约对自己的粉丝做过一次调查，对于一篇内容，用户比较注重的因素占比如下：

- 图片搭配合理，支持率为 70.16%。
- 文章逻辑清晰，支持率为 65.12%。
- 文章篇幅适当，支持率为 54.32%。
- 文章排版整齐，支持率为 46.90%。
- 内容符合定位，支持率为 40.12%。
- 标注文章重点，支持率为 30.24%。

因此，新媒体作者在撰写内容的时候要做好图文的编排。关于编辑排版，我们也有专门的章节讲到，大家不妨再仔细看一遍。毕竟这是一个看脸的社会，文章的阅读量高不高也在一定程度上取决于图文的颜值，不可小觑。此外，文章还要符合一定的逻辑，篇幅要适当，长了读者没耐心读完，短了又没有什么干货。

3.3.4 从哪里获取热点

热点有很多种，如季节性热点、周期性热点、突发热点事件、流行性热点……那么，如何获取本行业的热点呢？这就要善于使用一些数据工具来协助监控。

1. 微博热门话题排行榜

我在写文章的时候看到新浪微博刚刚发布了 2016 年第一季度财报。截至 2016 年一季度末，微博月活跃用户达到 2.61 亿人，同比增长 32%；日活跃用户达到 1.2 亿人，同比增长 35%。与上一季度相比，微博月活跃用户净增 2600 万人，日活跃用户净增 1400 万人，均创下新浪微博上市以来最大单季增幅。

所以说微博依然是一个重要的信息渠道，即使不玩微博，但是不可不看微博热门话题排行榜（见图 3-28）。毕竟微博的公开性要比微信强很多，很多热点事件都是在微博上发酵之后才在微信上疯传的。

2. 百度搜索风云榜

百度作为国内最大的搜索引擎，把控着巨大的搜索流量，所以无疑对网民的行为有着精准的把握。在百度搜索风云榜，你可以查看实时热点和七日关注热门话题，还可以按照娱乐、人物、科技、小说等类目分别查看；通过人群风向标还可以详细了解不同年龄、不同性别的人在关注什么；甚至还可以按照地域风向标查看各地实时热搜话题（见图 3-29）。

图 3-28 微博热门话题排行榜

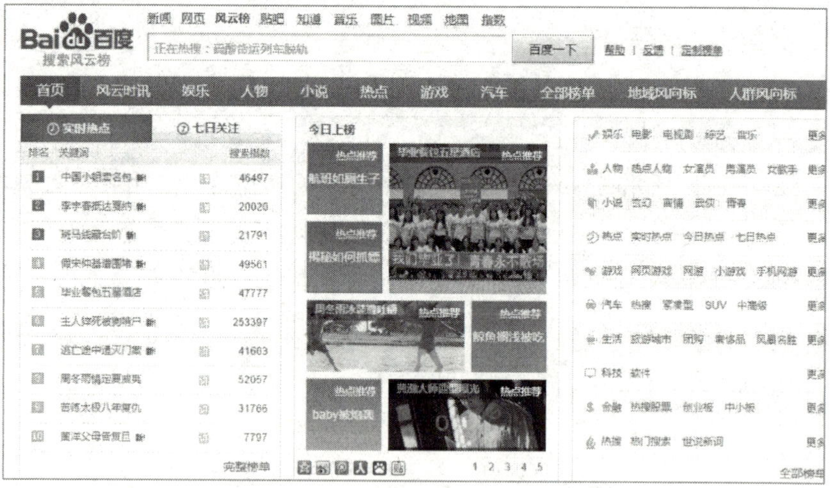

图 3-29 百度搜索风云榜

3. 查询热文榜单

查看微博热门话题排行榜和百度搜索风云榜都是为了了解实时热点或者时政娱乐热点。但是热点还有一种，即广泛传播的内容。这类内容可能不是当下的热点事件，但是一经推出能够获得人们极大的关注，也可以算是一种热点，或者说热文更恰当。因为和热点一样，热文也能帮助运营人员有效提升运营数据，我们平时也要多关注一下这方面的来源（见图 3-30）。查看榜单的工具有很多，大家可以细看一下 7.8 节的内容。

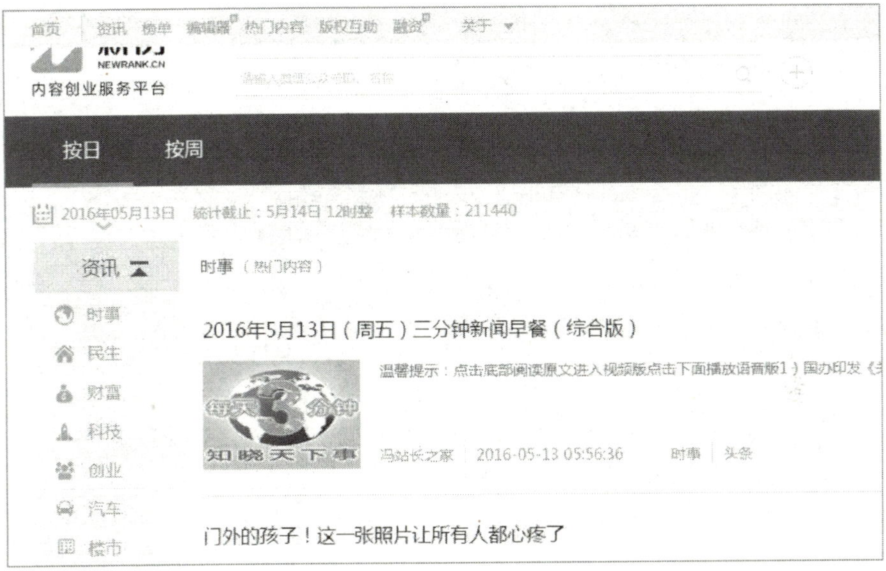

图 3-30　热门文章排行榜

第 4 章

新媒体运营进阶技能

除了内容做得好，在新媒体行业还有一项技能最能刷存在感，那就是策划一场火爆的线上活动。活动运营是当下快速涨粉或者制造品牌影响力的不二法门，也是实现升职加薪的一条捷径。然而大家都知道这条路并不好走，下面将为大家拆解策划运营一场活动的完整流程。

4.1 活动运营：快速增粉的利器

活动运营和内容运营一样，都是新媒体运营中的重要一环，内容运营是从业者的基础能力，而活动运营是必要的点缀，做得成功也可能成为最美的烟火。但是，活动运营的难度却要大得多。一次大型活动无异于一个项目，我称活动为战役，一次活动就是一场战役。

做好了就像打了胜仗一样，可以享受各种战利品；做失败了就像输了阵仗，同样是会损兵折将、大伤元气的。所以，在发起一场战役之前，我们一定要想清楚做活动的动机是什么、预期的效果是怎样的、如何保证活动成功。只有想清楚这前前后后一系列问题，才能制作出一份详细的活动方案，然后开始调兵遣将、安营扎寨，最终拿下堡垒。

4.1.1 第一步：活动准备

俗话说“工欲善其事，必先利其器”，在做一场活动之前也要做足相应的准备。这个准备不是去想这个月有什么节日我要准备什么活动，而是我要做什么活动需要做什么准备。这两者之间还是有很大的区别的，因为我在巴大仁新媒体研习社中看到有社员提问怎么做活动策划，老板让做下个月的活动计划，除了节日还能怎么做？这就是为了活动而活动，这样的活动一般是做不好的。我们团队也从来不打无准备之仗，要做活动我们就会好好规划，认真地做一场。

1. 形成活动思路

在做一件事之前肯定要先动了念头，有了念头才有动力。可能有人会问动什么念头？我就是没有念头怎么办？那么，如何产生念头进而形成活动思路呢？我觉得向同行学习是一种很好的方式，还有一种办法就是学习新媒体圈内的成功案例，然后复制到自己所在的行业。平时多关注行业动态，这样，当同行设计出一些新鲜的玩法时，我们就能够参与活动，亲自感受对方的活动是如何设计的、流程怎么走，在参与活动中有哪些细腻的地方设计得比较好、哪些地方还有待优化。并且注意其活动前、活动时和活动后的数据变化情况来估计这次活动的效果。这是一种极好的学习体验，同时还是一种效果测试的方法。如果效果不错而自己又体验了流程，则可以比较快地还原这次活动；如果效果不好，则也帮助自己规避了风险，证明这样的活动不可行，为公司节约了活动成本。

另一种方式是要多关注新媒体圈子的动态。由于新媒体人一般都是比较乐于分享的，所以成功的活动结束后一般都会有人分享活动成功的经验，为大家复盘活动的过程。想要获取这些信息其实并不难，毕竟新媒体圈子并不大，而且做得好的也就寥寥几家。所以平时下班了大概刷一遍，养成习惯就不会错过好的案例分享。

这种分享还有一个好处，就是分享者一般会分享活动的一些数据，这些都是一手资料，非常具有参考意义。听了别人的分享和总结后，可以针对自己行业的情况，考虑一下是不是可以套用。这也是有助于我们形成活动思路的很好的办法。

2．明确活动动机

依然跟打仗一样，在打仗之前你肯定知道为什么打这场仗，是为了夺取什么还是为了保卫什么，这就是动机。活动也是这样，做一场活动就有做这场活动的目的。而且这个目的应该是很明确的，是坚定不移的。就好比军心一样，不可动摇。活动的目的不同，活动的设计方式就不一样，所以在早期明确目的是很重要的。

另外需要注意的就是活动的动机要单纯，什么意思呢？就是一场活动要达成一个目的，而且一场活动只能达成一个目的。千万不要想通过一场活动既实现这个又实现那个，我发现这是很多人都爱犯的一个错误，包括我在最初设计活动的时候也会这样，而且还不自知，反而为自己这么会算计而高兴。想想这也许就是人性“贪”、“嗔”、“痴”中的贪念吧，总想着一箭双雕或者一石三鸟。

这种自作聪明的潜在害处是什么呢？就是多目的性之后，在具体的设计环节你会发现不自觉地加入了很多东西，最后导致活动页面是各种入口或者各种广告，让活动参与者不知道怎么操作，然后就会觉得活动很复杂，从而产生不想玩的心理。因此，我们要保持活动动机的纯粹性，为了刺激活跃就是刺激活跃，为了拉新就是拉新，为了品牌宣传就只做好品牌宣传。如果又想刺激活跃、又想做拉新，最后活动的效果一定会大打折扣。最后，请务必牢记一个原则：保证活动尽量简单和易操作。

3．锁定活动人群

《孙子·谋攻》有云：“知彼知己，百战不殆。”在做一场活动之前也要做到知己知彼。所谓“知己”就是看菜下饭，有多少预算就设计多大的活动；所谓“知彼”就是要了解活动参与对象，洞察活动参与人群的属性。

他们是谁？活动要有意向人群，你千万不要告诉我设计这场活动是让所有人参加的。没有任何活动可以吸引所有人的关注，尤其是在现在这么一个注意力严重分散的时代，毕竟越来越众口难调了。所以明确目标用户，锁定一部分精准人群，在当下更显英明。那么，他们是爸爸妈妈、教师、银行职员、程序员还是医生呢？我们要锁定他。

他们长什么样子？锁定人群后我们要分析他、描述他，也就是用户属性的标签化。那么，用户具备哪些属性呢？我们可以从如下多个维度进行描述，比如身份属性（年龄、性别、地域、教育水平等）、社会属性（婚姻、职业、社交渠道、社会地位）、偏好属性（兴趣爱好、品牌偏好、产品使用习惯）等。通过不同维度的属性分析充分地了解用户，只有熟悉用户的偏好和特征，才能有针对性地策划出大家喜闻乐见的活动。

4．确定活动预期

在开始做活动之前，我们不但要知道为什么做活动、怎么做活动、活动做给谁，还要对活动的效果设定一定的预期。可能这对于一个新手来说不那么容易，因为大家往往是以新媒体小编的身份进入公司的，主要是做内容运营，可能做了一段时间内容运营才会涉及活动运营。但在做活动运营之前没有接触过，所以很难做出一个准确的预期，甚至有人会排斥做预期，就像我第一次做活动的时候就是这样。我觉得自己主动策划活动已经很不错了，想法提上去之后你还让我写什么预期，写少了吧可能活动就被毙掉了，写多了吧到时候完不成又被记入我的绩效考核对自己不利。所以就很郁闷，心想以后不揽这费力不讨好的活了。

但是当我做了第一场活动之后，我才明白为什么要有活动预期；甚至在做了两三场活动之后，我更觉得一定要做活动预期。

（1）争取开发资源。如果运营设计了一场活动，各种交互、各种炫的页面，但是活动预期很低，那么产品和开发人员在评审的时候可能不会通过。要知道他们要接到各种需求，没有什么效果的活动，他们为什么要给你排工期？

（2）合理要求活动奖品资源。做了活动预期，在做活动预算的时候就知道需要多少预算，这样领导看到我们的方案时也清楚需要给多少资源，毕竟这个资源还是需要领导协调的。

（3）决定推广策略。如果是自己练练手就随便玩一玩好了，但是如果活动规模较大，那就需要占用公司的推广资源，没有自有推广渠道的就要花钱购买外部渠道，所以你说做活动预期是不是很重要呢？

那么，如何做活动预期呢？

首先，可以参考公司之前做过的活动。也许很难找到相似的活动，但是只要有相关数据，还是有参考意义的，总胜过无。

其次，可以参考同行活动数据。也许我们的活动就是在同行的活动启发下设计的，所以这样就更容易做出相对可靠的预期。

再次，可以根据他人分享的大致相似的线上活动数据来结合自己公司的实际情况去做预期。

最后，如果实在没有外部数据可供参考，那么建议在做活动之前先小范围测试一下。尤其是在公司之前没有做过活动的情况下，先小范围测试一下，然后拿数据说话，更容易说服同事，保证活动方案能被采纳。

4.1.2　第二步：活动策划

活动成功的关键就在于活动的策划，在策划方案中有诸多因素需要反复思考，最好和一些同事相互讨论，避免个人的思维固化。至于策划方案是否靠谱，最好的检测办法就是多问自己或者多问小伙伴一些为什么。在活动执行之前，一定要想明白所有的为什么。比如，用户为什么会参加我们的这场活动？用户会不会分享我的这场活动？不分享又是为什么？

1. 活动创意

活动成功与否，创意是其关键性因素之一，也是能否实现活动预期的决定性因素。好的活动创意能够有效影响用户行为，比如分享传播、UGC 内容生产及下单购买商品等。可谓兵马未动，创意先行。活动创意策划需要了解如下原则：

- 贴合用户偏好。

人都是有身份和圈层化标识的，你不可能让用户做不符合他身份和圈层的事情。比如，你让孩子的父母晒自己年轻时候的照片做投票活动，这样的活动就玩不起来。但是你让他们晒孩子小时候的照片，他们是愿意参与的。锁定你们的用户群体，分析用户的属性，洞察用户的偏好，只有符合他们的年龄、适合他们的口味的活动才有可能获得成功。

如何了解用户偏好呢？这就需要我们进行用户偏好建模，以便在一定程度上反映出用户相对稳定的兴趣偏好需求和兴趣偏好信息。因此，要对用户的爱好、使用习惯、个性信息等进行相应的收集和挖掘。用户信息的提取包含两部分：一部分是显性的信息，比如用户的使用设备、地域分布、性别信息等；另一部分是隐性的信息，比如上网习惯、阅读习惯、购物习惯等，这方面都是不明确的，是需要我们在运营中去感受和挖掘的。在获取到用户信息之后，我们要从中找到对我们有用的信息，并经过匹配检测符合大多数人的行为习惯，通过合适的方法表述出来就完成了用户偏好建模。

- 熟悉用户参与场景。

罗辑思维的联合创始人吴声在《场景革命》中写道："场景时代就此到来，订阅的微信公众号、关注的微博、知乎话题、豆瓣小组，各种被数据挖掘打上的标签表明自我认知，也暗喻着我们的生活动线。"场景在互联网时代显得格外重要，基于爱美的场景美图做出了美图秀秀、美颜相机、美拍等火爆的产品；基于共享的场景诞生了 Uber、Airbnb 等大体量的互联网公司；基于读书的场景罗振宇做了微信 60 秒语音、视频和微信卖书。这些产品或者行为都是基于用户的场景而开发设计出来的，活动策划也离不开场景的应用。比如一款萌娃投票活动，它的场景大致是这样的：25 ~ 39 岁有孩子的家长，尤其以妈妈为主，她们乐于晒娃，所以有参与活动的可能。这些父母下了班，接了孩子吃完饭，就会在朋友圈和微信群里进行拉票。所以这段期间是活跃期，要重点盯着，保障活动的运行。像这样熟悉了用户的参与场景，我们才知道何时推广时机最佳、如何刺激活跃、合理安排运维等。

- 简化活动流程。

简化活动流程也就是提高活动的易操作性。可以通过两个方面来实现流程的简化：第一就是活动规则的简化，不要设置很多的条条框框让参与者去遵守和达成；第二是活动页面的简化，如果一级页面可以实现则尽量用一级页面，一级页面放不下再考虑增加二级页面。

活动规则的简化是为了减少参与用户的心理障碍。将心比心地想一想，如果我们自己参与一个活动的时候看到复杂烦琐的规则是不是就被吓退了？但是可笑的是，当我们变为活动设计者的时候就变了样，活动规则写了一屏还觉得不够。我的建议是活动规则 3 条最佳，说明参与方式，界定违规行为，讲清如何评奖、领奖就可以了。如果还有其他的，则最好不要超过 5 条，在字数上也可以精简、精简、再精简，确保用最精练的语言描述每一条规则。

另一种办法就是减少页面的层次设计。由于用户年龄的分布不同，不是所有的人都能熟练操作活动的每一个步骤，加上用户耐心值的降低，每一次跳转都会流失很大一部分用户，所以建议我们的活动流程和活动页面设计都要秉持简约的风格。

这方面我是深有感触的，在第一次做大型活动的时候，我们只有一个一级页面，操作很简单，活动数据也大大超出我们的预期。在第二次做活动的时候，因为有了上次的经验，所以设置了极高的预期，也导致了大家极高的重视，所以在进行原型设计的时候我觉得存在过度开发的问题，设置了很多二级页面，比如加入了签到页面、个人中心、奖品页、助力页等。在活动过程中我看到很多用户转发到朋友圈的是首页而不是助力页面，从而导致用户无法有效地邀人助力。

- 有趣、有用或者借势。

活动要想获得传播就要具备一定的传播因子，与内容传播的规律大致相同。大肆传播的活动无非这些：要么有趣，要么有用，要么借势热点。“有趣”可以从很多层面体现，可以是活动本身，也可以是活动的载体，或者活动的参与者是一些有趣的人，等等。对于有趣的追求，我觉得大家可以认真研究一下杜蕾斯的活动，其营销策划团队一直走在追求有趣的道路上，也做过很多耳熟能详的传播案例。“有用”也是多维度的，比如多人拼团、满减、优惠券之类的活动对于价格敏感型人群来说就是有用的。

另外，活动提供的信息也是有用的。比如拉勾网在 2015 年年底做了一个查询年终奖的小活动，参与者输入自己的行业和工作年限以及年终奖的数额，就可以查询出你在本行业的年终奖排名情况。由于行业的年终奖都是不透明的，所以拉勾网做的这个活动可以让我查询自己的年终奖在同行之间处于什么位置，对我来说这就是有用的信息，所以我愿意帮助传播。“借势热点”就是要抓住热点节日、热点事件做一些传播活动，比如我写作此文期间的一个热点事件就是魏则西之死牵引出的莆田系医生事件，凤凰传媒就借助该热点做了一个可以查询各地莆田系医院的小应用，获得了大量的传播。

又如，我有一个朋友在反法西斯战争胜利 60 周年的大阅兵期间，借助这个热点做了一个可以测试自己是什么兵的 H5，结果获得了 700 多万次的浏览量。要不是因为热点，我怎么也想不到他利用第三方工具做的小测试能够传播得这么广泛。所以永远不要忽视热点的力量。

2. 活动形式

明确了活动动机之后才能针对如何有效地达成动机进行活动形式的设计，因为要达成的动机不同，活动的形式也不同。比如拉新的活动就需要实现有效的关注引导和下载；做品牌宣传的活动更多的是要做创意传播，要实现足够大的浏览量；促活的活动则要考虑如何有效引导 UGC 的产出。针对不同的活动动机，在进行形式设计的时候我有三点建议：以拉新为目的的活动形式可以多尝试投票、有奖活动；以品牌宣传为目的的活动可以多用小游戏、H5、有奖活动这样的形式；以促活为目的的活动最有效的、最简单的方式就是有奖活动。

3. 活动原型

确定了活动创意和形式之后，我们就可以制作活动原型了。可能有些人会问：制作原型不是产品经理该做的事情吗？没错，真正的活动原型图是由产品经理制作的。我在这里所说的活动原型其实不要求运营人员能够做得很好，大概能够描述页面布局和功能及操作流程就可以了。

之所以我在这里要求大家做活动原型，是为了在接下来的流程中便于我们去跟团队讲解，让他们对活动有更加直观的了解，以便说服他们进行活动的开发。制作原型的方式其实一点都不难，尤其现在随着互联网产品的发展，市面上有很多制作原型图的工具。甚至我在第一次制作原型图的时候，由于不知道那些专业的原型图软件，而是用 Word 画的原型图，居然得到了我们产品经理的赞赏。当然，在这里我还是鼓励大家掌握一款原型图制作软件，因为在操作上确实要更方便、更节约时间，而且大多数软件都是可视化的，很容易学会。

目前大家使用的主流软件就是 Axure RP，这是一款专业的快速原型设计工具（见图 4-1）。如果不想下载软件，则也有一些在线的应用，如 ProcessOn 可以在线制作 UI 界面原型图、Android 与 iOS 界面原型图（见图 4-2）。

4. 活动方案

等活动原型制作完成后，就可以形成完整的活动方案了。汇总来说，也就是一份活动方案应该大致包含如下内容：活动动机、活动适合人群、活动预期、活动形式与活动原型。将上述要素通过文档统一呈现就完成了一份策划方案，当然这只是简版的方案，因为还有推广方案、赞助商方案及时间节点等要素没有包含。但是由于项目还没有立项，所以有这些要素就大致可以了。拿着这个方案，评审通过后我们就可以进行后期的、具体到执行细节上的方案完善了；如果方案通不过，那么这些要素也是多余的。

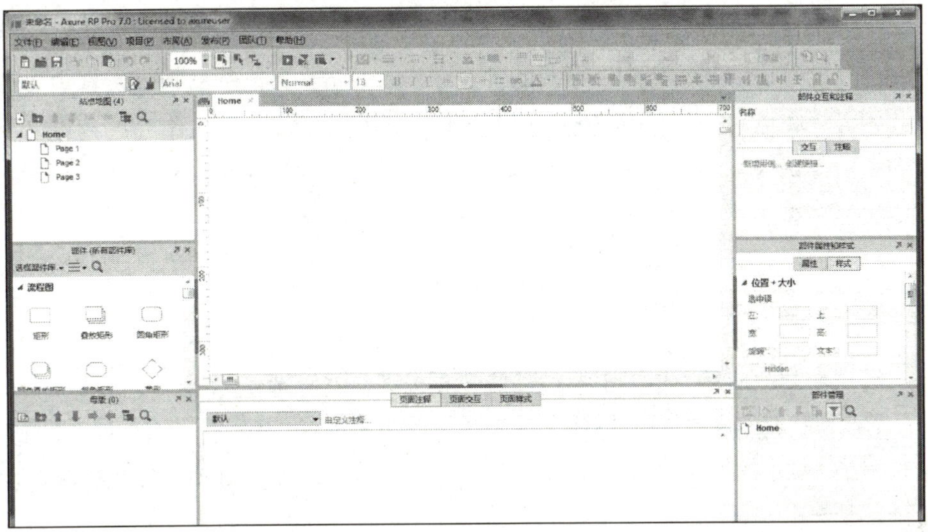

图 4-1　Axure RP 主界面

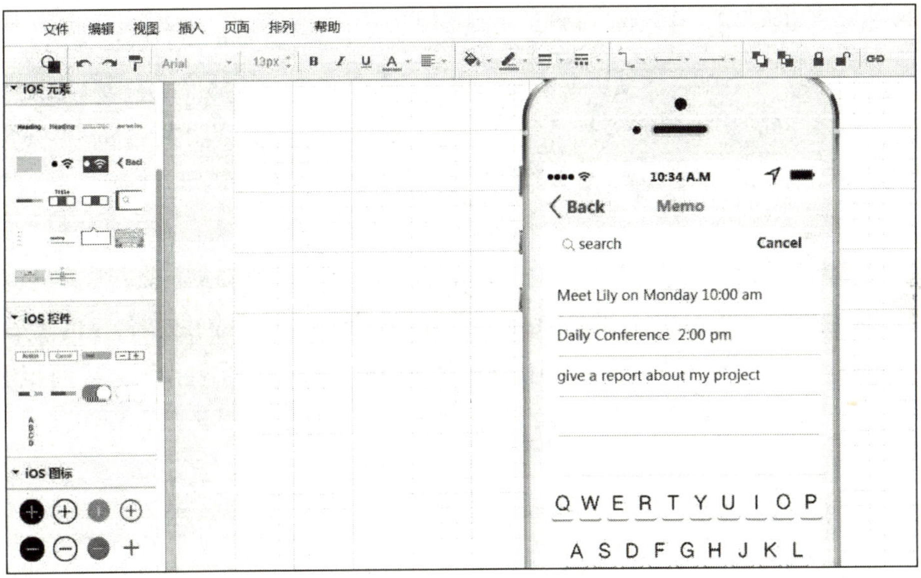

图 4-2　ProcessOn 主界面

5. 活动立项

由于活动评审和立项一般都是在同一流程中完成的，所以这里将二者放在一起来说。活动所涉及的人工成本和经济成本一般比较大，所以运营人员在提交活动方案后都要经过评审，评审也是为了尽量降低风险。如果评审通过就可以立项了，接下来就进入活动执行环节。

一般来讲，活动的评审人员需要考虑如下角色：首先视活动涉及的部门邀请这些部门的最高领导，其次是涉及的各业务线的领导，具体的参与人员就由各业务线领导安排就可以了。由于各部门职责分工不同，所以大家看事物的角度各不相同，因此运营人员在评审环节要讲好活动方案，最大限度地争取大家的认同，争取到开发资源。成功说服他们，活动项目就可以正式立项了。

4.1.3 第三步：活动执行

活动策划完成后，相当于给活动注入了灵魂。但是只有思想没有行动也是不行的。在执行过程中需要注意什么呢？虽然我列出了很多注意项，但是归根结底都是对细节的重视。从文案写作、渠道选择、时间节点到预热和上线都需要对细节进行不断的优化。

1. 活动文案

活动文案是新媒体运营人员很重要的一项任务，因为需要我们撰写文案的地方实在太多了。例如，活动页面文案，包含标题、正文；活动分享文案，就是活动参与者在转发到不同渠道时对外展示的文案（比如转发到朋友圈时只显示标题，这个页面标题该如何撰写；转发给朋友或者微信群时会显示标题和摘要，又要怎么撰写文案才能有效引导用户点击或者分享）；推广文案，由于推广渠道不同，要撰写不同渠道风格的文案，如微信图文的文案、微博文案、头条号文案等；广告图文案，是指要上传到网站 Banner 位置及其弹窗等各种网站广告位的文案；此外还有海报文案，有时候活动还需要设计宣传海报，则需要撰写宣传海报上的文案。不同的文案要适应不同的渠道和风格，也要各有侧重点，发挥其不同的价值。

2. 推广渠道

推广渠道的整合在很大程度上决定了活动能否取得成功，任何你看到过或接触过的知名案例中没有哪件是没有经过推广的。可以利用的推广渠道有两种：一种是公司自有的推广渠道；另一种就是外部推广渠道。公司自有的推广渠道一般是多条业务线共用的资源，所以如果要使用，就要提前沟通做排期。外部推广渠道则更需要沟通，甚至需要花钱去购买。当然也可以通过合作的方式，由于大家的需求点不同，在活动中各取所需就好。比如我想要的是增粉，你想要的是品牌曝光，就可以合作来推广，我给你在页面上做曝光展示。

3. 时间节点

活动的执行环节也要做好进度推进，要掌握活动中各个部门的进度，及时协调多部门合作。在整体项目上要有清晰的时间节点规划，比如活动立项、产品原型图、开发、测试和上线各个环节需要的时间。或许这些是我们无法安排的，但要保证我们能够清楚每一步的进度，要有宏观上的把控。

只有有了合理的时间节点安排，各部门才能清楚每个阶段自己要完成什么事情。这是项目整体的时间节点，还有就是推广资源的时间节点安排。由于推广策略的不同，有时候我们需要所有渠道在同一时间点进行推广，但是有时候我们需要各渠道依次去推广。同时推广比较简单，但是不同时间的推广策略就需要我们安排合适的时间点上线推广位资源。比如，选择哪种渠道预热、何时预热，各渠道何时上线，上线之后活动热度下降的话在什么时间点进行再次刺激，等等，都需要有合理的时间安排。

4. 活动预热

大型活动在上线之前一般需要做活动预热，预热的作用一方面是寻找种子用户，另一方面是减少活动风险。通过预热可以提前告知受众什么时间、什么地点将会有什么活动，这样就可以让一部分关注者提前了解到活动概况，等到活动上线后他们就成为最早参与的那批用户，因此活动的预热程度直接决定了活动的人群量和活跃度。在预热过程中也可以提前看一下用户的反应程度，是不是能够引起他们的关注，以便在正式上线前进行适度调整，降低活动上线后的风险。预热的方式可以是提前发一些文章，或者在前期做一些小活动，甚至通过系列文案或者海报进行持续预热。

5. 活动上线

活动上线的日期是活动生命周期的起点，也是整个周期中最重要的一天。因为上线当天有可能出现各种各样的突发情况，比如系统 Bug、参与人数过少或者过多、用户不会参与等。即使活动之前你考虑得多么周全，活动上线的时候也依然会出现一些意想不到的问题。这就需要我们有一定的心理预期，并且做好应急方案。有了心理预期，在出现突发情况的时候我们就不会慌乱；有了应急方案，我们就可以快速地修补漏洞，减少用户或者公司的损失。所以上线当天我们要格外关注活动动态，做好过程把控。

还有一点就是对照时间节点，注意检查各项资源是否上线、是否匹配到位。

因为活动第一天比较匆忙，有可能出现疏漏的情况，比如广告位没有上全、合作方是否履行约定之类的细节也要考虑到。

6. 活动结束

活动结束后，最主要的工作就是进行活动颁奖和获奖者名单的公布以及活动奖品的寄送。根据活动规则，对于奖项的确定都有明确的说明，所以颁奖一般没有问题。获奖者名单的公布可以通过活动页面去完成，在官方微博、网站或微信公众号里也可以公布。

这里我主要想说的是活动奖品的寄送问题，一般分为两类：一类是虚拟奖品的发放；另一类是实物奖品的发放。虚拟奖品一般通过短信的方式通知，那么一定要有奖品发放表，登记中奖者信息和对应的虚拟奖品信息，因为有的用户手机可能会屏蔽掉中奖信息的短信，那他就会以为没有收到奖品。当他找到我们的时候，因为有登记表，我们就可以查询后再次通知他。

实物类奖品同样也要制作登记表，包含中奖者信息和物流单号，当某些心急的中奖者咨询的时候，我们就可以告诉他已经寄送奖品，并告知他单号。有的中奖者的地址可能比较偏僻，这样我们选择的物流有可能寄送不到，也方便后期我们跟物流公司联系获取未成功寄达的奖品去向；或者防止有些中奖者收到了奖品却声称没收到，这样我们就可以通过单号查询进行验证。

4.1.4 第四步：活动总结

活动时间截止并不是活动的结束，作为活动的发起者，我们还需要做活动结束后的总结。只有充分总结了每次活动中的经验和教训，才能带给我们启发，在下一次活动中越做越好。那么，一份活动总结报告可以从哪些方面去撰写呢？

1. 数据报告

活动结束后，我们需要做活动的数据报告，这份数据报告可以从多个角度去写。比如，反馈活动的预期是否达成；活动的页面数据统计情况，包含活动 PV 值、UV 值、跳出率、页面停留时间；如果是拉粉活动，则要反馈粉丝新增数量和取关量及粉丝净增量；如果是促销活动，就可以反馈发券量、领券量、使用量、交易单数、活动营收、利润等；此外还要计算活动的投入和产出情况，合计活动的成本和带来的收益。

2. 商家反馈

数据报告是写给公司内部相关部门和人员看的，所以在数据报告之外我们还要制作一份商家反馈报告，不能只在活动开始需要赞助的时候各种热情，活动结束后就不管不问，最后赞助商连效果都不知道，这样一来估计就没有下一次的合作了。相反，无论是活动开始前还是活动进行中以及活动结束后，都要跟商家保持一定的沟通，待活动全部结束之后出具一份详细的效果报告，这会让商家觉得我们比较靠谱，下次再找他们合作的时候，他们也会愿意与我们再次合作。

商家的反馈报告怎么写呢？要根据当时商家的要求去提供他们感兴趣的数据值，一般情况下会包含活动的总体数据，这方面我们可以视情况给一些参考数据；商品或者品牌的曝光量；商品或者品牌的展示位置，这方面我们在活动过程中要注意截图留档，因为活动结束后这些页面就会下架，这时候再用的话就找不到了，所以功夫要做在前面；此外，还有商品链接的引流情况等。

3. 经验教训

活动做完不是活动的终点，对活动全过程的经验和教训进行总结后才是结束。每次活动都是一次经验，不管活动成功或者失败，只要做完，我们都能从中有所收获。经验我们可以留存，教训也让我们试错和成长。

对活动经验与教训的复盘对运营人员有很大的帮助：第一，通过复盘可以精简一些没有必要的流程，有利于提高之后活动的体验；第二，做得好的地方一般不会只在这一次生效，在以后的活动中同样能够发挥效力，值得发扬和分享；第三，指出活动中发现的问题，可以避免以后再犯同样的错误，同事也可以从中汲取教训，以便在未来做得更好；第四，及时总结经验和教训形成留档资料，也方便以后在公司内部或者外部进行分享时有材料可用。因此，不要贪图省事，做完活动后就不反思、不总结，这样是很难进步的。

4.2　用户运营：构筑你的人群画像

关于用户运营的定义以及用户画像的描绘在其他章节都有详细的介绍，因此本节就少一些概念的讲解，更多的是用户运营的实操技巧。新媒体运营区别于其他产品形态，所以我也不会按照大家看到的大多数拆解方法去讲，比如按照吸引用户、留住用户、活跃用户这样套之任何互联网产品都可以讲得通的大而全、空而泛的逻辑。我会按照新媒体的特点，以新媒体运营人员在实际工作中涉及的用户运营场景来进行相关的讨论。因此，本节将把笔墨重点放在实操性的公众号用户运营、社群用户运营、朋友圈用户运营和微商城用户运营分别如何操作上。

4.2.1 公众号用户运营

公众号用户运营更多地体现在一些细节上，毕竟如果不是电商属性较强的公司，则一般不会在公众号上做很重的客服。但是用户运营在公众号上也有其特有玩法，比如在新用户关注时的欢迎语设置、在用户留言后的筛选与回复，以及后台的留言回复这些点滴的细节中，皆可见用户运营的妙处。

1. 新用户关注欢迎语

从用户点击“关注”按钮关注公众号之后，用户运营的起点就出现了。这时候设置的被添加自动回复的内容就开启了新订阅者的第一次用户运营之路。我们永远没有机会给用户第二次留下第一印象，所以这个新用户关注后的欢迎语要做到用心设计。微信平台对于被添加自动回复的内容形式也丰富多样，包含文字、图片、语音和视频，足以展现你的才华。

文字式：限制在600字以内。当然，600字已经足够多了，相当于小学生的一篇小作文。新用户第一次来就让他读一篇小作文也不太好。所以文字建议可以功能化，就是用文字告诉新用户想看到什么内容可以回复相应的关键字，形成自助服务菜单（见图4-3）。新用户首次关注后一般都会留意欢迎语及自助服务菜单，研究一下这个账号的风格。所以推荐用这个关注欢迎语告诉新用户我们都有什么内容和服务，根据我的测试，这对于用户还是比较有用的，很多新用户都会回复了解一下（见图4-4）。

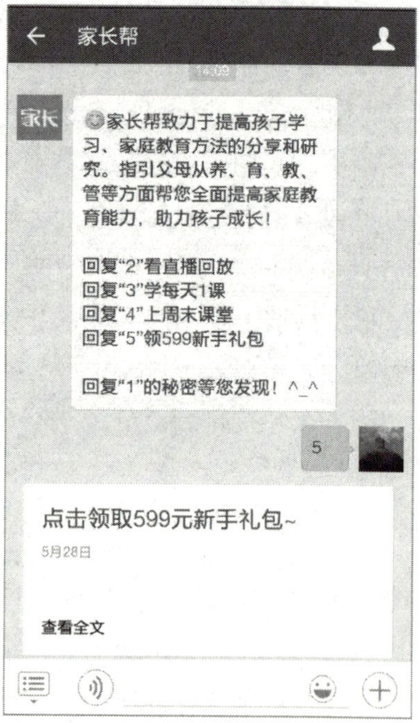

图4-3　新用户关注欢迎语

消息关键词 TOP200　全部　自定义关键词　非自定义关键词

时间　7日　14日　30日　2016-04-28 至 2016-05-27　输入关键词查询排行

详细数据　导出Excel

排行	消息关键词	出现次数	占比
1	5	2150	
2	3	1481	
3	验证码	1421	
4	试题	1329	
5	2	1245	
6	题库	1198	
7	试题库	1180	
8	1	1043	
9	4	988	

图 4-4　用户获取自助服务次数

图片式：对于比较文艺范儿的账号，用一张高品位的图片作为欢迎语，无疑会成功勾起文艺青年的情怀。在新媒体的内容呈现形式上，还有什么能够比一张图片更能凸显设计感，而且成本也更低呢？因此，对于有审美追求的账号来说，推荐使用图片作为被添加后的自动回复内容。

语音式：如果运营的账号个人色彩比较鲜明，则可以使用语音作为被添加后的自动回复内容。这样做的一个好处就是能够强化账号的人格，但前提是要有一定的知名度和拥趸，如雷军、董明珠（见图 4-5）、罗永浩等，你可以通过这个欢迎语听到名人的真实声音，这样就能够迅速拉近用户与账号之前的距离。毕竟在互联网上大家都讨厌一本正经的风格，而最受欢迎的是会耍宝、能自黑、讲人话的自媒体。

视频式：由于微信的自动回复视频功能没有什么亮点，所以这里不主要推荐。视频的创作成本会比较高，而且被添加后的自动回复呈现形式也不好，和推送一条图文是一样的效果，打开后可以看到视频。这种形式没有创新，也不具备易读性，还需要用户点击图文才能看到视频，所以视频的入口比较深，不推荐作为主流，但是有自己特殊需求的账号可酌情考虑。

图 4-5　董明珠自媒体

2. 留言管理

开通了原创标识的账号都有留言功能，这是一个可以让用户发声的地方，一定要做好引导。如何有效提高用户在留言上的参与度呢？首先，文章要积极美好。无论是美好的爱情还是亲情，无论是励志的还是感人的故事，都能够打动人心，被积极情绪引导的人们会乐于点赞和留言。其次是积极美好相对面的恶和愤怒。面对恶人与恶行，人们的讨伐情绪会更加难以控制，于是就会有更多的人参与到留言评论中。

总之，走向两个极端的言论与故事都是能够有效引发讨论的方式。用户在加入讨论后，运营人员要做的就是给这些讨论者以正面反馈，也就是说要及时回复。只有作者及时回复了，其他人看到作者在回复就会产生也要加入讨论的感觉，这样就有效调动了用户的活跃度。但是需要注意的是，文章的观点可以极端，但是回复留言千万不可极端。因为对于极端的文章，用户会通过留言指出不当之处，但是你在回复的时候依然走极端就是执迷不悟了，会很容易让用户觉得作者无药可救了，从而抛弃你。也就是说，可以在文章中装疯卖傻，但是留言回复一定要睿智。

3. 后台消息

我之前看过很多攻略和经验，都在分享后台的留言一定要及时回复，一旦有用户留言就要回复。还有人说自己怎么不辞劳苦地每天回复用户留言来有效提高公众号的粉丝云云。我只想说这全是站着说话不腰疼的瞎指挥。要知道，很多账号后台的留言其实没有多少真正的提问，更别提是值得回复的提问。何况，当账号粉丝量比较大的时候，后台每天肯定会收到很多留言，而一般企业的新媒体运营人员也就一两个人，几乎没有时间回复消息。那么，如何做好后台的消息留言呢?

首先，设置常用关键字。

比如常规的会有投广告的、寻求商务合作的、圈内联合互推的、要求获得白名单授权的等，类似这种情况就可以设置关键字来回复，根据过去收到的这方面的消息，把比较常用的字段设置为关键字，并且设置几个相似的关键字开启模糊匹配，就能够有效回复这方面的留言。

其次，设置热点关键字。

有时候我们会发现后台的留言莫名增多了，那我们就要看用户为什么都在集中回复某一个关键字，找到用户集中回复这个关键字的原因后，可以通过及时新增关键字来解决，这样就不用逐一回复了。另外就是要定时分析消息的关键字，看这段时间什么关键字回复得比较多，如果设置过了就不用理会，没有对应关键字但是用户发送比较多的就要赶紧新增了。

最后，设置多客服。

如果公众号的主要功能是做客服，那么后台的消息就要求保证都有回复。这时候就需要启用多客服平台了。认证的微信服务号可以在“公众平台-功能-添加功能插件”中看到“多客服”申请入口，申请开通即可（见图 4-6）。开通后就可以多人共同处理微信后台的消息了，通过电脑客户端可以看到有多少人等待接入，也可以查看自己的工号接入了多少会话。此外，在微信后台设置完工号后，也可以关注微信公众号“多客服助手”，然后绑定自己的工号，这样在手机上就可以查看并回复后台的留言了（见图 4-7）。

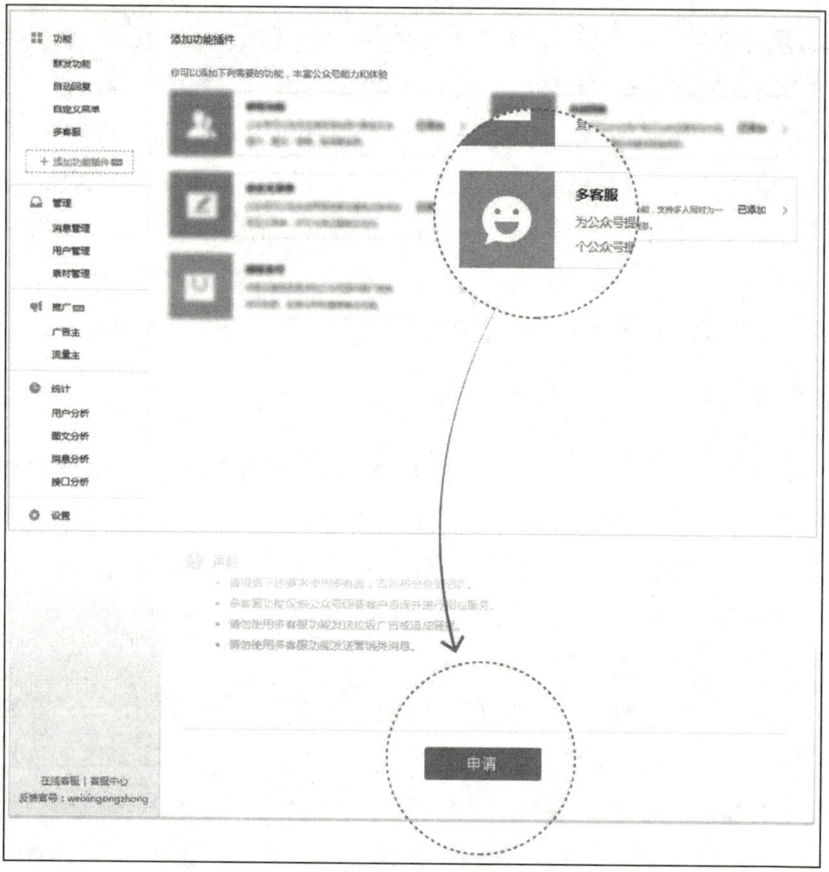

图 4-6 申请多客服

图 4-7 微信接收后台消息

4. 点赞与转发

点赞和转发也是非常有必要做用户运营的两个细节。我们说过，点赞量是账号美誉度和用户活跃度与忠诚度的一个有效参考指标，而转发量是用户认可度与促进粉丝增长的重要用户行为，所以也要通过有效的用户运营手段提高这两个数据。首先，文章质量比较高是毋庸置疑的，好的文章不但可以提高点赞量，也可以提高转发量。其次，有效的用户行为干预，比如通过一些富有创意的 GIF 图片做点赞和转发的用户行为引导，而且长期坚持引导能够有效地帮助用户形成相应的操作习惯。最后，及时互动也是可以有效提高点赞量的。

4.2.2　社群用户运营

社群用户运营的难度就比公众号大很多，毕竟在社群中不仅要直接面对用户，而且还要面对全体社群成员。所以在社群中好是很容易被放大的，同时坏也很容易被放大。加上社群的即时性、去中心化、随时在线等特点，想要做好用户运营，就需要一些规则和虚构的信念。

1. 社群文化深入人心

社群文化对于社群的长久发展显得尤为重要，所以在做社群顶层设计的时候要注意社群文化的建立。如果一开始没有引导好，那么之后想更正也就难了。建议社群文化最初要与种子成员一起讨论，形成大家的社群文化，而不是群主的社群文化。群主可以先大概起草，然后发到社群内供大家讨论、修改与补充，最后群主经整理后发布，形成正式的社群文化。按照这样的步骤建立的社群文化如果能够得到早期成员的支持，那么同样也会被后面的成员所认可，大家一致认可的东西才能深入人心，形成共同的纲领。

2. 社群成员进入门槛严格设定

社群成员录入要设定一定的门槛，有了门槛后就要严格执行，任何轻而易举得到的东西向来不会被珍惜。所以门槛的设定一方面是为了筛选出精准的用户，去掉那些做广告的微商；另一方面有利于提高社群成员的忠诚度和纯粹性。巴大仁新媒体研习社的社群成员录入就极为严格，要经过重重门槛才能最终进入社群内，成为正式的研习社会员。首先，招生的宣传阵地就选在了人员素质相对较高的知乎，只有知乎上面有新媒体研习社的招生宣传。通过知乎想进入研习社学习新媒体的成员需要关注研习社的官方微信巴大仁（微信号：ba-da-ren），之后并不会把进入社群的入口直接告诉新关注者，而是做了一个好奇心测试（见图 4-8），只有尚葆有好奇心的成员才会最终被研习社吸纳，接到邀请函。

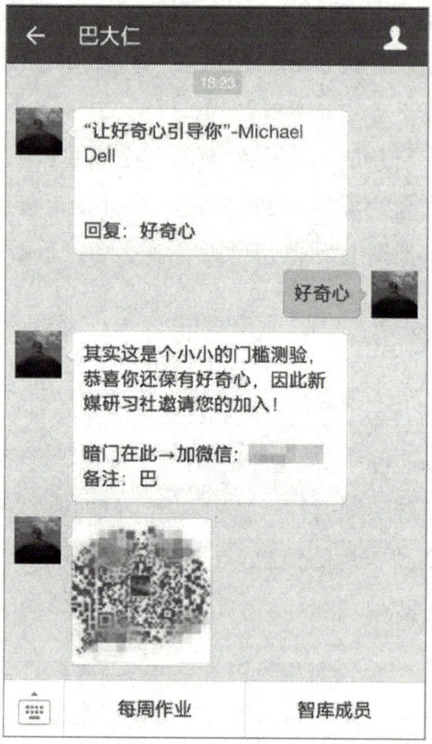

图 4-8　好奇心门槛测试

虽然巴大仁新媒体研习社成立于 2016 年 1 月，但是发展到现在，即使通过重重的用户筛选，依然达到了 10 个班级群。现在班级群已经停止扩大了，只保留这 10 个群，目的是进一步压缩研习社成员的水分，去掉那些不适合研习社的、不是真正想要进行新媒体知识研习的人，这样才能让真正想学习的人加进来。这就是社群成员的提纯环节，可以提高社群成员的素质，继续保证社群文化的纯粹性。

3. 人人自治，加强他治

社群最理想的状态就是达到自治的高级水平。这样的社群多吗？我见过的很少，幸运的是巴大仁新媒体研习社算其中一个，所以这里得以与大家分享一些经验。那么，巴大仁新媒体研习社是如何做到的呢？这是一步一步修来的。

首先，我们社群文化的建立是与大家一起制定的，其中包括社员行为规范。既然是大家一起制定的，所以就没有不遵守的理由。

其次，新社员进入社群后的第一件事就是被提醒查看群公告的社员规范，这样就保证了社群内的成员都了解群规。

再加上研习社的进入门槛极高，由于进入社群不易，所以千辛万苦进来的人不会轻易触碰群规自找麻烦。因此，这个行为规范是深入人心的，从而保证了大家的自治。

研习社的他治是怎样的呢？新成员不可能都会被提醒阅读社群成员行为规范，所以当那些不清楚群规的人在无意中违反了极严重的行为规范时，社群内的成员就会@当事人给予提醒。如果被提醒后当事人态度恶劣，依然我行我素，那么社群成员就会@群主，这时候群主就会请出违反行为规范的当事人，并通报全群。因此，在自治+他治的高度自治模式下，群主几乎不用干涉管理社群，平时大家相互探讨业务、彼此激发创意，群主只在需要清理违规成员时才会出现。

4．主题交流，营造价值

前面三点都是在做社群文化方面的建设，这一点就要强调社群的价值了。通过门槛筛选吸收了一批高质量的成员后，就要提供相应高质量的内容来做用户的留存。巴大仁新媒体研习社的内容创造依然采用去中心化模式，通过主题探讨，成员相互之间能够学到很多未知的知识。另外，研习社每周都会发布研习作业，成员需要查找很多资料完成每周的作业，作业完成后需要转发到社群内，这样一来可以把各自的知识进行共享，学习他人的研习方式、研习成果，都是有价值的知识输出与输入。优秀的研习作业还会被研习社官方微信推荐，这样好的作业就会被所有的成员看到，能够帮助研习社各个班级群内的成员。

除了社群内的专业探讨和每周研习作业，研习社还有不定期的主题分享。社群内擅长某一方面的成员会被邀请做一场主题讲座，比如有人擅长社群运营，有人喜欢文案创作，有人热衷活动增粉。这样就可以通过主题分享，利用多群直播技术将经验向所有研习社的成员输出，同时也把个人经验的价值最大化。

所以，前面社群文化的营造和建设是为了给主题交流与探讨做有效的铺垫。切忌在社群内什么都讨论，千万不要陷入的一个误区就是看到社群内有人不断说话保持活跃就是好事，如果不是社群主题的讨论则一定要及时干涉，不可过多探讨。如果不是主题的话题交流，那么我宁愿大家都不说话，也不想看到歪楼的现象。这种现象一旦纵容，就会像毒药一样让成员上瘾，之后你想再纠正，恐怕大家也不会那么轻易响应了。所以，在源头上就不要给插科打诨的现象留机会。

5. 发现社群意见领袖

在任何类型的组织中都会有意见领袖的存在，在社群中也不例外。首先，群主就是一个大的意见领袖；其次，群内也会出现意见领袖。这些意见领袖在某一方面有着相对较高的造诣，同时也乐于用自己的知识和经验帮助他人，所以在社群内也有一定的影响力。在用户内容产出上，一种是 UGC（User Generated Content，用户生产内容），还有一种是 PGC（Professionally Generated Content，专业生产内容）（见图 4-9）。这些相对专业的意见领袖生产的内容在一定程度上也是一种 PGC，对于提升社群的内容质量以及用户黏性都有很大的帮助。所以要维护好社群内的意见领袖，给他们机会，为他们创造存在感。

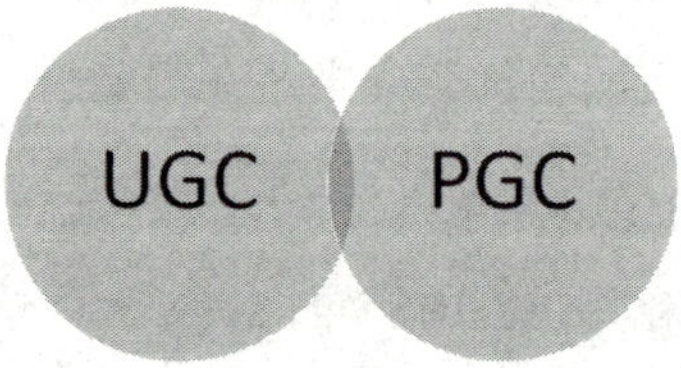

图 4-9 用户内容产出方式

群主能够少出现就少出现，这样意见领袖就有更多的机会与大家互动，同时社群社员也会减少对群主的依赖，有利于将群主解放出来，把时间用在更重要的事情上。而运营好社群意见领袖也就运营好了核心用户，核心用户的重要性无须多言。

4.2.3 朋友圈用户运营

当一些“聪明的人”发现阅读量比较高的文章都是依靠朋友圈传播时，很多人就开始做朋友圈营销了。当然，从营销的角度来看这是正确的，然而操作的难度也极高。首先要用个人微信号想办法加好友，我试着搜索了一下朋友圈营销，几乎所有的文章都在写怎么加好友这件事情。这就说明加好友并不容易，所以才会有这方面的所谓“干货”。由于微信的社交属性和私密性更强，所以相较于订阅公众号，愿意加微信好友的人会大大下降；同时由于人们对微信好友的审核比较严，所以想要做朋友圈营销就更不容易了。下面从我做帮课堂的朋友圈运营经验谈起。

1. 加好友是第一步

当时我也想了很多办法把用户导到微信个人号上面，但是一直不够有效，后来在做微信群讲座的时候才无心插柳地加满了一个微信个人号。另外，在做微信群的万人发布会时，由于用户想抢现金红包就要先进微信群，进微信群就要先加微信个人号，通过这样的方法也加了一大批人。

2. 朋友圈互动做铺垫

前面加了大量好友之后，如何运营这部分用户呢？这就需要我们跟用户保持一定的互动关系。这就跟我们在现实中维护朋友关系是一样的道理，我们不能等到需要用到朋友的时候才进行关系维护，而要把功夫做在平时，这样在你有困难的时候朋友才愿意相助。所以平时我们要养成跟用户互动的习惯，最起码可以给朋友圈的好友点个赞。这样，当我们需要发一些动态的时候，这些朋友也会帮我们点赞。如果要求大家转发，那么由于之前的关系维护，也会有更多的人愿意帮一把。

3. 适宜的发布时间

平时不建议在朋友圈刷屏，但在需要刷屏的时候要确保出现的时间正确，从而使得发布的状态被尽可能多的人浏览到。根据用户的浏览习惯，人们使用微信一般是有集中时间段的。图 4-10 是广点通的广告曝光量效果图，从这张图中我们会发现：

- 8:00 是上午时间段广告曝光量的最高点。
- 12:00 是中午时间段广告曝光量的最高点。
- 22:00 是全天广告曝光量的最高点。

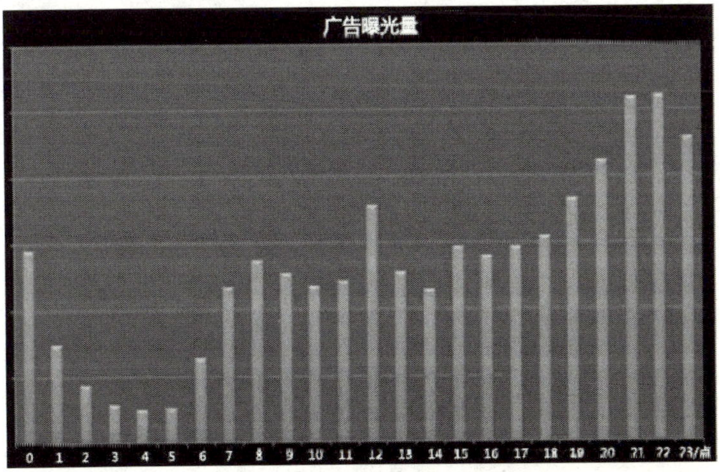

图 4-10　微信广告曝光量官方数据

所以朋友圈动态的最佳发布时间可以选择早上 7:00、中午 11:30、晚上 8:30。如果有时效性的内容需要在这段时间内有效曝光，则可以隔一段时间就删掉上一条动态重新发布，从而确保在他人的朋友圈中只出现一条动态，不至于影响到用户的体验。动态发布后，如果有用户咨询或者评论，那么我们要及时回复，这样用户就会感觉到被重视，下次还会互动。如果一次没有回复、两次没有回复，用户就会知道你只是来打广告的，没有人情味，下次就不会理你了，甚至就拉黑了。

4.2.4 微商城用户运营

当微商城成功地把一个访客转化成客户之后，如何提高这个客户对于微商城的忠诚度，继而增加客户对于整个公众号的贡献值就变得非常重要了。大家都知道，挖掘一个新客户的成本是维护好一个老客户的 3 ~ 5 倍。因此，有效地提高对每个客户的服务，回头客多了才能快速提升微商城的整体收入。所以，微商城的用户运营一定要精细化。

1. 构建客户模型

在微商城后台的用户资料库中往往存在海量的客户信息，然而在这些庞大的数据库中，客户价值往往是参差不齐的，有些客户的价值是单次有限的，而有些客户的价值是可以长期开发的。这就需要对客户进行筛选。通过如图 4-11 所示的客户金字塔模型可以对客户进行分类，为不同分类的客户提供差异化的服务能够有效减少我们的工作量，同时可以为最有价值的高质客户提供最优质的服务，从而提高这部分客户的忠诚度。如何做到精细化的用户管理呢？下面提出三点建议。

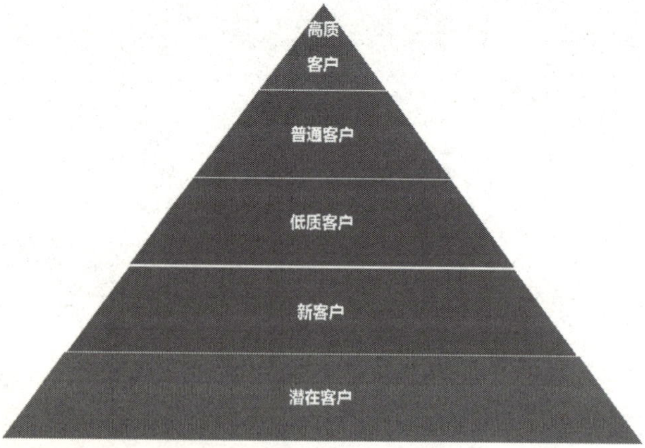

图 4-11 客户金字塔模型

- 建立客户 CRM（Customer Relationship Management，客户关系管理）系统。

通过 CRM 系统可以帮助我们更好地了解客户，也可以利用这种互联网技术打通企业在营销、销售、服务各个环节上的交互，提升管理效率和效果，最终达成吸引新客户、留存老客户以及将已有客户转化为忠实客户的目标。

- 搭建客户综合价值评估模型。

通过这种模型，我们可以将客户价值从不同维度展现出来，这样就可以具象化地有效筛选客户。这套模型的搭建可以从 5 个方面来对客户的综合价值进行评估：客户当前贡献度、客户未来贡献度、客户信用度、客户忠诚度和客户成长潜力。

- 客户生命周期。

任何客户关系的维护都逃脱不了客户生命周期的发展，比如小学生的学习用品就无法满足初中生家长的购买需求，每年中考结束后中考类微信账号就面临大面积掉粉现象。因此，要针对我们的商品形态制作客户生命周期图（表），然后根据不同品类的商品的客户生命周期图（表）制定不同客户生命周期阶段的营销策略。

2. 提升用户黏性

- 延长用户停留时间。

访客在访问微商城的时候，停留的时间越长就越有可能发现自己感兴趣的商品。因此，我们要尽量多上新，让用户可以更多地浏览选择；同时也可以制作丰富详细的商品详情介绍，这样也可以有效地延长用户停留时间；此外，还可以为每种商品进行相关商品推荐，这样能有效增加用户访问深度，从而延长用户停留时间。

- 提高用户活跃度。

用户活跃度可以通过平均访问次数（PV）、平均停留时间、平均访问深度（DV）进行衡量。因此，我们通过相应的手段有效提升商城用户的访问次数、停留时间和访问深度这三个关键数据之后，就能够自然而然地提高微商城用户的活跃度。

- 用户流失分析。

提升用户黏性还有一种办法，就是经常做用户流失原因分析。通过数据分析、用户调研等办法了解、揣摩用户流失的原因有助于我们亡羊补牢，并且有针对性地制定优化方案，堵住漏洞，从而留住即将流失的用户。

3. 提供适销对路的商品

要想有效地进行微商城用户运营，不仅要了解他们的信息，还要熟悉他们的偏好，当我们熟悉客户甚至比客户自己还懂自己时，微商城的用户运营就做到炉火纯青了。这样我们上架的商品就能够获得用户的青睐，长此以往就会形成客户忠诚度，提高复购率等核心数据。如何找到用户喜欢的商品，满足他们的需求呢？

- 热门商品分析。

我们可以十分方便地找到过去上架商品的销售数据，通过对过去的数据进行分析也可以很容易地发现哪些商品是热销商品，然后针对这些热销商品进行分类归纳，就可以对我们接下来的商品采购提出相应的指导意见。

- 潜在需求分析。

还有一些商品是具有季节性、时效性的，当然也有一些商品是毫无征兆的说火就火了。比如曾经流行的在头上“种草”，这种小草的饰品就突然成了热销品；还有当时的减压画《秘密花园》也火爆了一段时间。因此，无论是针对季节还是时效或者某股潮流，我们要保持敏感性，把握住这种潜在需求，及时上新，满足用户需求。

- 相关商品推荐。

用户在浏览某些商品的时候，基于关联性，我们可以为用户推荐相关的商品。比如某超市发现尿布与啤酒放在一起能够有效提升尿布的销量。这就是为用户进行精准的推荐，在用户感受到贴心服务的同时可以有效提高销售数据，何乐而不为呢？

4.3 社群运营：社群经济的基石

随着移动互联网的发展，社群经济逐渐兴起，并在 2016 年呈现爆发趋势。无论是传统企业还是新兴的互联网企业，无论是品牌营销人员还是市场人员，都开始谈论起社群经济这个概念。一种经济现象的兴起必然会带来一波新兴岗位的出现，就在“新媒体运营”这个岗位在 2015 年开始崭露头角之际，一个更细分的岗位“社群运营”也悄然出现在各大招聘网站上。那么，作为一名社群运营专员，应该如何建立一个社群的顶层设计，从而保证社群成立后的健康运营与价值创造呢？

4.3.1　案例一：巴大仁新媒体研习社社群

背景介绍：巴大仁新媒体研习社是知乎用户巴大仁创建的一个新媒体研习社群，建立的背景是巴大仁在知乎上坚持做新媒体方面的专业知识问答，获得了一定的用户认可和关注。在知乎的个人详情也公布微信后，陆续有人申请加为好友，提出新媒体方面的咨询。随着人数的增加，巴大仁无法一一回答，因此产生建立社群的想法，让大家形成自组织，相互学习、相互成长，巴大仁新媒体研习社就这样应运而生了。

本书的出版离不开巴大仁新媒体研习社社群的帮助，可以说这本书是社群集体智慧的结晶，它的出版充分体现了社群的自组织价值和团体协作过程中的认知盈余共享。其本身就是一个极佳的社群研究案例，因此本节会为大家还原一个社群从创建、运营、优化到价值创造的完整环节，对于一个想要从零开始做社群运营的读者来说，想必会有很多参考意义。

1. 设定社群愿景，提升成员认同感

"愿景（Vision）"这个词在企业中用得比较多，一般叫作"企业愿景"。它在企业中发挥的作用是促使组织的所有部门涌向同一目标并给予鼓励，同时它也是员工日常工作中的价值判断基准。对于自组织社群也是如此，我们需要为社群成员设定同一目标，增强自组织价值认同感和驱动力。

那么，在社群建立之初，如何为社群设定愿景呢？我们知道，愿景包含两大基本要素：核心信仰（Core Ideology）和未来前景（Envisioned Future）。巴大仁新媒体研习社的核心信仰就是要做一个认真的新媒体知识研习社群，这是该社群存在的基础，也是长期不变的信条，更是使这个研习社聚合起来的黏合剂。未来前景则是为社群规划的未来相当长一段时间内的宏大愿景以及对这个愿景的鲜活解释。巴大仁新媒体研习社的宏大愿景是什么呢？就是大家通过分享共享认知盈余，在群体监督与鼓励下坚持做专业知识的研习，让人人都成为大神，最终通过协作完成专业领域书籍的出版。

2. 建立社群制度，协助成员自治

在社群发展初期，也许主创者就可以实现对社群的管理，但是当社群发展到

一定规模之后，就不是一个人或者几个人可以管理的了。如果社群缺乏有效的管理，则成员就会像一盘散沙，组织就会失去系统性，无法形成长期的良性发展。因此，社群的健康运营需要一定的制度或者群体亚文化，通过这种机制实现成员的自治，甚至这种机制都是社群成员自己提出来的。在巴大仁新媒体研习社内就存在这样的机制。

首先是群规的约定。第一版群规是群主定的，只有两条：禁止发广告；限定聊天时间。十分简单。随着社群的运转，大家希望能统一群名片，此外还有其他一些需要完善的地方，更有成员直接私聊我说出他的建议。针对这种情况，我在群内号召一起完善一下群规，大家开始讨论，最终我将几条有代表性的筛选出来，拟定为第二版群规。由于群规是我们一起制定的，如果有人触犯了群规，那么群主和成员都有权利依据群规对其发出警告或提醒。

其次是班委的设置。研习社以社群为班级单位，目前建立了 10 个班级。每个班级的班长都是自愿申请报名的，当时我提出的招募条件是细心、严谨、热情，愿意奉献时间为社群成员义务服务。从后期来看，选出的每位班长都是很称职的。通过班长的协助也极大地减少了我的工作量；否则业余时间打理这个社群，真是要占去了我 8 小时之外的全部时间。

3. 引导 UGC 生产，增强成员参与感

小米副总裁黎万强写了一本书叫《参与感》，使得“参与感”这三个字异常火爆。在互联网时代，参与感是提升用户黏性必不可少的要素之一。想让社群对成员产生持续的吸引力，最好的办法就是让成员一起参与一件事。而巴大仁新媒体研习社让用户参与的方式就是让用户输出 UGC（User Generated Content），鼓励他们在社群内生产知识或者内容。

巴大仁要做的事情只是把课程大纲规划好，剩下的内容全靠成员自行研习。我们规划了四大学习模块，分别为：新媒体运营必备工具；新媒体运营能力养成；新媒体账号推广策略；新媒体求职面试技巧。每个模块下面对应 5 ~ 8 个细分主题，每周研习一个主题。成员需要将作业发布到简书上面，然后转发到社群内进行作业提交（见图 4-12），提交时@班长，班长会对作业进行汇总，汇总后巴大仁会挑出精华作业，展播在研习社的公众号“巴大仁”（ID：ba-da-ren）上供全体成员学习参考。

图 4-12　新媒体研习社成员在群内提交作业

4．构建社群经济的未来商业图景

在社群经济中我比较看好两种模式：其一是众筹经济模式；其二是认知盈余下的共享经济。众筹模式很适合在社群中运行，这种优势体现在：

- 大家在同一个社群内，有相同的价值观，有着想做成同一件事的心愿。
- 相互之间通过时间的磨合有信任的基础。
- 最重要的是社群内众筹不仅可以解决项目资金问题，还可以通过项目实现成员之间的资源互换，帮助成员实现自己的理想。

共享经济是建立在认知盈余能够充分共享的基础上的。巴大仁新媒体研习社的未来图景之一就是通过全体成员的课程研习，全面梳理专业领域的单个知识点；当单个知识点被充分研习后，就可以串成线；当有了知识的完整脉络后，我们就可以对知识进行应用，产生经济效益。比如，后续研习社可以将成员研讨的知识输出为 PPT、视频等形式开设网络课程，还可以将这些主题分类整理后形成书籍出版。或者像巴大仁这样，如果有成员有写书的计划，则可以将书的脉络拆分为知识点，开发成社群成员的研习作业，这样成员的研习也丰富了作者的素材，成员在研习中也会收获知识，而作者也能享受大家的认知盈余，从而形成相互成就的良性生态系统。

4.3.2 案例二：帮课堂学习社群

背景介绍：帮课堂是巴大仁为了提升用户黏性在工作之余做的一个知识分享社群，用户群体为 0 ~ 12 岁的孩子的家长。社群的常规性活动为每周四一场的嘉宾主题分享。

案例一是想告诉大家一个社群的顶层设计应该如何建设，案例二将从社群的重要性与价值层面为大家展示社群运营在企业中的巨大作用。本小节以我做的帮课堂社群为案例，为大家拆解我们要重视社群的原因。

1. 社群可以超越时间与空间

互联网出现以后，随着即时通信的发展，社群区别于社区出现在人们的口语化表达之中。社区（Community）最初是社会学与地理学领域的概念，是由德国社会学家滕尼斯在 1887 年提出来的，1993 年中国的学者费孝通等人将其译作“社区”。社区在早期是指现实生活中的地区性生活共同体和社会关系，强调的是一定地域空间群体之间的互动。但是如今我们也习惯将其译作“社群”，而社群这个概念已经不再局限于实际的地理区域或者在某区域内发生的社会关系。我们所说的社群能够打破时间和空间对于族群或者族群中的个体的限制。

从传统的群体活动来看，我们组织一次交流活动需要人们乘坐交通工具从四面八方聚过来，这样办一次活动要在很大程度上受制于地理位置，另外要受制于时间，因为我们需要约定固定的时间和地点，这样才能够保证活动的正常进行。但是在社群时代就突破了时空限制，无论何时何地我们都可以发起一场社群活动，而且成本极其低廉。

这就为企业提供了很好的宣传工具，也极大地节约了过去企业办一次线下活动的成本，甚至在活动规模与活动影响力方面要比线下活动有更好的收益。

2. 社群降低用户对你的信任成本

信任的价值是巨大的，古人云：士为知己者死。它会降低社会的成本，也会降低企业的成本。互联网时代催生的正是信任经济，无论是品牌营销还是网络营销，都建立在信任的基础上。社群则为建立用户与企业之间的信任提供了实用的工具。

首先，大家通过社群可以建立个体与企业的联系，告别了过去单次交易，买卖结束便自动断绝关系的模式。这样买了你的东西就不会担心出了问题找不到人的情况。

其次，社群具备放大镜的功能。如果你为社群成员提供了优质的产品或者服务，则成员的口碑会在社群内形成放大效应，从而自发降低其他用户对企业的信任成本，因为有用户的购买反馈为企业做了信任背书。

最后，社群消除了信息不对称，消解了用户心中的顾虑。社群是开放的系统，成员之间是可以互通有无的，这样好的声音和坏的声音企业都捂不住，会及时传达给社群内的每一位成员。这样就极大地降低了用户对于企业的信任成本。

在运营帮课堂社群的过程中，有一个很好的案例可以为大家展示社群能够降低用户对企业的信任成本。在"双十一"的时候我们发起了一场购物节的活动，在微店里面出售一些图书、学习装备、智能硬件方面的教育产品。由于我们的商品都是与第三方卖家合作的，我们只管售卖，对方负责发货，然后将快递单号反馈给我们，我们再录入后台，消费者才能看到物流信息。这样消费者看到的发货时间就会晚于实际的发货时间，所以有的家长下单后迟迟看不到物流信息，就在群内咨询是否靠谱，是不是被骗了。

我当时没有及时看到，等我看到群内的消息时，我发现其他家长已经回答了。一位家长说："家长帮的东西不用担心，很靠谱。"另一位家长说："不会有问题，双十一的货快递都没送完呢。"通过用户的口碑，很好地建立了新用户对我们的信任（见图 4-13）。

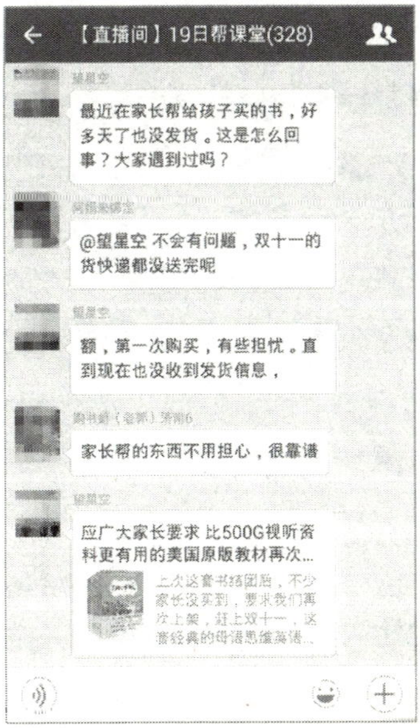

图 4-13　家长的口碑背书

另外，在帮课堂社群的运营中我还测试过几期为讲师打赏的环节。在一场讲座分享结束后，我会发一个收款二维码到群内，告诉大家如果喜欢讲师的分享则可以打赏本期讲师，所有的打赏金额我们都会转交给讲师。最多的一次有 60 多位用户进行了打赏，说明这些用户对我们是足够信任的，否则是不会与我们产生支付关系的。

3. 人在群体下更容易形成冲动消费

冲动消费是指顾客在外界因素促发下所进行的事先没有计划或者意识的购买行为。我们都不可避免地有冲动消费的习惯，但是在群体之下，人们会更容易产生冲动消费。

在一期帮课堂社群分享中，我邀请到了麻省理工学院中国总面试官蒋佩蓉老师。在课堂群建好后，我看到群内有些家长在讨论蒋老师的书，一位家长听到其他家长的推荐后表示想买，但又怕买不到正版书。于是我跟蒋老师联系能否将他的书上架我们微店，获得蒋老师同意后我们就紧急上架了，然后在社群内告诉大家正版书籍的购买渠道。很快就有家长开始下单了，其中一位家长下单后将支付完成的截图晒到了群内，并@我提醒发货。其他用户看到后也纷纷效仿，在群内晒起了下单的截图。而这些截图引起了社群的化学反应，它帮助本来有点犹豫的人下定决心下单，也刺激了原本没有购买需求的人开始下单。因为有这么多人买，说明东西肯定不错。这就是群体下人们更容易形成冲动消费的原因。

4. 社群可以将前置消费转变为后置消费

通俗来说就是互联网时代的“免费经济”。举个例子，我们买房属于前置消费，你交完钱、办完手续后房子就归你了，后续你就可以免费使用了。而买汽车是后置消费，我们都知道汽车是损耗品，买完后需要花钱保养，这部分费用最后可能会超出买车的花费，属于后置消费模式。而社群的作用是可以把前置消费变成后置消费，比如在线教育课程，前几节免费分享，如果你看了感觉好，则后面的课程需要收费才能观看。机构前期通过免费来吸引潜在消费者，在后期通过转化来实现资金回收。

帮课堂始终坚持的是高质量的免费家庭教育课程分享，通过免费高质的课程吸引关注家庭教育的精准用户群，通过长期为他们提供有价值的服务，就会在用户与企业之间建立信任关系，有了信任关系就容易形成品牌认同，那么后续在我们的微店业务和会员直播课程上，这些用户就是潜在的消费者。虽然用户不会为我们的帮课堂付费，但是有可能通过帮课堂建立用户黏度，后期在其他业务上进行消费，这样就通过社群改变了用户的消费习惯，将前置消费转变为后置消费。

4.4 商务运营：从细节中见分晓

新媒体发展到现在已经脱离了一开始的内容运营形态，变得越来越丰富。运营人员在工作中也要涉及很多商务上的合作，比如线上的商务交流场景就有寻找账号互推、联系小编获取白名单授权及广告投放沟通等内容；线下则需要更加重视商务合作场景，比如专家专栏的邀约、直播讲师的邀约、机构合作的洽谈、活动赞助的洽谈……虽然有些商务事宜是市场人员的工作职责，但是有些公司比较小，运营人员难免什么都需要做，甚至我所在的集团公司也不是完全能够做到专人专岗的，很多合作与谈判也都需要我亲自去做。因此，这里单独列出一节来讲解商务运营，即使你暂时不需要，但是先了解一下，未来随着职位的发展，总会有用到的时候。

4.4.1 商务着装礼仪

这一点之所以最先讲，是因为我深刻地体会到在商务交往中着装与服饰的重要性。因为从事的是互联网行业，所以我之前一直对服装没有引起重视，每天都穿得很随意。那时候的主要工作就是内容运营，每天趴在电脑前枯燥地找内容、发内容，也没有什么重要场合，所以也就没关注过自己的形象，再加上一向都自信自己是靠脸而不是靠衣装的，直到后来现实打破了幻想。

自 2016 年以来，我的工作重点调整到现在的直播业务上，每周都会见很多精英、老师，也要经常出去做一些商务洽谈。之前领导也婉转地提到我现在的形象需要转变，还推荐我穿什么样的衣服和鞋子。出去了几次之后我才发现，确实应该转变形象，否则容易给人一种不尊重对方的感觉。于是我彻底收拾了一下，公司的同事立刻都说真是人靠衣装，将我的自信残忍地打破了。

所以在商务场合大家也要视场合的正式情况来决定自己的着装，是完全着正装还是稍微严肃一点，大家可酌情考虑，但是不能不重视。

4.4.2 交换名片礼仪

交换名片是商务场合很常见的一个场景，已经成为人们社交活动中的重要环节。那么，交换名片的时候如何递送、接受和存放才是合乎礼仪的呢？

（1）名片的递送。在与人交换名片的时候，递送时应该将名片正面面向对方，保证对方在拿到名片后可以直接查看，无须再转换顺序或者翻面。并且在递送的时候要双手奉上，同时眼睛应注视对方，面带微笑，并大方地说："这是我的名片，请多多关照。"如果与多人交换名片，则应该依照职位高低的顺序；如果不清楚对方职位的高低，则可以由近及远依次进行，切勿跳跃式进行，给对方一种厚此薄彼的感觉。

（2）名片的接受。当别人给我们递送名片的时候，应该起身接受。接过对方的名片后要说一声谢谢，然后把名片看一遍，绝对不可以连看都不看就收起来，这是非常不礼貌的。看的时候也可以将对方的名字和职称念出来，并且抬头看着对方的脸，给人一种重视的感觉。然后要回敬对方一张自己的名片，如果身上没有携带名片，则应该向对方表示歉意。

（3）名片的存放。接过别人的名片后，切记不可随意摆弄，更不可折叠弯曲。可以将名片放进名片夹中，或者整齐地放在桌子上。如果是放在桌子上，则很多人习惯在上面放东西以压住名片，其实这是不礼貌的。假如没有名片夹，也不能随便地放进衣服口袋，可以装进左胸前的口袋以表示尊重。

4.4.3 沟通介绍礼仪

无论是在商务场合还是在社交场合，如能正确地利用介绍，不仅可以扩大自己的交际圈，广交朋友，而且有助于进行必要的自我展示、自我宣传，并且替自己在人际交往中消除误会、减少麻烦。所以说介绍是交际之桥，初次认识的人，总免不了相互介绍，而得体的介绍往往会给对方留下良好的第一印象。那么，如何运用得体的介绍礼仪呢？

假如是自我介绍，则可以显得谦虚一点。在开场之前可以说"你们好，请允许我自己介绍一下……"之类的话。如果是加入其他人的交谈，则应该选择大家出现停顿的时候再作自我介绍，"对不起，打扰一下，我是某某某……"

如果是为他人介绍，则在介绍具体某个人的时候可以礼貌地用手示意，但是切忌用手指着对方。在为他人介绍时还可以说明自己跟对方的关系，便于新结识的人相互了解与信任。如果是介绍双方认识，则千万要慎重。在介绍之前确保双方有认识的意愿，然后要分别与对方沟通介绍另一方，在向双方分别介绍过后，再牵线搭桥，否则就会显得很贸然而没有礼貌。

总之，无论是介绍自己还是介绍他人，或者介绍大家相互认识，最重要的前提就是做到自然。

4.4.4 会议接待礼仪

会议一般是比较严肃的企事业行为，所以在会议接待中也要求我们做到正式、严谨，尽量不要出差错。因此，熟悉一些会议接待礼仪也是每位职场人必不可少的。试想，如果领导安排你负责一次会议接待，那么你会考虑到哪些细节呢？

1. 发放会议通知

会议通知需要清楚地注明会议召开方人员的姓名或者组织、单位名称，并且要告知大家会议的时间、地点、会议主题以及本次会议的与会人员等内容。在发放会议通知的时候，在最后要注意附回执，这样可以确定受邀请的人是否参加会议、准备参加会议的人员是否有其他要求等。

2. 确定会议的接待规格

有时候一些会议是我们促成的，但是在洽谈的时候可能需要双方的领导共同与会，最终确定合作等事宜。因此，在会议之前要清楚对方出席会议的是什么职位的人，然后根据对等原则，邀请自己公司的相应领导参会。这一点特别重要，因此要严格按照接待礼仪操作。

3. 会场的选择

根据拟邀请的人员人数和会议的内容来综合选择合适的会议场地，做到会场大小适中。如果会场过大，就显得人松松散散的，容易产生距离感；会场太小的话又会显得小气，人员挤在一起很不舒服。英国首相丘吉尔曾说："绝对不用太大的房间，而只要一个大小正好的房间。"

4. 会场的布置

会场的布置主要包含两方面：一是会场的装饰；二是座次的安排。如何布置会场要视会议的规格而定，一般大型的会议，可以根据会议内容，在场内悬挂相关横幅，在门口张贴欢迎标语。会场内可以适当摆放一些盆景、盆花；若是为了让会场显得更加庄严，则在主席台上可悬挂国旗、党旗或国徽、会徽。桌面上如需摆放茶杯、饮料、水果等物，则应擦洗干净，摆放整齐。至于座次的排序，通用的原则是以左为上（中国政府惯例）、以右为上（遵循国际惯例）、居中为上（中央高于两侧）、前排为上（适用所有场合）、以远为上（远离房门为上）、面门为上（良好视野为上）。

4.4.5 商务交谈礼仪

语言是信息沟通的桥梁，是彼此思想感情交流的工具。在人际交往中，语言交流占据着最重要的位置。在不同的时间、场合，针对不同的对象，可以展现出不同的交谈技巧，而一切都是为了在不失礼节的前提下尽量达成目标。

在商务交谈中应该注意哪些要素呢？首先，要保证声音能够被全场听到，讲话的语速要适中，音调有强弱对比，并且配合面部表情合情合理地传情达意；其次，要善于提问，善于诱导和提出话题，以打破开场的沉默和僵局；再次，措辞要恰当，表述应该通俗易懂、深入浅出，避免过于生涩，毕竟不同的行业和岗位了解的东西不一样；最后，在交谈中应该耐心倾听，目光注视对方，在倾听的过程中不轻易打断对方，不补充、不纠正或者质疑对方。

当然，在商务交谈中也要注意一些禁忌事项。

首先，忌打断对方。双方在交谈的时候，上级可以打断下级，长辈也可以打断晚辈的发言，但是平级与平辈之间最好不要随便打断对方。当你准备开口的时候，对方也正要说话，这时我们可以停下来说“您请”，让对方先说，则会显得比较谦虚，也尊重对方。

其次，忌补充对方或者同事。有些人喜欢好为人师，在交谈中会忍不住补充对方或者同事，显得自己知道的比对方多，这实际上是没有摆正心理位置，因为人们所站的角度不同，看问题的方式也不同，在谈判交流中切忌互相补充。想一下，如果是跟领导一起去谈判，在发言中总是为领导作补充，你也许是想让领导更好地理解，但是没想过会让领导非常难堪。

再次，忌纠正对方。真正有教养的人是不会让别人难堪的，在交谈中我们也要懂得尊重别人。假如不是大是大非或原则上的问题，那么我们尽量不要纠正对方言语中的错误。在商务交流中，一般性的问题最好不要跟对方争辩，也不要随便地去判断。

最后，忌质疑对方。在商务交谈中为了说服彼此，双方难免会有夸大事实的情况，我们可以提前做功课对对方有所了解。但是当对方说得不那么准确时，不可直接质疑，可以以此作为判断对方信用度的一个参考，但不要表现在脸上。

4.4.6　拜访客户礼仪

我第一次跟领导外出拜访客户的经历是一个完全失败的案例。首先由于平时坐惯了办公室，所以着装比较随意；其次是没有携带名片；最尴尬的是没有提前做一些准备工作，导致全场都处于蒙的状态。如果你不想在一次突然袭来的外出拜访中丢面子，那么最好熟悉一下下面的知识。

1. 提前约定拜访时间

为了达成合作的目的，洽谈的双方往往要进行多轮的交谈，有时候更需要面对面详谈。如果是见面详聊，就需要双方提前约定时间。只有这样，才能尽可能地保证拜访计划顺利进行，毕竟大家都比较忙。

拜访的时间既可以自己来确定，也可以让对方确定，要根据情况灵活安排。如果自己的时间比较自由，可以随时到访，就可以让对方来确定会面的时间。如果自己的时间不是很自由，只有某天有时间，就可以告知对方这种情况，争取自己来定时间。此外，也要看事情的轻重缓急。如果自己的事情比较着急，就要尽早地促成见面，不着急的话就可以由对方安排。

2. 做到守时

守时的习惯在商务事宜中非常重要，如果不能守时，则会给人非常不靠谱的感觉。因此，在拜访的时候要做到守时。可以视乘坐的交通工具和时间点去预估路况，尽量早到一刻钟，这样预留一些时间也可以缓冲一些意外的情况。假如一切顺利，那么早到了一会也可以利用这个时间了解一下周边的环境，比如对方在这里有几层办公地点，其他的都是一些什么样的公司，毕竟物以类聚，也可以大致看出要拜访的公司的规模。

3. 带上自己的名片与相关资料

约见的人出现后，在简单地握手招呼之后，落座前双方可以交换名片，通过名片能够快速地知道彼此的姓名和职位，也是一种尊重他人的表现。另外，在拜访之前根据对方的要求或者拜访洽谈的内容，提前准备相关资料。假如是需要签字盖章的文书，也可以提前盖好章。因为盖章一般需要进行逐层审批，这项工作要提前做好。

4. 节省大家的时间

时间对于每个人来讲都是很宝贵的，过去了就抓不回来了。所以，我们没有权利浪费他人的时间，这就要求我们在拜访中的每个环节都要做到守时，在交流中也要做到思维清晰、逻辑清楚，最好在拜访之前做些功课，对对方的公司有一定的了解，这样有利于快速推进谈话的进度。除了一些必要的寒暄和铺垫，尽量围绕话题讨论，在该提问的时候就要问清楚，在该决策的时候就要果断决策，让交谈显得高效而且有诚意。

4.4.7 商务送礼礼仪

在社会交往中，相互馈赠也是一种表示友好和敬意的重要方式，有利于促进友好关系的发展。如何做到送礼和受礼双方都满意、高兴，使所送的礼品既实用又不造成浪费，是一门大学问。商务送礼既然是一门艺术，自有其约定俗成的规矩，送给谁、送什么、怎么送都很有奥秘。

1. 礼物要轻重得当

针对要送礼的对象挑选合适的礼品，如果礼物太轻，就跟没送一样，甚至还会产生适得其反的效果，容易让人以为被瞧不起，本来是想搞好关系的，却弄巧成拙了，让人帮忙办事的可能性也就几乎为零了。但是如果礼物过于贵重，则又会让人有受贿之嫌，或者说勉为其难收下后对方也会想办法回礼，这样一来就是礼物没有送到位，导致强迫别人消费。此外，针对不同人的身份和爱好也要选择不同的礼品，尽量保证送的礼品对方能够喜欢，这样才起到了送礼的作用。

2. 了解风俗禁忌

送礼前应了解受礼人的身份、爱好、民族习俗，免得送礼送出麻烦来。比如大家都知道不要送钟作为礼物，因为“钟”和“终”同音。还有一些地方上的风俗，比如我看过一个故事，是说在上海人们对“苹果”的发音和“病故”很相似，如果你不清楚这个语言习惯，给一位生病的上海人送了一篮子苹果作为礼物，就很容易闹得不愉快。至于一些宗教信仰，就更要格外注意了。

3. 礼物要有意义

礼物是感情的承载方式，所以送出的礼物也应该能够表示送礼人的心意。假如对礼物的代表意义不是很清楚，那么在采购礼物的时候也可以请礼品商推荐。最好能够保证送出的礼物既可以代表你的心意，也能让受礼者觉得你的礼物非同寻常，从而倍感珍惜。总之，选择礼物时要考虑它的思想性、艺术性、趣味性、纪念性等多方面的因素，力求别出心裁、不落俗套。

4.4.8 邮件沟通礼仪

在商务往来或者职场交流中，使用电子邮件进行沟通是一件严肃的事情，应当遵守一定的礼仪规范，并且要高度重视。我刚来公司的时候，就看到领导多次因为邮件的事情而发火，所以现在我每次在发邮件前一定会认真审核，如果涉及部门，则在写好邮件点击发送之前最好让领导审核一下，以免发送后酿成无法挽回的错误。

1. 邮件的主题要明确

现代社会大家的时间都很宝贵，所以我们要学会尊重他人的时间。表现在邮件上面就是在发送邮件前要拟定一个主题，让收件人看到标题就明白你要说什么内容，当然也便于邮件分类保存后的搜索、查阅。邮件主题不要太空、太泛，比如要给各位发一封会议记录，如果只命名为会议记录，就会让人搞不清楚。而应该清楚地告知是什么会议的会议记录及会议的时间，比如“国庆节微信活动项目评审会议记录 2016.2.12”。标题中千万不要出现错别字；要真实地反映邮件的重要程度，不要随意使用紧急标识；回复邮件的时候要留意标题，适当地删除回复时自动添加的“RE：RE：RE：”字符。

2. 适当的称呼和结语

邮件开头部分应该有称呼和问候，一方面可以提醒收件人是写给他的邮件，另一方面给予对方问候是尊重他人的职业素养。如何称呼对方要拿捏得当，如果清楚对方的职级则可以按照职级来称呼，如果搞不清楚就可以称呼其为某某先生/女士，假如性别也不清楚还可以称其为××老师。在邮件的结尾一般也要客气地说祝顺颂商祺之类的话，或者说“如有问题，随时沟通”。

3. 邮件正文要规范

邮件的语言要流畅，内容应当简明扼要、越短越好。现在市面上先进的电子邮件软件有多种字体备用，甚至还有各种信纸可供使用者选择。这固然可以强化电子邮件的个人特色，但是建议商界人士慎用此类功能。字体一般用微软雅黑16px 就可以了，少用各种不同的字体颜色，看起来花花绿绿的会很不美观。如果必要，则正文可用序号列表，以示清晰明确。此外，合理利用表格、图片也可以辅助阐述，让意图表述得更加直观。可以合理地标注重要信息。如需特别标注，则可以加粗或者标红显示，但不可一会儿加粗一会儿标红，显得比较混乱。

第5章

新媒体人的自我修养

新媒体人的自我修养其实是本书最重要的内容，我原本想把这一部分单独成书。雷军说过一句话，“不要用战术上的勤奋掩盖战略上的懒惰”。而新媒体人素养的提升就取决于我们对业务的总结，对公司战略的理解，以及能够形成自己的方法论。这些素养才是决定新媒体人最后能够走多高、走多远的大事。本章仅为抛砖引玉，希望读者阅读之后开始升级自己的理念和综合素能。

5.1 学习学习再学习

在李笑来老师的《把时间当作朋友》一书中，其对于学习的讲解实在精彩。当然，除了这一节，很多章节都让人很受用。因此本节的标题就用了李老师的公众号名字“学习学习再学习”。下面我也想用李老师书中的两段话来引出本节的讨论。

“进取之路上的人可能往往觉得更吃力而非轻松，为什么呢？因为在那条路上‘一山更比一山高’，‘山外有山，天外有天’。在平庸之路上的人可能往往并非自卑而是洋洋自得，为什么呢？因为他们总是会遇到比自己更差的人。”

“如果你曾经有过最终习得某种技能的经验，就知道在习得的那一瞬间，整个世界都会为之而变。或者换一种说法，因为你有能力做更多的事情了，你就不再存在于原本的世界里；因为你所习得的技能，你已经拥有另一个完全不同的世界。比如，你最终可以熟练使用一门外语，你原本生存的世界就多了一扇门，跨过那道门槛就是另外一个世界。”

5.1.1 学习的重要性

在第一段话中李老师描绘了两种人，进取的人感觉更吃力，平庸的人往往并非自卑而是洋洋自得。“并非自卑而是洋洋自得”这10个字真是鞭辟入里，大家想想这是多么可怕的状态呀，可怕之处就在于平庸之人不仅不知道学习，还以不学习而骄傲。然而这样的人少吗？并不在少数。

就以巴大仁新媒体研习社来说吧，进入这里的人已经算是爱学习的了，然而我屡次遇见这样一些让我哭笑不得的人。新人进群后我会告诉他们补一下研习社的作业，他们会问作业在哪里，其实这些人都是从公众号申请进入微信群的，而公众号的菜单上就赫然放着每周作业。我只好耐心地把作业列表转发给不知道的人，然后他们有人又问了：怎么交作业呀？简书是什么？我们交作业的方式在每篇作业里面都会说得很清楚，即把要求的研习内容发布在简书网站上，然后转发到微信群里。

我在给他们解释了简书是什么之后，他们会接着问我新人不会写作业怎么办？我们第一季的作业就是为新人设计的基础自学研习课程，本来不就是新人才应该学习、应该完成的作业吗？他们的问题说实话我都不知道怎么回答，何况他们是后加入的学员，我们每期的研习作业都有优秀作业展播，即使真不知道怎么做，也可以看别人是怎么做的。可是仁兄一句“我是新人我不会”，说得掷地有声、理由充分。

在第二段话中李老师描绘了习得某项技能后开启的新世界。关于这点我深有体会，相信大家在某个方面也都会有自己的体会。就像我一个学习财务管理的却爱上了新媒体，当我进入新媒体领域后，跟之前接触的确实完全不同，是一个全新的世界，跟之前的旧世界几乎没有重合。所以李老师鼓励我们多学习，因为每习得一项技能就感觉自己重生了一次，当你学会多项技能的时候其实就像过了几辈子，人生的阅历和经验就会大大提升。而且大家都知道学习是一个不可逆的过程，当你学会一项技能之后，它就会伴随着你，为你打开一个新世界，你的生活就会因此而改变。那么，我们为什么不多学习呢？又该如何学习呢？李笑来老师为大家提出了学习的重要性。本章我想和大家聊一聊学习的方法论这件事。

在巴大仁新媒体研习社，我们倡导一个理念：向书本学习，向所有人学习，向一切事物学习。如果说学习有什么方法，那么我觉得所有方法全在这一句话里，以至于我在第一次听到这句话时就被深深地感动了，从此奉为圭臬。

5.1.2　向书本学习

在我心中一直有一个执念，那就是爱阅读的人运气从来不会太差。我看到2015年公布的数据，2014年我国国民人均纸质图书阅读量为4.56本，电子书阅读量为3.22本。虽然我国国民的阅读率在国际上已经很低了，但是我估计有些人可能一年读过的书还达不到平均水平，这跟每个人的习惯有关，有些人就是不爱读书。所以我也不想做一个说教者，毕竟阅读的重要性每个人都知道，也没必要赘述。我想说的是，对于想读书的人，如何善用工具和方法去阅读学习。

先说如何保证每天的阅读时间。我想有很多人其实是想读书的，但是因为自制力不强，所以总会有这样或那样的原因而没时间读书，在这里分享一个我的小技巧。其实我的自制力也不是很强，下班后一般都很累了，回到家就想往床上一躺开始看手机，了解一下当天朋友圈的动态，聊聊天看看资讯，不知不觉就到了该睡觉的时间，根本没有心情再抱起一本书一本正经地坐在那里看。

后来我就想了一个办法，把读书这件事放在每天需要坐着的场景下去完成，因为每天都要坐车去上班，是一件常态化的事情，花在路上的时间也是相对固定的，而且还有一个有利的条件，就是在车上不会像在家里，在家里会有惰性，而乘车时的状态只有两种，要么坐着要么站着，但都比在家里躺着要更适合阅读。用互联网人的说法就是，阅读场景已经找到了，那么接下来就是要摒弃干扰的问题了。我接下来要介绍的这个招有点狠，但是强烈推荐给真正想读点书却又自制力差的人，因为确实非常有效。

那就是将手机的数据网络套餐关了！这样在路上的时候就没有数据网络，从源头上有效根治了想用手机上网的网瘾，这样就不会有手机将你从阅读的氛围中拉扯出去，可以全身心地看书，也不用总想着是不是有人给自己发消息，也不会有任何分心的干扰。我就是这样坚持看了一年书之后，发现自己喜欢上了这种感觉，因为实在没有更好的阅读条件了。为了延长每天的阅读时间，我在搬家的时候还特意搬得更远了，这样就可以保证每天有两小时在路上，从而保证每天能够有规律地看两小时的书。当你也这样坚持了之后，你会发现每天真是如饥似渴，感觉怎么这么快就到站了，让枯燥的通勤也变得有趣起来。

沉浸式的阅读需要一台顺手的阅读设备。这里由于情况比较复杂，毕竟大家的经济状况不同，对阅读的投入力度也各不相同，我就无法推荐一款阅读设备了，这个实用性不大，所以我就只说我的方式吧。但是看完我的选择，如果能够影响你在一些阅读设备上的投入，那就善莫大焉了。

我当时来到北京实习了半年时间，其间薪资只有每个月 2000 元，几乎没有余钱做其他的事情，但是我一直有一个心愿，就是拿到第一笔转正后的薪资后买一台 Kindle，所以当我的正式工资发下来后，除了还钱，就是做了学习上的投资，买了一台 Kindle。后来通过我的一些分享，在我们团队里，我已经潜移默化地影响了很多同事买了 Kindle。我并没有给他们推荐，他们都是通过我分享的状态自发生起的念头，在买之前他们会找我咨询版本的问题。我买的是经典版本，当时才 499 元。为什么选择这一款呢？我是这样考虑的。

首先，我买 Kindle 的初衷是这款阅读设备对于眼睛的保护，因为我的眼睛看电脑屏幕容易疼，所以不想在看书的时候再让眼睛累，因而我没有选择手机。而选择经典版 Kindle 是因为这款机器没有背光，没有光源对眼睛的刺激，所以十分适合我。

其次要考虑阅读环境。因为我是乘坐地铁上下班的，地铁上一路都有照明，所以我用无光的设备也可以正常阅读；如果是乘坐公交车上下班的，那么晚上没有背光的 Kindle 是看不了书的。其实几款 Kindle 设备的最大差异就在于是否有背光及价格。

除这两点之外的差异是很小的，就是外观、质量和分辨率上的差异，而这些差异都不是核心差异，因为就读书的易用性来说，几乎都是一样的。所以建议入手的时候可以像我这样根据自己的实际使用场景去选购，而不要盲目追求高版本的设备。

除保护眼睛之外，我选购 Kindle 的另一个原因就是轻便，翻页也方便。还有一个好处就是 Kindle 可以做标注，标注过的内容都会自动保存在一个单独生成的 TXT 文档里，非常有利于后期进行笔记整理和查询。我现在每年都会做一次阅读笔记的年终总结，可以很好地回顾这一年的阅读精华。

最后聊一聊如何选书。

我选书的办法一般是"三看"，第一看豆瓣的评分，第二看亚马逊的读者评论，第三看这本书的目录。豆瓣上的读者专业相对较多，眼光也比较挑剔。亚马逊上的读者也有很多高质量的评论，买书前我一般都会看完这些评论，而且亚马逊上几乎都是真实信息，没有什么刷单的情况，大家都是在认认真真地聊这本书，所以还是很有参考价值的。最后我会翻看一下这本书的目录，看有没有解决自己需求的内容模块。大家既然有了买书的念头，一般都是有了明确的需求，看目录能够对症下药，至于药的质量如何，是否能够药到病除，就用上面的"两看"去辨别即可。

5.1.3　向所有人学习

有些俗语其实很耐人寻味，如"读万卷书不如行万里路，行万里路不如阅人无数"，所以说向他人学习也是一种很有效的学习方法。怎么向他人学习呢？我认为有两点：其一是学习他人的知识；其二是学习他人的技巧。学习知识好理解，所谓"闻道有先后，术业有专攻"，每个行业和领域都有一些很专业的人，我们可以学习他们的专业知识，为自己充电；学习他人技巧一方面可以学习别人的专业技巧，另一方面可以学习别人的进阶技巧。下面举例来说，更容易理解。

在新媒体领域，大家可以向一些专业的、高产的、有沉淀的人学习理论知识。首推魏武挥，这是对我影响比较深的一个人，虽然他不是正宗的学院派，却是我最早接触的一位新媒体专家。我是在玩微博的时候关注他的，那时候我每大都在艾瑞网上读他的专栏，他的文章更新频率还是很高的。从接触他的文章开始，我渐渐从之前只是单纯地玩社交媒体，变成了开始学习一些专业的媒体术语，虽然从文章中获得的是只言片语的概念，却也是走上新媒体之路的开始。其次推荐李叫兽，他极其擅长理论和商业分析，出师于武大经管院，后被保送清华大学经管学院，在理论上还是很有建树的。现在他比较垂直地在做与文案相关的研究，而文案的写作在新媒体工作中也是很重要的，所以想要学习文案的同学可以跟着李叫兽学习。

如果想学习新媒体技巧，则要容易多了。

首先说新媒体专业技巧方面的干货总结者，首推武汉工程大学的张志老师（网名秋叶），他是一个知行合一、执行力非常强的人，在微博和微信时代及社群火爆的时候均出版过相应的工具类畅销书，总结了很多干货技巧。

其次我们要向别人学习如何更快地进阶，走上一条快速发展的道路。有句话一定要相信，那就是“选择永远比努力更重要”，在职场中这一点无疑十分重要也很正确。举一个典型的例子，大家可以学习秦阳的成长之路，非常励志，同时也不那么难于达成。下面先介绍秦阳是谁。

秦阳，2013 年毕业于陕西科技大学，整理了杜子建的微博语录和采访，结集为《恨着恨着就爱上了：杜子建谬论集》，与秋叶合著了《社群营销：方法、技巧与实践》，在 TEDx 江苏站做过分享嘉宾。

刚才介绍的是秦阳目前比较光鲜的一面，下面根据他在个人微信公众号的文章《关于老秦那点事儿》来还原早期的秦阳。受“大学无用论”的毒害加上经济的拮据，在高中的时候他选择了退学去天津打工，受尽冷眼与嘲讽，后被校长感化回学校重拾课本，考上大学后苦练 PPT。其实也不是苦练，用他的原话是“每天学习一点点，竟然在半年时间内从 PPT 菜鸟变成培训班的老师”。

后来的转折点是他通过微博成功求职华艺传媒，成为杜子建的徒弟。当时微博还比较火，所以杜子建也比较火，正在《非你莫属》做嘉宾，秦阳还是通过 QQ 空间的一条说说得到朋友的一个评论才知道了《非你莫属》，关注到了华艺传媒，后来做出了微博求职华艺传媒的决定。并且后来同样通过在微博上制作 PPT 作品总结秋叶老师的书籍，用这种办法与 PPT 大神秋叶老师建立了联系。通过这个故事，我想说的是，要学习秦阳的这种上升策略，通过与名人连接可以更快地获得一些机会。

现在互联网如此发达，尤其是社交媒体的崛起让我们更容易连接上精英，只要你比别人用功并且用心，是不难进入精英的视线的。与之策略相同的还有简书的一位签约作者“剽悍一只猫”，他也是通过采访 100 位能人的方式，选择跟精英建立连接，通过精英为自己做背书，然后进行自我推广。当然，这些都只是策略，他们的成功离不开背后自己的努力和坚持，就像他们各自披露的个人经历一样，在与精英建立连接之前都是有过积累的，而这是决定成败的关键因素！

5.1.4　向一切事物学习

曹雪芹在《红楼梦》中总结得好：世事洞明皆学问，人情练达即文章。只要在生活中多多留意观察，格物致知，一切事物都可以成为我们学习的对象。在知乎上我也回答过一个新媒体新人如何通过各种渠道去学习，当时只是点到，没有展开说，这里详细聊一聊在新媒体的成长道路上我是如何向一切事物学习的。

首先是向自我学习，去自我实践。以微博、微信为主的新媒体产品我都是亲自去玩、去研究、去实践的，微博兴起的时候我同时运营三个账号，一个是我办的校微博协会官方账号，一个是半官方的校园账号，一个是自己的微博账号。粉丝最少的账号是我的个人微博账号，但是当时也有 3000 多位粉丝。微信推出后，我就迷上了微信，我用得比较早，当时还没有朋友圈和公众号。

现在回想，可能我是微信上最早的自媒体作者了。为何这样说呢？因为当时没有公众号，所以我就用群发私信的方式运营，每周我会做一期校园的微刊，当时的版式是仿照手机报的排版方式做的，做了好几期。这件事还引起了我们学校团委领导的关注，并给予了鼓励和肯定。有了公众号之后，我也亲自注册账号，通过自己的运营去找感觉。

后来我在面试中分享的案例就是我用一个 400 多位粉丝的账号，做出了一篇我校 2 万多阅读量的文章。所以说学习新媒体或者其他任何东西，都需要“绝知此事要躬行”。后来我就把这种自我学习、自主学习的精神融入我创办的新媒体研习社。估计很多人最开始进入研习社的时候都以为会有人带着他们学习，而进去之后才发现其实不然，一切作业的研习都要靠自己去完成，有了困惑也是大家彼此帮助与研究。

我之所以很少带着他们学习，就是想让大家形成探讨问题的习惯，而不是以我为中心，大家遇到问题了都@我进行提问，这样就容易形成依赖心理，而不会形成现在的讨论风气。自己亲自研习过的知识才能更好地理解，在与别人交流探讨的过程中也是很好的自我学习机会，因为学习最快的方式就是给别人当老师。

后来由于在当地的微博圈内有了一些名气，当地的一些互联网活动会联系我去参加，或者希望我带一些感兴趣的大学生去参加。就这样，我当时参加了好几期本地大型会议，比如互联网大会、移动互联网大会、电子商务大会等。通过这些大会让我开始接触到祖国各地的人士，听他们的高谈阔论，学他们的见微知著，得他们的经验教训。

这些经历让我的眼光从校园的狭窄之地开始向外看，看到了一个广阔的天地，觉得自己真是太孤陋寡闻了，虽然很多时候已经觉得自己比校园里的很多人了解得多，但是跟这些行业大佬一比，发现自己太浅薄了，便在心里暗下决心，以后一定要走出去，去到那广阔天地。看到这里可能有人会问，如何得知这些会议，怎么才能去参加呢？我一开始也是被邀请去的，去了几次就明白了这些会议的特点，后来看到有感兴趣的也会不请自来。

先说如何发现这些会议。一般这些大型会议在开幕之前都有公关稿，你可以通过当地的新媒体资讯平台微博、微信去了解，也可以看传统媒体的报纸，都会有相关的新闻消息。但是怎么获取门票或者邀请函呢？有些大会确实会有门票，如果是真正卖票性质的会议就只能买票了。但是互联网行业召开沙龙会议的特点就是免费，很多时候这些会议只要报名了就给票，即使有时候卖票也是卖那些好的位置的票，其他座位都是赠票，或者假如参会人数太少，主办方也会通过各种办法免费邀人去参加。所以，你如果是敏感且聪明的人，则是不难拿到票的，学习要主动争取。

毕业后，我从学校来到了广阔的天地，就有更多的机会学习了。尤其是在北京，只要想去参加，就会有各种各样的会议或者沙龙。所以我刚到北京的第一年，双休日几乎也是排满的，经常参加一些互联网、新媒体和营销人的沙龙（见图 5-1）。

由于参加了工作，有了一定的经济基础，所以我更倾向于为沙龙付费了，因为沙龙的特点是越小型越有付费门槛，就越有干货或者能见到大佬。除了线下的沙龙，现在直播技术也非常成熟，而且广泛运用在会议、沙龙的直播上，所以也可以通过线上的方式学习。另外，在学习型社会的口号提出后，网上有各种课程平台，也有各种精英学习社群，比如新媒体行业的教学培训就有插坐学院、馒头商学院、一招学院、业问、知知、踏浪 100 等。还有很多知名老师亲自创办的学习社群，付费或者免费的都有。这些都是学习的方式，而学习从来没有终点，也没有边界，只要留心生活，处处都值得学习。

图 5-1　笔者与罗辑思维创始人罗振宇的合影

还在学校的时候我就发现了，所有走过的路都不会白走，你不知道什么时候它们就派上用场了，所以不要害怕失败和挫折，大胆地去经历、去感受，不行动才会永远无法进步，而只要有所行动，无论是成功还是失败，都会形成你的经验，早晚你会用到它。人生没有白走的路，每一步都算数！

5.2　用数据指导工作

对于职场新人来说，进入职场的第一件事就是要学会用数据说话。这句话说起来容易做起来却难，所以对于职场新人来说，需要一段时间来培养自己的数据说话能力。我接触到一些实习生，在交流业务的时候可谓满嘴胡诌，在问到其负责的某项业务为何表现不佳时，他们的原因和结论是张口就来，各种“我觉得原因是……”、“我认为应该怎么优化……”。这些都是非常主观的，不足以说服他人，更无法让人信服，因此在职场中要切忌这一点。看过电视剧《欢乐颂》的人应该都对第一集有点印象吧，下面让我们来还原一下剧情，借此说明用数据说话的重要性。

富家女曲筱绡入住欢乐颂社区后，姚滨等一干朋友前来庆祝她回国，聚会的音乐严重影响 2202 房间三人休息，邱莹莹交涉未果，樊胜美向物业投诉不了了之，直到警察的到来才结束这场扰民的聚会。是谁报的警呢？正当曲筱绡与 2202 房间的三个姑娘对质之时，2201 房间的房门洞开，原来报警的是 2201 房间神秘业主——海归精英安迪。带着强大气场出现的安迪用一串数据不容置疑地谴责了曲筱绡，让我们来看看她是如何用数据说话的。

曲筱绡：你谁呀？

安迪：你不需要知道我是谁。我已经查过中国上海的噪声扰民标准，晚上 10:30 到第二天早上 7 点，超过 55 分贝都是扰民；如果是深夜，则超过 15 分贝已经构成扰民。现在已经是深夜 12 点，我用苹果手机自带的分贝软件测试过你房间的音乐，已经超过 70 分贝。我报警很合理（见图 5-2）。

图 5-2　来自电视剧《欢乐颂》的截图

区别于 2202 房间的租户，安迪出现时不是用主观的感觉告诉曲筱绡能不能声音小点，而是拎出一串数据先界定何为噪声扰民的标准，再说明曲筱绡制造的噪声分贝值，然后对比标准构成了毫无疑问的扰民条件，最终得出结论：“我报警很合理。”一席话把在场的每个人都震慑住了。

在工作中也是这样，掌握了数据说话能力，很多时候你无须过多解释，只要把数据展示出来，就带着无比强大的说服力。另外，掌握了数据分析能力也可以帮助我们更好地优化工作内容，提升工作效果。

5.2.1　工作内容数据化

当然，如果在文章中插入视频，则还会涉及视频点击量的数据。处处皆数据。在我们公司里，大家的工作周报都是团队成员相互抄送的，所以一个人的工作情况怎么样可以从工作周报中快速地反映出来。比如，有的实习生在工作周报中就写自己今天做了什么事情，像小学生写流水账一样；而有的实习生会写本周完成了几项工作，工作的数据是怎样的。二者的差别就在于一个人只是描述了这件事情，而另一个人则将事情数据化后用可量化的语言表述。孰好孰坏，我相信不用再说明就高下立判了。而如何把工作内容有效数据化呢？

1. 内容运营的数据化

首先来说内容运营中的数据，这也是最能常态化、最好收集的数据。这部分内容不太好写，因为我知道数据不具备易读性，大家可能不太爱看。所以我尽量用讲故事的方式来和大家聊聊内容运营中涉及的数据。我们就以一篇文章为例来展开吧。

小明吃完一碗泡面开始写文章，这篇文章写完就会产生一些数据，比如文章的字数是多少，如果字数太多了就会有很多人读不完，而且会影响到点赞量和阅读原文量，而点赞和阅读原文又是读者行为数据中的两种。除此之外还有文章的总阅读量，这个指标可以从微信后台直接看，也可以通过“群发功能”→“已发送”查看实时阅读量。此外，阅读量还可以进行细分，详细了解一篇文章的阅读量分别来自哪里（如公众号会话、好友转发、朋友圈、历史消息、其他）。

通过细分我们可以衍生出一些数据，比如一级阅读量是来自公众号会话的阅读量，二级阅读量是来自公众号会话之外的阅读量。通过这个衍生数据，我们可以知道有多少账号之外的人阅读了这篇文章，带来了多少新增关注，还可以计算出转化率（新关注人数/二级阅读量）。

对读者行为数据进行深入分析也可以得到一些衍生数据，比如阅读率、转发率、收藏率等，只要不是直接读出而需要计算得出的都是衍生数据。除此之外还有一些其他数据，比如小明为这篇文章定义了关键字，就可以查看关键字数据，了解有多少人通过回复关键字来获取文章（见图 5-3）。

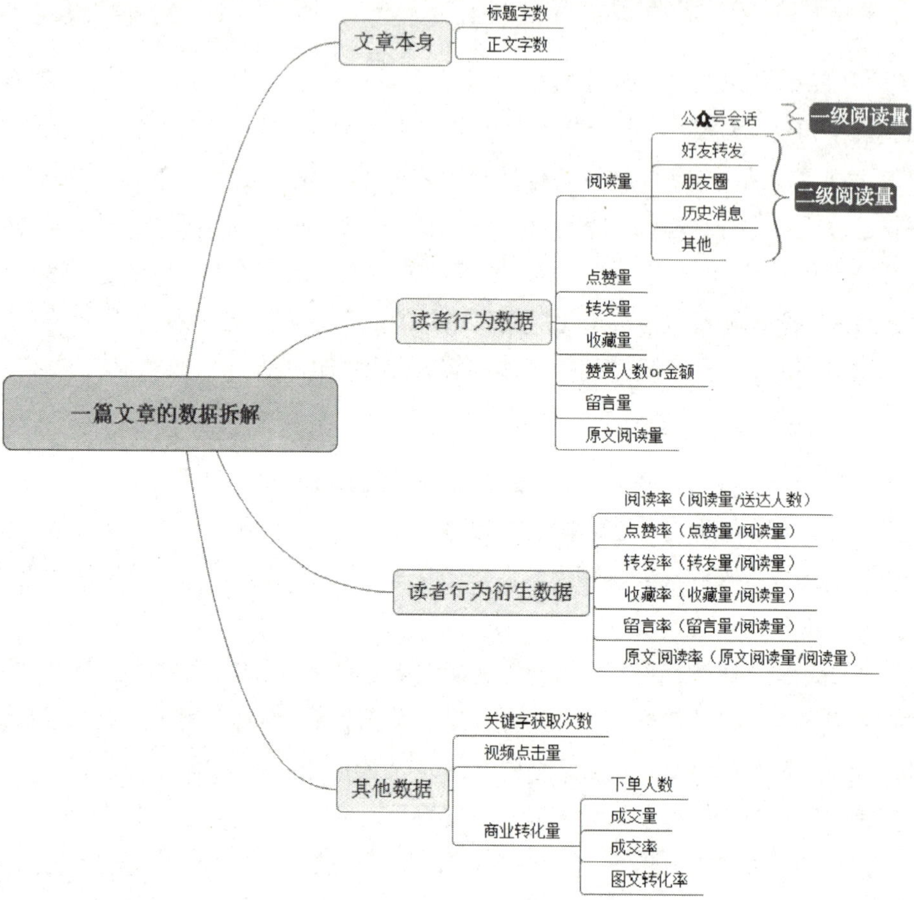

图 5-3　内容运营数据

2. 活动运营的数据化

之前我们讲过，在活动运营中要做活动总结，其中很重要的一方面就是需要做活动数据报告。活动数据要比内容数据难以反映和收集，而且可记录的维度也比较多，加上数据给不同的人看会有不同的展示策略，所以这一节更难阐述。我们用实例来说明，就以投票活动这种主流的活动形式为例。活动数据一般是在活动结束后才能进行总结的，但在前期也要做好准备。

比如在后期了解每个渠道的推广效果的时候，其实就需要在推广之前做足功课，那就是在进行渠道投放的时候要进行数据收集的插码，针对不同渠道的推广链接插入辨识码，这样后期才能知道每个渠道的推广效果。在活动运营中可以进行数据化呈现的有活动页面的各种数据（PV、UV、DAU）、活动对象数据（参赛人数、拉票次数、平均拉票数）。而针对一场活动大家向来最关心的就是活动成本和活动收益的相关数据。如果是拉新活动就会看单个用户的成本，如果是促销活动就需要了解投入产出比。而赞助商会关心活动的品牌曝光量，如果有链接，则需要向赞助商反馈链接的点击次数等（见图 5-4）。

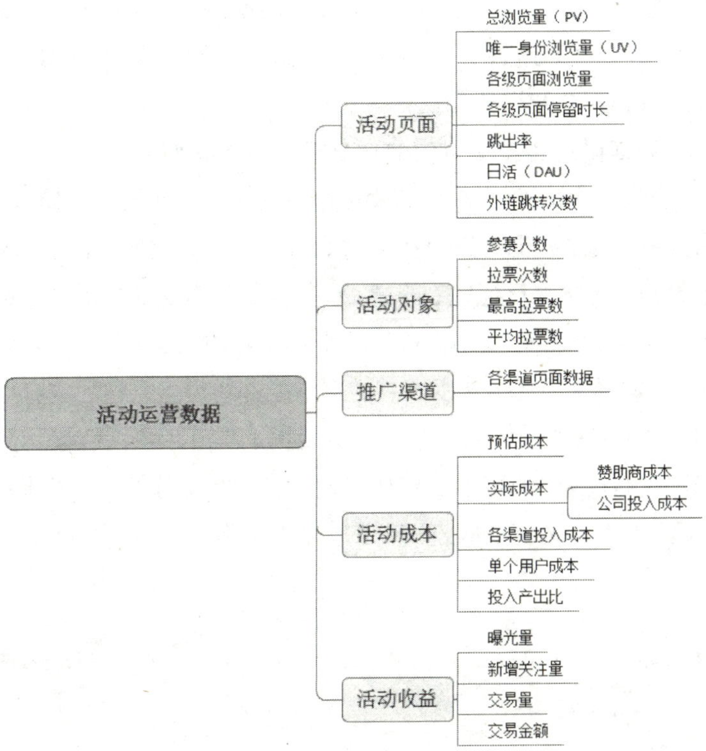

图 5-4　活动运营数据

只要你形成数据化的思维，其实就会发现很多东西都可以进行量化，当然也有很多东西不可量化。比如，有人在讲用户数据时提到了用户贡献价值，这是一个很抽象的数据，很难真实和准确地计算与评估。为了数据而数据就没有多大的意义了，因为不准确的数据容易有失偏颇，那就失去了数据的参考和指导意义。

5.2.2　数据帮我们优化内容

对于运营人员来说，内容运营是最重要的一项工作，因此，内容的数据分析就显得更有实用性和指导性。尤其是在接手一个新的微信公众号时，善用数据工具可以帮助我们很快地找到规律，从而快速上手，然后不断地改进工作。

1. 数据告诉我们用户偏好

数据可以帮助我们优化内容，也可以帮助我们寻找好内容。任何刚从业或者转行的新人都会遇到一个难题，那就是推送什么样的内容用户喜欢看。我刚进入职场的时候就迫切想要解决这个问题。由于我学的是财务管理，从来没有接触过教育方面的内容，所以一点感觉也没有。我当时主要做了两件事：第一件事情就是做了我们的用户画像分析；第二件事情就是做了历史文章的数据分析。当你知道用户是谁之后，就会知道他喜欢什么。

这里我们详细讲述历史文章的数据分析。由于我们是以社区内容为主的运营，所以我分析了论坛的精华内容和阅读排行榜。这方面的内容如果是PC端的则只可作为参考，所以我把重点放在了微信历史文章的数据分析上，统计了近三个月的文章数据，包含文章标题、阅读量、转发量，由此计算出了阅读率和转发率。然后分别对阅读率和转发率进行降序排列，观察阅读率高的文章可以了解到读者喜欢点击哪类文章，观察转发率高的文章能够知道什么样的内容用户更乐于传播（见图 5-5）。高点击率的文章我们需要用来提升用户活跃度，高转发率的文章则有利于我们拉新。所以通过对历史文章进行数据分析，可以让我们对内容有点感觉。但是这样还不够，我们需要的是标准化作业，接下来我们还需要对文章进行打标签。

日期	星期	文章	送达人数	阅读量	阅读率	转发+收藏	转发率
2月11日	星期四	微杂志 |♥小年特刊♥	40755	1176	2.89%	42	3.57%
		寒假怎么阅读？语文怎么提分？	40755	3558	8.73%	126	3.54%
		春节，多陪孩子做这7件事！	40755	5926	14.54%	366	6.18%
2月13日	星期五	重磅！教育新政带来8大激变！务必重视	40909	5750	14.06%	393	6.83%
		新年福利1："家有儿女"一大波萌娃来袭！还有羊年大礼包	40909	656	1.60%	3	0.46%
		新年福利2：名师课程免费听！实实在在的优惠	40909	1028	2.51%	13	1.26%
		停下来，等一等，听孩子倾诉	40909	1301	3.18%	98	7.53%
2月16日	星期一	获得世界上一半诺贝尔奖的国家故意让孩子输在起跑线why？	41146	4970	12.08%	441	8.87%
		巧用春节，好好给孩子补补课	41146	2206	5.36%	86	3.90%
2月17日	星期二	开始抽奖啦！好未来教育为家长帮爸妈新春献	41191	2476	6.01%	14	0.57%
2月21日	星期六	微信红包大热，你抢的真的够本么？	41268	3064	7.42%	3	0.10%
		让孩子过幸福年;做好六个细节	41268	1382	3.35%	25	1.81%
		创意拍全家福，妈妈再也不用担心姿势难看了	41268	4308	10.44%	256	5.94%
2月22日	星期日	这10件孩子们以为简单的事难倒了科学家	41343	2943	7.12%	78	2.65%
2月23日	星期一	正月初五接财神啦，谁转谁发财哦~	41360	9899	23.93%	2007	20.27%
		我找到一个跟孩子沟通的绝招，百试不爽！	41360	7685	18.58%	891	11.59%

图 5-5　历史文章数据分析

也就是建几个分类，把历史文章分门别类地打上标签，这样我们就知道哪类文章更受欢迎了。因为单篇文章具备偶然性，而多篇文章就能够起到参考作用。通过这种方式，我掌握了用户的阅读偏好，并有效提升了文章的阅读量。

2．数据帮我们挖掘并预判热点

小编们每天都会面临两个难题：一是今天吃什么；二是今天发什么内容。好内容是必不可少的，而没有阅读量也是万万不能的。所以千万不要跟老板说我想发点有意义的内容，但是你发出来的东西都没有什么阅读量，谁还能信任你？很多时候你以为对用户有价值的内容，用户自己却不这样认为，满足用户需求、给用户想要的才是正途。

而如何保证每天都有高的阅读量呢？这就需要数据来为我们保驾护航。我们来做一个实例讲解，比如我在写作本文时已经夜里一点多了，我在等三点整的2016 年法国欧洲杯揭幕战，法国对阵罗马尼亚。就拿欧洲杯来说，我们如何判别一个事件是否是热点，怎么了解是否有用户关注呢？首先可以用到一个工具——百度指数（http://index.baidu.com），然后输入想要查询的关键字，你就可以知道人们近期对这件事情的关注情况了（见图 5-6 和图 5-7）。

图 5-6　百度指数首页

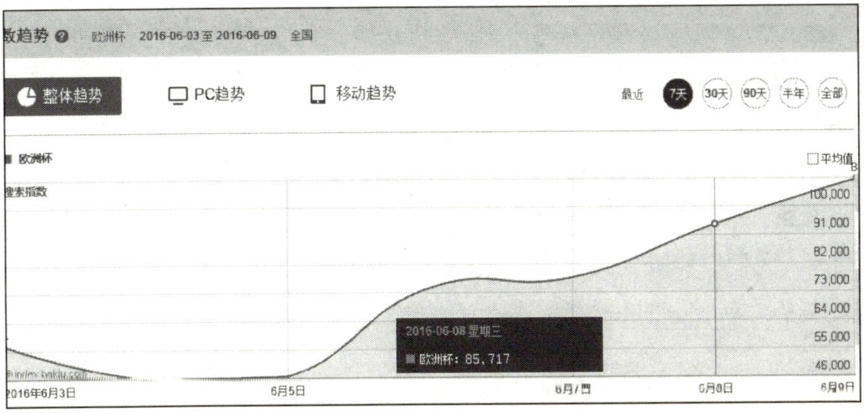

图 5-7　“欧洲杯”百度指数分析

通过曲线图能够非常直观地看到欧洲杯正在发酵，这即将成为一个热点，所以我们可以写一篇相关的文章。但当真正下笔的时候就面临一些问题了。虽然欧洲杯是一个热点，但是这个话题适不适合我们的账号呢？别着急，我们还可以用百度指数来做一下人群画像分析，如图 5-8 所示。从分析结果来看，关注欧洲杯的以 20 ~ 39 岁的男性为主，年龄上跟我们的用户有比较大的重合度，但是性别上我们主要针对的是女性用户。那这篇文章还能写吗？当然能！我们这时候就要转变视角了，不能以男性的视角去讲欧洲杯的知识，而是要站在女性的角度去抱怨熬夜看球的那些人，或者可以与一些女性关心的话题相结合，比如“欧洲杯告诉你，二胎千万不要生男孩”。将欧洲杯跟生二胎结合在一起，就变成了女性感兴趣的话题。

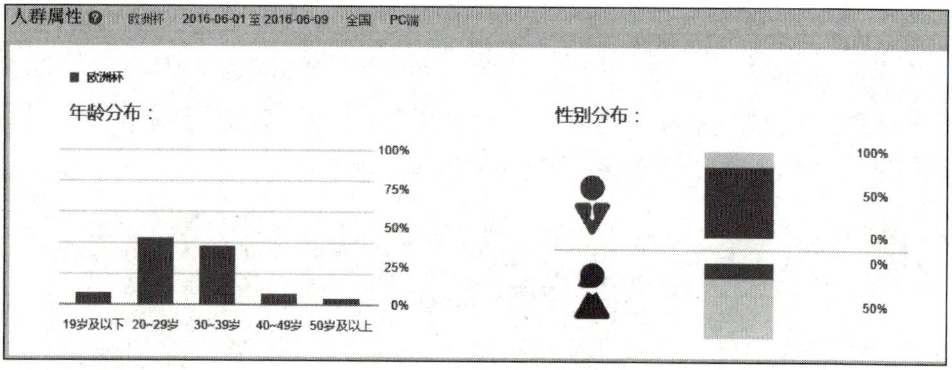

图 5-8 欧洲杯人群属性分析

但是你可能又会想了，这个标题用词准确吗？大家常用的搜索关键词是“欧洲杯”吗？或者在关注点上大家是关注欧洲杯本身还是其他的东西呢？有这些疑问是好事，可以帮我们写出更受用户欢迎的内容。但是如何见微知著呢？我们可以用百度指数继续查询用户的需求图谱，通过用户在搜索该词前后的搜索行为变化中表现出来的相关检索词需求，去了解用户关心欧洲杯哪些方面的内容。

比如，从图 5-9 中我们可以看到用户对欧洲杯的赛程表比较感兴趣，由于比赛即将开始，所以大家需要了解赛程，这也是很容易理解的。这样进行一番数据分析之后，我们就能够比较全面和准确地了解用户需求，从而写出一篇结合热点的相关文章。

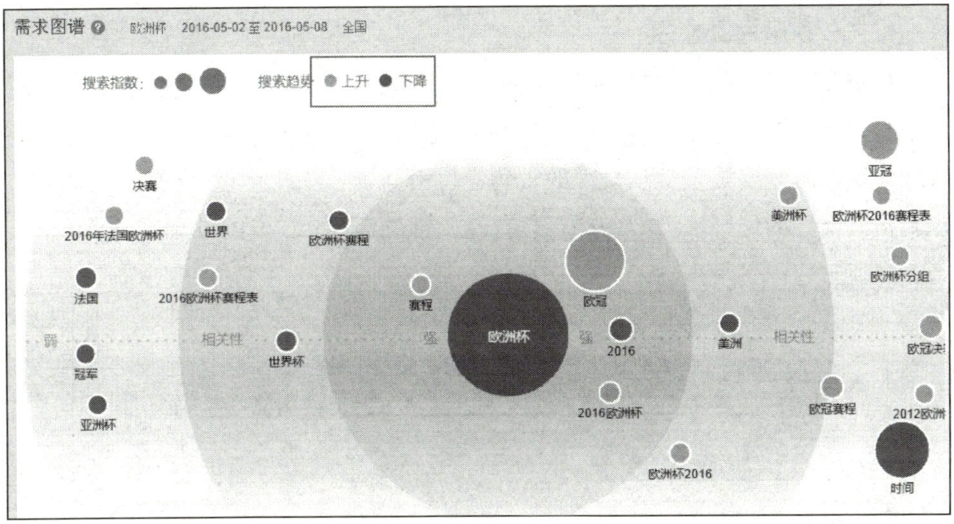

图 5-9　欧洲杯需求图谱分析

5.2.3　数据给我们指导意见

如果是我亲自带实习生，那么我肯定会布置的一项作业就是提交一份公司微信运营数据分析报告。在我看来，具备数据分析能力是格外重要的一项能力，我特别不愿意听到别人在工作中夸夸其谈，告诉我各种他认为的事情。在生活中我赞赏你是一个有想法的人，因为我也是这样的人。但在工作中一定要有一个严谨的态度，说话要具备可信度和说服力。现在不妨假设这样一个场景：你通过了第一轮面试，在笔试阶段需要提交的作品就是这样一份微信运营数据分析报告，那么你会怎么写？有哪些方面的数据可以分析呢？分析后你能得出什么经验或者哪些地方有可优化的空间？先想一想，再往下阅读。

其实我认为做数据分析是一件很有意思的事情，做的时候可能要辛苦一些，但是做完你会发现特别有收获，完成分析后你就会产生很多好的想法，甚至工作中遇到的瓶颈也会在数据分析的过程中豁然开朗，更重要的是这个过程能够让我们查漏补缺、扬长避短。下面就以某教育类微信账号的 2015 年数据为例，一起来做一份微信运营数据分析报告吧。为了保证内容的易读性，我把分析思路记录下来，大家在实操的时候可以更加专业一点，比如进行优势/劣势分析、同比数据和环比数据分析等。

报告一：用户属性分析

从图 5-10 所示的用户性别分布中可以看出，家庭中女性对教育的关注程度远超过男性（女性占比：67.70%；男性占比：31.80%），因此我们在选文和包装设计活动的时候要更多地从女性的视角去思考问题、去做事情。在微店的选品上也要把握女性的偏好，上架一些可以打动女性的商品，这样才更容易出售。

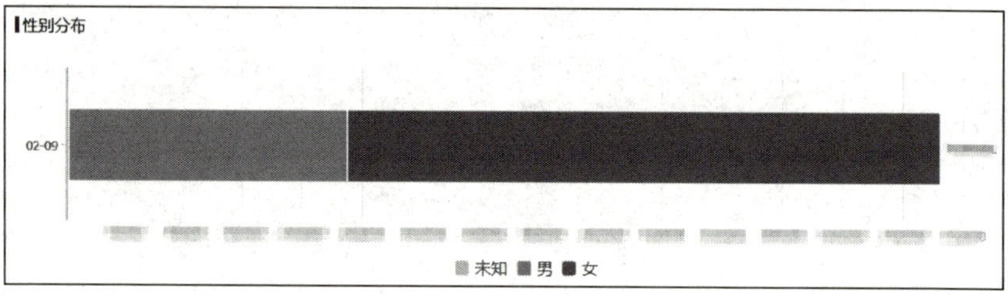

图 5-10 用户性别分布

从图 5-11 所示的用户省市分布与图 5-12 所示的用户访问时使用的终端设备数据来看，该设备的订阅者还是以广、上、苏、北这些发达的省市为主；在终端设备上，使用 iPhone 的用户占到了总用户量的 37.42%。这两项数据可以表明我们的用户基本上以大城市的家长群体为主，其中又有很大一部分的家庭条件不错，有很强的消费能力。所以我们需要加强对白领高薪阶层的认识和用户需求调研，这样我们在内容和商业化上才能走得更顺利，也就是说“得白领者得天下”。

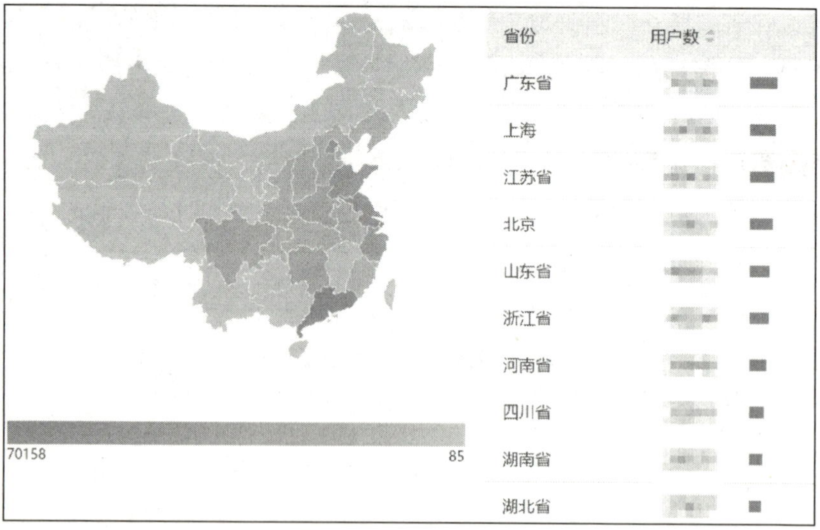

图 5-11 用户省市分布

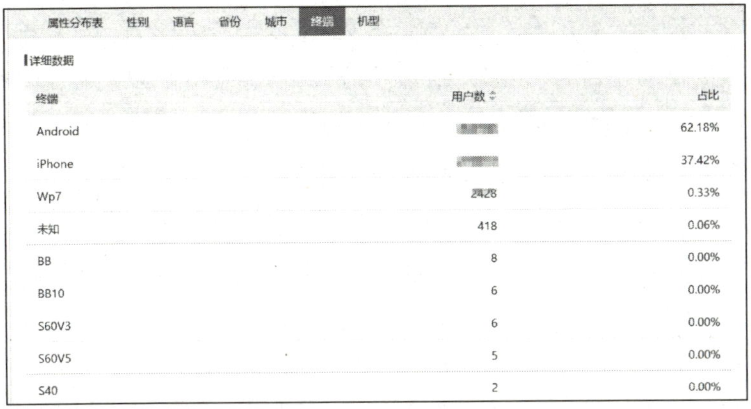

属性分布表 | 性别 | 语言 | 省份 | 城市 | 终端 | 机型

详细数据

终端	用户数	占比
Android	[redacted]	62.18%
iPhone	[redacted]	37.42%
Wp7	2428	0.33%
未知	418	0.06%
BB	8	0.00%
BB10	6	0.00%
S60V3	6	0.00%
S60V5	5	0.00%
S40	2	0.00%

图 5-12　终端设备详情

报告二：微信图文消息分析

从图 5-13 所示的 2015 年某月的微信图文阅读来源饼状图中可以看到，阅读的主要来源有两方面：公众号会话（一级阅读量）和朋友圈阅读（二级阅读量）。而且公众号会话在总阅读来源中占据重要分量，这说明账号的活跃度还不错，每天有不少读者进入账号内挑选内容阅读。朋友圈的二级阅读量也很高，和一级阅读量不相上下，这表明我们的内容持续获得了用户的认可，他们愿意转发到朋友圈与朋友分享。

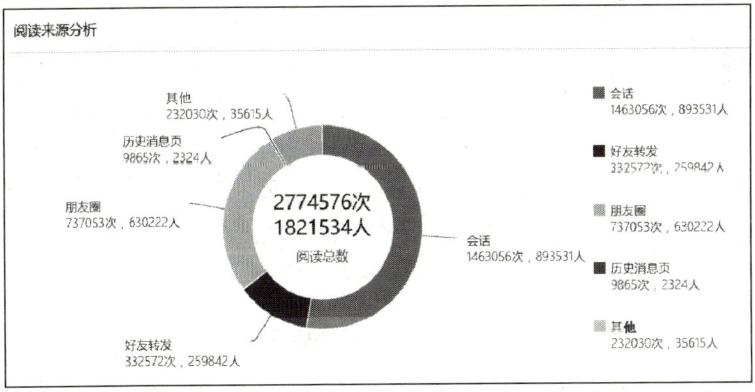

图 5-13　总阅读来源分析

从图 5-14 所示的总阅读量折线图中可以看出，阅读量随着粉丝量的不断增长也在缓慢提升，但是其中有一些特殊现象值得我们关注。数据分析最重要的就是找到一些异常现象值，然后找出原因，一方面可以应用到未来的工作中，另一方面可以及时查漏补缺。图 5-14 中的特殊情况表现为有一些很明显的高值点，有的是图文页阅读人数的大增，有的是图文页阅读次数的大增。针对这些异常情况，可以根据日期找到当天的文章，分析原因。此外，我们发现有的时候图文页阅读人数和图文页阅读次数成正比关系，有的时候图文页阅读人数并无异常而图文页阅读次数却明显异常，这种现象也值得分析。

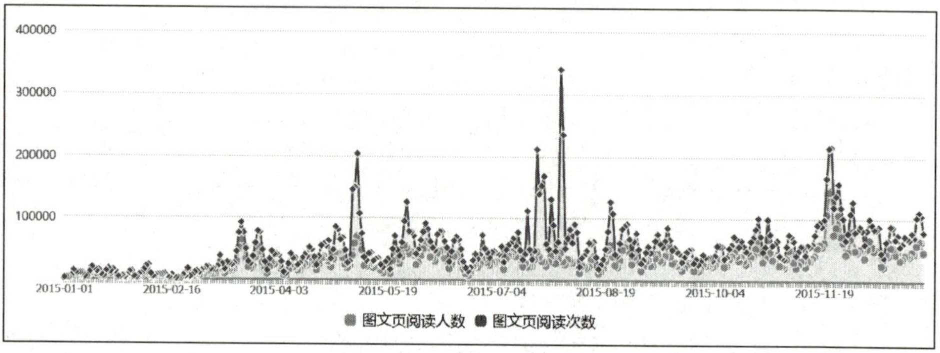

图 5-14　图文阅读数据

从图 5-15 所示的阅读来源细分渠道分析可以看到，来自公众号会话的阅读量明显处于稳步上升状态，说明我们的文章质量一直比较稳定，得到了订阅者的认可。

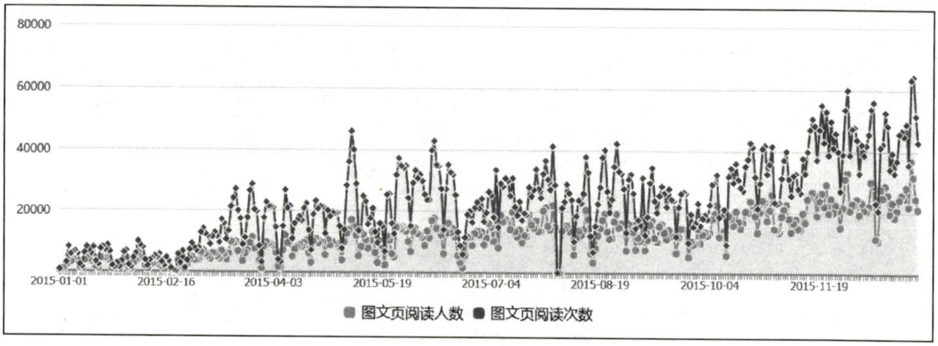

图 5-15　阅读来源-公众号会话

如果公众号会话的增长图还不够有力地证明我们的文章质量，那么从图 5-16 所示的好友转发的阅读量折线图中可以看到，阅读人数和阅读次数也是显著增长的，说明分享的人数一直在增加，这就是最好的说明。当然，图 5-16 中也有异常点现象，这也是值得我们去细究的。

从图 5-17 所示的朋友圈阅读量折线图中可以看出，虽然转发人数持续增加，但情况并不乐观。2015 年 7—9 月从朋友圈挑选文章阅读的人数逐渐减少，这也跟我们的行业有关系，这段时间是暑假，本身阅读量就在下降。9 月之后数据有所回暖，但是依然没有明显增幅，反而有所下降，这说明从朋友圈挑选文章阅读的人数呈现减少趋势。

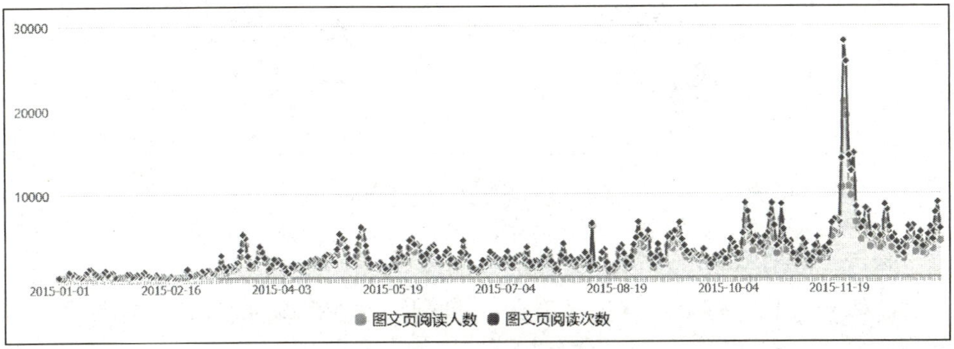

图 5-16 阅读来源-好友转发

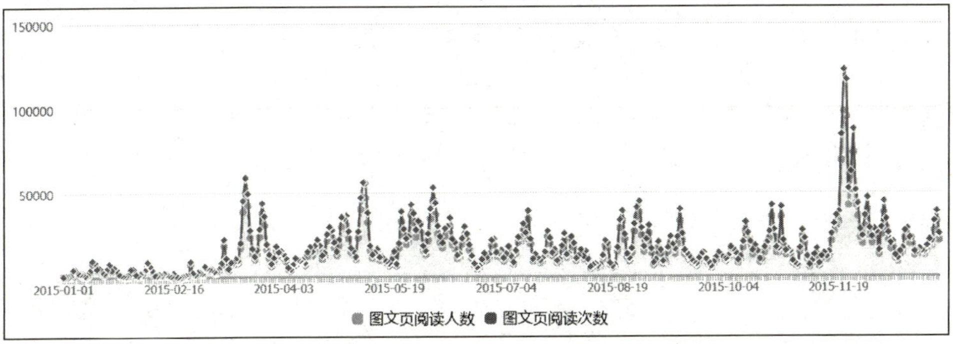

图 5-17 阅读来源-朋友圈

此外，我对比了同一天的两篇文章阅读量的来源数据，其中一篇文章是当天阅读量最高的文章，另一篇是阅读量一般的文章，如图 5-18 所示。我发现一个有意思的现象是，阅读量高的文章，其来源于朋友圈的阅读量会非常接近甚至高于来自公众号会话的阅读量，可见对于爆款文章来说，最核心的因素不是有多少粉丝，而是这篇文章能否形成朋友圈传播。与之相对的是总阅读量较低的文章，都是公众号会话的阅读量高于朋友圈的阅读量，没有传播的文章往往就止步于单次的公众号推送。因此，想办法增强传播才是良性发展的核心，否则拥有再大的粉丝基数也于事无补。

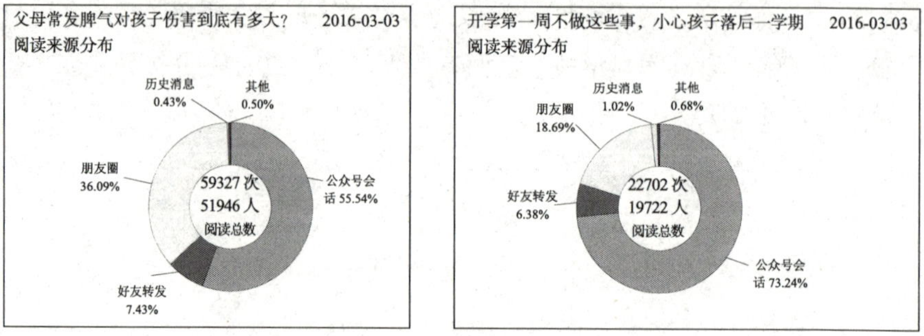

图 5-18 两篇文章对比数据

报告三：菜单点击行为分析

总体趋势是左侧菜单点击量最高；其次是右侧菜单；最后是中间菜单（见图 5-19）。右侧菜单的高点击量得益于二级菜单“验证码”，说明验证码对家长很重要。中间菜单的二级菜单点击量最高的是“精选好文”，说明家长对精选文章还是很重视的，这部分有流量，我们要好好打磨。

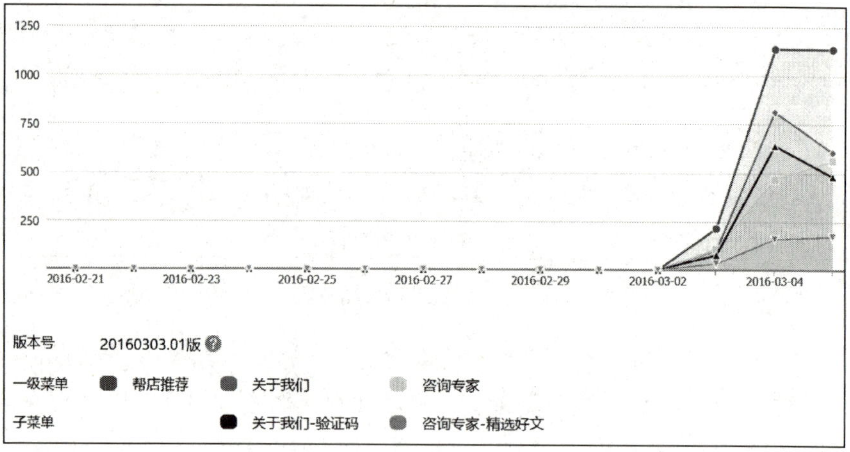

图 5-19 菜单点击量

报告四：消息关键字分析

从图 5-20 所示的消息关键字分析图中可以看出，“试题”、“试题库”、“题库”这三个关键字的出现次数最多，说明我们利用试题库资源做的粉丝拉新方案是可行有效的。其次是 PC 带来的获取“验证码”以便在电脑上进行试题下载的新用户，说明试题下载对于微信拉新也有很大帮助。最高的回复是 1，这是活动带来的新粉丝，我们的活动参与方式是发送 1 到微信后台才能进行投票。

排行	消息关键词	出现次数	占比
1	1	53708	
2	试题	5295	
3	试题库	4929	
4	题库	4773	
5	验证码	4080	
6	0	3550	
7	投票	2850	
8	2	2702	
9	6	2506	
10	8	2358	

图 5-20　消息关键字分析

上面我们通过案例说明了微信后台的很多数据都可以进行分析和解读，以数据为参照可以帮助我们更好地了解用户，也有利于我们优化内容。所以我建议新媒体从业人员定期做一次自己账号的数据分析，试着从不同的角度去挖掘数据，然后找出原因，给出相应的解读。此外，在分析自己账号的同时也可以分析竞品，这会给自己的运营工作带来很多新想法和创意。

5.3　保持网络敏感度

估计很多人看到这个标题的时候以为我们要讲网络热点，没错，但是也不全对。网络敏感度中很重要的一点是对热点事件的敏感度，除此之外还有对网络用户行为的敏感把握、对用户心理的准确感知，以及对热点事件的舆论动态如何发展的预判甚至引导……因此，更准确的概括就是我们要具备网感。

5.3.1　熟悉基本的网络用语

网络语言是伴随着网络的发展而新兴的一种语言形式，它以简洁生动的语言风格从一诞生就得到了广大网友的偏爱，发展迅速，并且随着时代的发展而产生出更多的流行词汇，成为人们在网络信息交流中的一种独特现象。新媒体的出现更是为这种语言环境提供了得天独厚的沃土，短、平、快的新媒体特点在网络用语的流行中起到了推波助澜的作用。

作为一名新媒体人，如果你对网络语言不是很熟悉，那么你就很难读懂别人在聊什么，自然而然也就不会使用这些网络语言，这样就会导致你和别人不在一个频道上，写出来的文章由于不符合新兴读者的阅读风格就会显得十分生硬甚至有点格格不入。读者很容易能从你的语言中判断出大家是不是志同道合，如果没有感觉，那么你很难再次吸引他们的注意。

近几年，网络风格体更是常常被应用于新媒体营销之中，常见的有凡客体、淘宝体、私奔体、咆哮体、代言体、锤子体等。这些网络风格体出现后，经过网络的发酵，往往获得各方品牌的模仿创作，在群策群力的氛围下形成病毒传播的效果。如果新媒体人对网络不够敏感，那么很容易错过一次借势传播的品牌盛宴。

比如，在2016年年初流行的网络体《对不起，我要回×××，别再找我了》，连续几天刷爆朋友圈。下面援引新榜的一篇报导来说明这场由地方烧遍全国的地方公众号造势活动带给新媒体账号的不菲数据表现。

据新榜统计，2月12日，微信公众平台上出现第一篇阅读量突破10万次的《对不起，我要回×××，别再找我了》的文章。2月22日开始爆发，一天之内共有530篇相关文章，其中阅读量破10万次的至少有15篇。随后愈演愈烈，2月22—25日出现了2515篇相关文章。

此次参与造势最积极的是深圳地方号。“深圳”在所有文章中被提及最多，达到74次。阅读量最高的文章同样来源于深圳，是“深圳全攻略”创造的，《北上广，对不起！我要去深圳了，别再找我了》一文阅读量高达196万次。

而这次趁势崛起的黑马非“英国红领巾”莫属，此前一周内，这个账号的文章最高阅读量也只有1.7万次，而在这次借势传播中推送的《对不起，我要回英国了，别再找我了！》，一天内阅读量超过140万次。

这些数据有力地证明了作为一名新媒体人，保持网络敏感度和对网络流行语的加工套用能力对于提升运营数据大有帮助。

5.3.2 借助热点事件有效提升阅读量

在《舆情：山雨欲来网络热点事件传播的空间结构和时间结构》一书中，作者李彪对热点事件有一个定义：所谓网络热点事件，又称为网络群体性事件，是指在一定的社会背景和社会环境下，全国范围内的网民基于某些目标诉求（利益的或情感的），主要讨论场域在网络上（但事件不一定肇始于网络）通过大量的转载、跟帖、讨论等参与方式，产生一定的表达和意见的场域效应，进而在全国范围的网络场域中产生重大影响和规模的传播事件，个别事件会出现网络场域、传统媒体场域、政府等第三方话语场域等的介入，需要强调的是事件最终的引爆必须是在网络环境之中，即无论事件本身的发端、终结两端是在何处，但中间的高潮阶段必须是在网络场域内。

借助热点事件产生大规模传播事件的最好的例子就是 2016 年 3 月份的“毒疫苗”事件，这充分满足了作者对热点事件的定义，是一场全国范围内的网民基于对孩子健康的情感诉求，在网络上引起大量的转载和讨论。在爆发的那几天里，只要文章标题中有“疫苗”两个字，阅读量基本都不会太差。根据第三方机构新榜的数据，从 2016 年 3 月 18 日起，在微信公众号上围绕疫苗问题至少出现了 1.8 万篇文章（见图 5-21）。

公众号	文章标题	阅读数	类别	态度	媒体属性
赛柏蓝	疫苗大案300嫌疑人名单曝光，有你的经销商吗？	1722871	健康	新闻中立	企业机构
槽边往事	每一个文盲都喜欢用"殇"字	1295532	文化	冷静分析	自媒体
丁香医生	关于「问题疫苗」的所有问题，丁香医生给你答案	1193105	健康	冷静分析	企业机构
Ximeng-space	疫苗之殇！震惊！	998648	文化	情绪激动	自媒体
摇篮网	一针疫苗带来心灵阵痛的二十张纪实照片	805745	教育	情绪激动	企业机构
天下故事	疫苗之殇！震撼13亿国人！	785155	文摘	情绪激动	企业机构
江苏交通广播网	江苏涉案名单已出！疫苗还能不能打？请看权威发布！	741502	民生	冷静分析	媒体机构
六妈罗罗	你沉默你就是帮凶 | 疫苗之殇	724874	教育	情绪激动	自媒体
海那边	"毒疫苗"事件，我们在弄死自己的路上又进了一步	708597	财富	情绪激动	企业机构
果壳网	山东庞氏疫苗大案，最坏的消息还没来	685721	百科	情绪激动	企业机构
央视新闻	曝光！9家药品批发企业涉问题疫苗案（附名单）	558786	时事	冷静分析	媒体机构
新闻哥	山东疫苗事件的真相，我们有可能知道吗？	544315	民生	呼吁监管	企业机构
贵阳通	怒转！"杀人疫苗"流入贵州，把这两个人揪出来！！！	497603	民生	情绪激动	企业机构
要琪的礼物	旧闻：签发疫苗报道的总编辑包月阳被免职 | 王克勤	432108	文化	情绪激动	自媒体
成长树	"疫苗事件"令人惊愕，涉及12种疫苗，流向24省	397601	教育	冷静分析	企业机构
锐视界	疫苗之殇！震撼13亿国人！	395428	文化	情绪激动	企业机构
咪蒙	为什么疫苗事件把我们当父母的都惹毛了？	370632	文化	呼吁监管	自媒体
人民日报	来了！新闻早班车	357508	时事	新闻中立	媒体机构
人民日报	反思疫苗事件：教大家如何接种到安全有效的疫苗！	355945	时事	冷静分析	媒体机构
我和重庆	5.7亿疫苗大案300嫌疑人名单曝光（附名字、电话）	354067	创业	新闻中立	企业机构
央视新闻	5.7亿元疫苗未经冷链运输流入18省份 专家说"这是在杀人"	338706	时事	新闻中立	媒体机构
人民日报	来了！新闻早班车	331179	时事	新闻中立	媒体机构
人民日报	来了！新闻早班车	328051	时事	新闻中立	媒体机构
精英阅读	六年前他发现疫苗问题，发表了长篇调查报告。然后，他被下岗了	314055	文摘	情绪激动	企业机构
CEOworld	疫苗大案300嫌疑人名单,有你家乡的吗?	249470	职场	新闻中立	自媒体
育儿网	非法疫苗案24省193个下线名单。疫苗该怎样打	183368	教育	冷静分析	企业机构
丁香园	问题疫苗事件中你不可不知的事	180905	健康	冷静分析	企业机构
一小时爸爸	数亿元劣质疫苗流入18省份，是危害全社会的恐怖事件	176627	教育	新闻中立	企业机构
湖南头条	疫苗大案300名嫌疑人名单最全曝光，湖南就有一家！	175454	民生	新闻中立	自媒体
央视新闻	山东查封疫苗品种名单公布 暴露四大监管漏洞 你该怎么办？	173678	时事	呼吁监管	媒体机构

图 5-21　“疫苗”TOP30 微信文章数据

资料来源：新榜

从新榜的统计数据中我们可以很好地证明借助热点事件进行品牌曝光的有效性。比如，在这张关于毒疫苗事件的新媒体文章阅读量排行榜中，我们可以发现丁香园就有两个账号入选，分别是“丁香医生”发布的《关于「问题疫苗」的所有问题，丁香医生给你答案》，获得 119 万次的阅读量；以及“丁香园”发布的《问题疫苗事件中你不可不知的事》，获得 18 万次的阅读量。同一个机构多个账号关注同一件事情，说明毒疫苗事件引起了它们的关注，并且被确认为可结合的热点事件，因此其多个账号进行了内容策划，并且获得了良好的数据表现。

除丁香园之外，在 30 篇阅读量最高的文章中，我们可以发现很多企业机构都进行了借势，企业号在其中就占到了半壁江山，其中阅读量最高的一篇文章来自药企公众号“赛柏蓝”，阅读量高达 172 万次；而自媒体的数量也占比不小，达到 24%；真正的媒体机构在这场事件的发声中所获得的数据表现仅帮助它们占到了 26%的比例（见图 5-22）。因此，作为一名企业的新媒体运营人员，保持网络敏感度和对热点事件的把握非常重要。

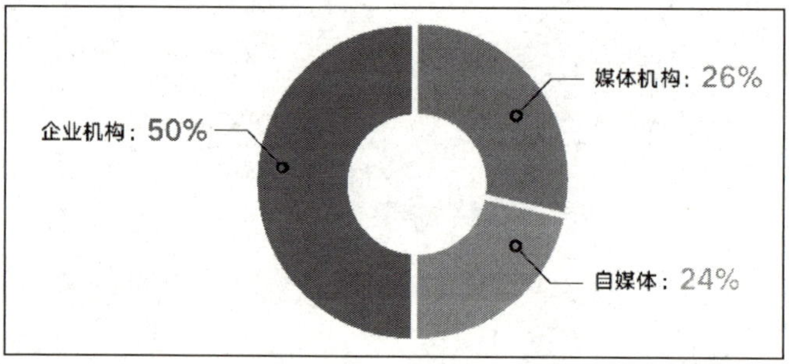

图 5-22 “疫苗”TOP30 微信文章发布机构分析

资料来源：新榜

5.3.3 小心，热点没那么好追

很多人问热点怎么去追，也有很多人在反思到底要不要追热点。如果新媒体人没有想清楚这些问题，就会陷入很被动的局面。在热点来临的时候，当你看到满屏都是借势营销内容时，如果你缺乏定力，就会变得很焦躁，甚至会面临领导的压力。

该不该追热点呢？我们将视线拉回 2015 年 7 月，那时候出现了一件极为轰动、可谓真正刷爆朋友圈的“优衣库试衣间不雅视频事件”。这件事情发生后，环时互动的首席知识官，杜蕾斯、可口可乐等官方微博的操盘手金鹏远对于这个热点事件该不该追的思考值得每一位新媒体人学习。他说，一个社会热点出现后，要做如下断定才能采取该有的动作：

- 是否是正向的。优衣库事件明显是隐私权被侵犯，更不可能是优衣库为虚拟穿衣做的营销。
- 是否和品牌相关联。有一个朋友说，现在的热点营销 99%都是垃圾，我非常认可。生硬地把热点和品牌关联到一起，不如不做。
- 是否合理合法。很多品牌在明星热点出现的时候直接用明星肖像，这是侵权的。在法制的国度里，一次失误会导致巨大的经济损失。
- 受众的情绪如何。网络暴民是存在的，即使有些事你做得对，但在话语上有歧义，也可能导致一场品牌的灾难。
- 时间点很关键。虽说互联网唯快不破，但不能因为快而降低品质。一般的热点，不能在 6 小时内关联上就没有做的必要了。

所以说并不是所有行业都适合去追热点，更不是所有热点都适合去追，要知道热点事件只是传播里面的小甜点，不要因为一些小饼干而误了正餐才好。学会将热点事件与品牌进行良好结合是一门大学问，但前提是要有正确的三观。如果缺乏明智的判断，那么宁愿错过也不能犯错。这是一件很严肃的事情，所以我再举一个例子来说明。

2015 年 4 月发生的一个网络热点事件是毕福剑在酒桌上的一段长达 1 分 18 秒的即兴献艺的视频，在视频中，他演唱了《智取威虎山》的著名选段《我们是工农子弟兵》，兴致高，又唱又评，但在评论中带有涉及冒犯领袖毛泽东的词汇，此视频一出迅速引来网络上大面积的争议甚至骂战。事件刚出来的时候，如果关注过这件事的人应该知道当时有好几种声音，其中比较突出的有两种：一种是说毕福剑交友不慎，被朋友出卖，当时有网友甚至把拍摄小视频的人都人肉出来了，进行了指责；另一种舆论认为毕福剑的言论毫无疑问是反共的。

这个热点事件就很典型，在事件发生后，很快形成了不同观点的解读，如果新媒体人缺乏明智的判断，就很容易犯错误。尤其是这种涉及政治的问题，如果出现错误，就是很严重的问题，所以说有些热点我们宁愿错过也不能犯错。就像上面的这个案例，如果你在网络上检索，就会发现这场论战至今还在持续。新媒体人要当心，热点没你想得那么好追。

除了对一些热点事件的三观进行判断比较难，热点难追的原因还在于很多小编经验积累不够。其实不是不想追热点，而是实在追不上。

九型秀的联合创始人邓跃创造过单篇文章阅读量将近500万次的纪录，她在我们公司进行分享的时候提到，后来对那篇文章进行复盘时，发现这其实是多年经验积累的结果。在拟标题的时候，那句“扎克伯格：好吧，还是我自己来回答中国人的疑问吧”是积累到一定程度，在网感的引导下脱口而出的，但背后是多年对用户阅读习惯和心理的洞察，才能够创作出好的作品。据她的分享，这都是当年她在报社积累的经验，那时候她每周五都要提交一封邮件，邮件的内容是做出下周的20个选题，而且下周来后这20个选题都是要见报的，无论是什么样的报纸和版块，至少要有20个选题见报。这就充分锻炼了她的选题能力，对一个事件从不同角度的解读，以及对未来舆情动向的判断。这些在传统媒体积累的经验帮助她形成了进行深度和广度挖掘的能力，但这点却是很多新媒体人所欠缺的。

很多时候其实我们也追了热点，却发现我们追了热点的效果还不如平时。除了时间上的影响因素，很重要的一点就是我们在追热点的时候其实缺乏自己的观点，我们只是罗列了一些可以检索到的内容，做成了一个新闻大杂烩，如果推送依然像往常一样放到晚上下班的时候进行，而不是及时抢占热点时间，可想而知，等我们推送的时候，热点已经在朋友圈广泛刷屏了。如果我们无法提出新颖的看点，或者挖掘出不一样的内容，那么很容易被淹没在热点中，不但不及平时的阅读量，甚至还会留下“咋动不动就想搞个大事”的恶劣印象。

5.4 用心揣摩，不断优化

目前大家都能够感受到的一件事情就是微信文章的阅读量持续下降，同时取消关注的用户也在不断增多。这段时间我在对我们的一个账号进行诊断的时候，觉得我们做得其实远远不够，缺乏一颗匠心，所以做出来的内容质量明显不高，连自己都不满意。虽然我们可能已经做得算好的了，但是与最好的相比我们还是有很大的差距，所以我在进行自我批评的时候总是毫不留情。之前只有我一个人，在做事情的时候会有比较全面的把控，自成立项目组来运作之后，涉及多人协作问题，有时候实在无法面面俱到。但是下面的内容我觉得任何需要接触用户的工作人员都值得好好反思一下。

5.4.1　自己做的东西你自己用吗

我想每个需要跟产品对接的运营人员都擅长做的一件事就是与产品经理展开骂战，并且常常抱怨产品经理自己做出来的东西自己都不用。没错，我们在指责别人的时候就是这么理直气壮，但是我们似乎很少反观自己。人们就是这样，容易严以待人、宽以律己，在检讨自己的时候就爱执行双重标准。可是，如果客观地问问自己，我们做得怎么样呢？作为运营人员，我们也要生产一些东西，内容也好，排版也好，配图也罢，这些我们创造出来的东西自己满意吗？我们写出来的文章或者转载过来的内容我们自己会看吗？或者我们举办的微课我们自己认真听过吗？如果答案是“否”，那么我们岂不也是自己做的东西自己都不用吗？

这种情况在大多数公司都会存在，而且绝对不在少数。我在对我们的账号做完诊断后，给领导提出的建议是要从机制上解决这个问题。我们团队的风格是比较扁平化，每个人独立负责一块业务，自己对自己做的东西负责。因此，我们要尽量避免人为的干预，而要交给机制去管控。

比如，最让人难以忍受的就是文章中出现错别字的低级错误。我曾经在后台的留言中连续三天看到有读者为我们指出错别字，第一次我回复读者感谢提醒，第二次我回复读者以后一定尽量避免，结果第三天还是有错别字。你感受一下，这时候让我怎么回复读者呢？

由于我们采用的是签发制，每天的内容需要交给领导预览，领导签发后才能推送。于是我的建议是，既然制定了签发制度，那么就要把责任落到实处，不能只享受权利不承担责任，因此，如果以后再有读者或者我们的同事发现有错别字，那么签发人需要在工作群内发红包。不能让小编发红包，因为让小编发红包的话其实有种变相罚款的意味，这不是我们团队的风格，一定是小编的疏漏要由领导来承担责任，这样小编自己就会觉得不好意思，让领导给自己背黑锅肯定会过意不去，那么以后再发内容的时候就会自觉地多检查几遍。

至于小编自己都不看自己推送的内容，这种情况该怎么解决呢？也可以从机制上来实现。比如，我们可以把文章的风格做成报纸的文章形式，就是在开头写一个简短的摘要，用几句话简单概括一下本文的主旨大意，或者小编可以自己写几句荐读语。这样一来就能够杜绝小编只是转载别人的文章，复制粘贴过来之后自己都不阅读的情况。从机制上解决了问题，而不是由领导下达强制命令，这样会让领导显得很强权，而且效果也不好，让小编感到压力的同时还无法保证效果。而有了良好的机制，其实就是对事不对人了，能够较好地保证工作质量，同时维持融洽的上下级关系。

5.4.2 听用户说，替用户考虑

大家都知道，运营人员是最接近用户的一批人，所以我们最能听到用户的反馈，我们也要成为最懂用户、最为用户考虑的那部分人。关于这一点，我的感触是比较深的，尤其是通过我们做的几次大型活动，我深刻地明白了为用户考虑有多么重要，因为替用户考虑其实就是在替我们自己考虑，用户如果清楚每个流程，方便、顺畅地实施每一步操作，就可以减少后续的大量沟通，以及最大限度地保证活动的效果。这些都是我们在实践中获得的宝贵经验，希望对刚从事新媒体工作的同行有所裨益。

纵观我们做过的大大小小的新媒体活动，其实效果最好的还是我第一次策划的那场大型活动。之所以说那个效果最好，是因为我觉得当时那个活动是成本最低的，而且页面功能最简单，在用户参与过程中没有遇到大量的咨询怎么操作的情况，也就是说页面的易用性极高。

由于这也是我们公司第一次做大型的新媒体活动，对于产品没什么经验，几乎是按照我画的原型去设计的页面。后来我们在这次活动的经验基础上又做了多场活动，这里我想跟大家分享的是两场活动中的不足，经验值得学习，教训更值得借鉴。

在我们做“双十二”的重大活动时，其实我是比照第一次活动来做的原型设计，但是这次活动的很多方面在后期执行的时候被项目组进行了改动，比如活动奖品的分布及活动页面的设计，这次页面的设计与我画的原型图之间还是有很大差异的。原本我设计的是只有奖品详情的二级页面，但是后来加入了个人中心的二级页面、签到的二级页面等，就导致了首页的页面有多个层级，增加了很多用户的无用跳转。初衷可能是很好的，比如通过签到来刺激活跃，但实际上我们在后期复盘的时候发现签到页面的使用率极低。

另一个很严重的问题就是这个活动的设计将参加入口与新手礼包的领取按钮放在了一起。产品经理的设想是所有人进来之后肯定会先领取新手礼包，领取了新手礼包就是参与了活动。但实际情况却是很多人进入首页之后找不到参加入

口，有相当大的一批用户咨询怎么报名，这就是没有为用户考虑到位，我们在设计的时候想当然了。

另一个教训就是我们做的邀人免单的活动。我们将 24 节课进行打包，然后定一个价，但是如果你能邀请 5 个人帮你扫描关注，就可以获得免费名额。这个小活动我在设计的时候是做了两手准备的，既给参与者一个页面来展示详情，也给用户生成一张邀请卡方便其用邀请卡邀人。

但在进行需求评审的时候要求减少需求，邀人方式只有一种就可以了，要么是邀人页面，要么是邀请卡。由于邀请卡上面能承载的信息量实在太少了，所以后来选择了只有邀人页面。这样在后期上线后遇到的一个问题就是完全把用户弄晕了，因为我们将所有功能都用一个单页面来承载，从而导致页面的状态非常多，其实不同的状态都是通过一个按钮来反映的，不同的人看到的页面上的按钮状态不一样，同一个人在不同阶段看到的按钮状态也是不一样的。一个按钮承载了太多的功能，但是用户无法识别这些按钮的不同状态，他们只是看到页面都长得一样，而不知道按钮发生了变化，所以就搞不清楚前后有什么不同，因而无法有效引导用户的下一步操作，上线后的效果与预期相差很远。

运营人员在与用户打交道的过程中要用心倾听用户的声音，要知道在遇到同样问题的用户中，只有少部分人会向我们反馈他遇到了什么样的问题，所以在这些问题反馈中，其实背后代表的可能是一批人的声音，值得引起我们的重视。在用户将问题反馈之后，我们要及时做出相应的优化方案，帮助用户解决问题。

5.4.3　不放过任何一个细节

我一直都觉得不重视细节的人是不适合做运营的，也是做不好运营的。如果是网站编辑不怎么关注细节那还好说，毕竟每天要填充的内容很多，但是新媒体运营人员不关注细节就说不过去了，一天就发那么几条内容，还做得随随便便的，就实在是不应该了。

我觉得在精细化运营上我们自己其实做得并不好，所以在这里我给大家举一个“好狗狗”账号的负责人所分享的他们在运营中对于细节的追求，他们通过严格要求自己而聚拢了一大批活跃用户。下面来分享他们是怎么严格要求自己的，或者说他们是如何将一篇文章进行分解，一一对照参考标准的。

首先是内容的定位。好狗狗对内容的要求是做到有用、有趣、有情感。因此，他们会对每个主题进行精细化解剖，严格对照符合定位中的哪一点，并且从这些定位文章中也总结出了规律。他们发现，在三类定位中，有趣的文章获得了更多的分享，阅读量也比较高，所以在他们的内容中，有趣的内容占到了 46.5%。

在内容上，好狗狗有简单但是可以参照的三条标准，那就是选文要符合三点：

- 文章有逻辑。
- 有潮点或槽点。
- 文章一定要说人话。

其次，在标题的拟定上，他们会按照马斯洛的需求层次理论去比照，看这篇文章符合哪一层次的需求，然后提炼出标题。并且规定文章的标题最多两行半，绝对不可以超过三行，能用一行表达清楚的就不要占用两行。务必确保标题用语的精练，且不存在歧义。

再次，在配图上面，好狗狗也十分讲究。他们认为在配图的原则中要优先考虑读者的情感，所以情感是选择配图的主线，因为人们在读图的时候注重的情感是一种感觉。而对于不同的事件会有不同的配图考虑，比如悲感的事情自然就要选用黑白或者灰白。另外，单次推送的时候要保证这次推送的所有文章的配图要尽量风格相近、色系一致，不可出现花花绿绿的情况。

最后一个细节就体现在互动性上。我发现好狗狗的文章的点赞率非常高，几乎都高于一些知名账号的点赞率，比如一条、丁香医生、教育百师通等。而其运营总监在经验分享中仅提到了两个字，无他，唯“及时”尔（见图 5-23）。

我非常喜欢他在“及时”二字下面写的两行小字：

“你坐在车上看风景，而我却在默默地截屏回复……”

“你不曾错过一段风景，而我却经常错过了上班的下车站点……”

他还说：“一个人死磕是寂寞，一群人死磕是狂欢。”我敬佩他们这种对于细节的死磕精神。

图 5-23　好狗狗微信运营人分享“及时”的重要性

5.5　持续的创新精神

新媒体体现在一个“新”字上。由于人们对新理念、新事物、新形式的不断追求，社会传媒也在快速变化，新媒体在这种环境下由于到达的及时性而备受欢迎。我看过艾瑞网的一份《2016 年中国网络新媒体用户研究报告》，其中对于大部分族群来说，他们在选择新闻客户端的时候，最关注的就是更新的及时性，而非真实性。那么，在这种时代要求下，也需要新媒体人的快速响应，无论是内容的及时性，还是对于形式的创新，这都是一门毕生的功课。入了新媒体这一行真是要活到老学到老，这种对于创新的不断追求，估计是有人欢喜有人忧，但是要相信一点，就是强者恒强。

在回望过去的足迹时，我发现自己也做了很多微创新，或者说尝试。这里我试着尽量完整和详尽地还原当初我离开学校进入新媒体行业时，是如何从一个新人摸索过来的。虽然很多东西现在已经没有了，或者有些已经被检验失败了，但是这种从泥泞中走向光明大道的经历我想还有借鉴意义，尤其是对于新媒体新人来说，不断地尝试新鲜事物，不怕吃苦、不怕犯错的精神尤其重要。

5.5.1 我在微创新中踩过的坑

在职场中有句话叫作“少做少错，多做多错”，对于这句话，不同的人有不同的理解，或者说不同工作年限的人对此有不同的态度。我的观点是，无论如何，职场新人一定不能怕犯错，你不去做事情、不抢着做事情，就很难有快速成长的机会，要知道过去犯的错都是你未来的财富。下面分享我在微创新中踩过的一些坑，希望会为你提供参考。

1. 定位之坑

刚刚接手做微信的人都知道有一件很重要的事情要做，那就是找准自己所运营微信号的定位，有了定位我们才知道要发布什么样的内容、如何去寻找适合我们的订阅人群等。刚开始的时候，由于之前从来没有人对微信做过定位，所以我一个新人刚进入，搞不清楚公司和领导是怎么想的，感到相当迷茫。咨询领导和同事也没有答案后，我想这个问题不如就交给用户吧。于是我做了一次投票活动，看用户是怎么想的。当时我们的微信人数还不多，共收到 100 份投票数据，几乎全部支持我们按升学学段去推送内容（见图 5-24）。所以我就采纳了用户的建议，每天按照升学学段去做内容，结果发现数据惨淡。我咬着牙坚持了一周，发现数据相比之前都大为下降，于是不得不停止这样分版块做内容。

图 5-24 分版块推送用户调研数据

后来我进行反思，也写到我们的产品经理爱说的一句话“你以为你以为的，就是你以为的吗”，在这个分版块的教训中我想说的就是“用户告诉你的就是用户真实所想吗”（见图 5-25）。现在想想其实我当时的这个反思也不正确，正确的说法应该是“用户的声音就是最优方案吗”。可能用户觉得这样确实方便他阅读，但是也会导致给文章贴标签，用户容易对号入座，不是他的孩子所在学段的文章他就丝毫不关注，符合学段的文章他还会选择是否要打开。这就在点击行为发生之前产生了两种选择，极大地降低了阅读量。

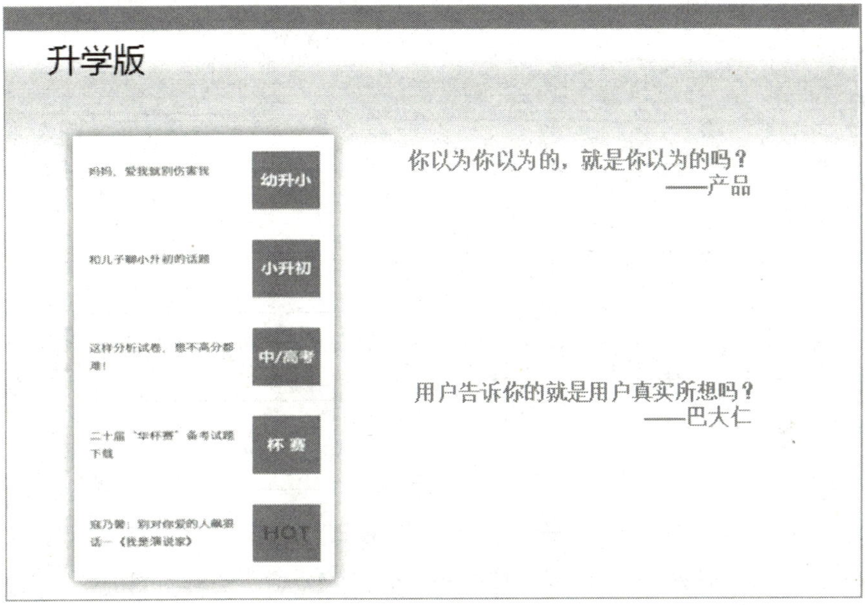

图 5-25　内容分版块

2. 下资料

由于我们有一个全国最大的家长社区，所以在早期进行用户研究的时候我分析了一下社区的热门帖子，发现只要是打包好的资料，那么帖子的阅读量总是遥遥领先。于是我想下载资料是家长的一个需求，能不能拿到微信来做？所以我就做了第一期的尝试，效果不错（见图 5-26）。然而每天都发了之后效果却不怎么好了，阅读量越来越低，于是不得不放弃。因为每天整理资料是很费时间的，但是阅读量又不高，就没有做下去的动力了。后来想想这其实是最早期的分享资源拉粉策略，只是当时只要求在公众号里回复关键词，没有要求转发。现在流行的那种分享免费资源，比如绘本、教学资源、童话语音的账号，通过分享这些资料，要求用户转发后截图，然后回复关键字获取资源下载链接，涨粉效果是非常明显的，有好几个账号都是我眼看着用几个月时间就成长为拥有几十万粉丝大号的。

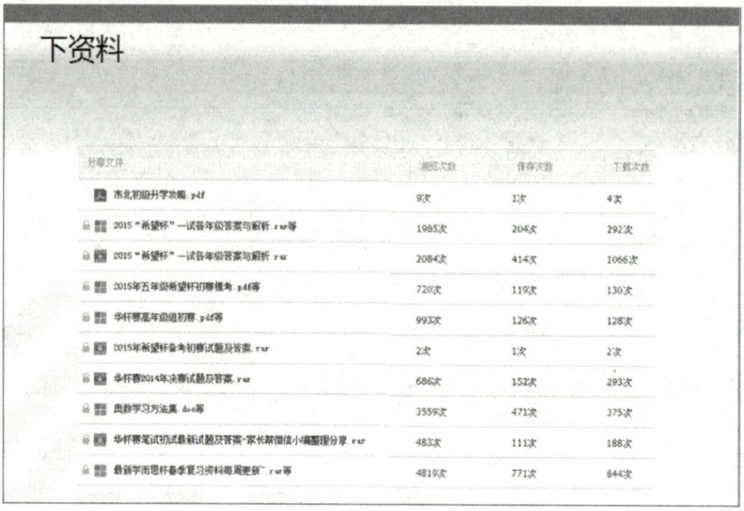

图 5-26　网盘分享资料

3．做杯赛

由于我们的用户绝大多数是精准的家长用户，而且升学的用户占主力，所以其中有一部分家长还是很关注杯赛的，所以每逢大型杯赛的时候我们都会与其他事业部联合做杯赛的试题答案和详解（见图 5-27）。我们做得非常及时，这些都是稀缺资源，但是过去一直没有门槛，文章发送出去之后可以自由转发，这样就对粉丝增长帮助不大。

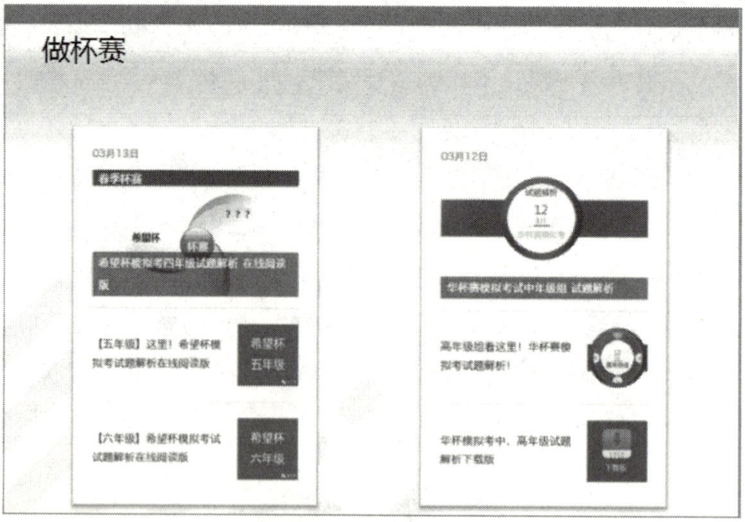

图 5-27　做杯赛热点

4. 点歌台

2015 年 6 月 5 日，微信编辑器开始支持在图文编辑中插入音乐。看到这个消息之后，我就开始琢磨这个新功能可以怎么玩。考虑到家长和孩子之间可能很多沟通不畅，因为升学阶段的孩子大多处于青春叛逆期。另外一个原因就是中国式的父母不善表达，尤其不善表达对孩子的爱。因此我就想是不是可以做一个点歌台，家长在点歌的时候可以对孩子说一些话，作为家长与孩子之间互动的一条纽带，也是帮助父母释放对孩子情感的一个窗口（见图 5-28）。

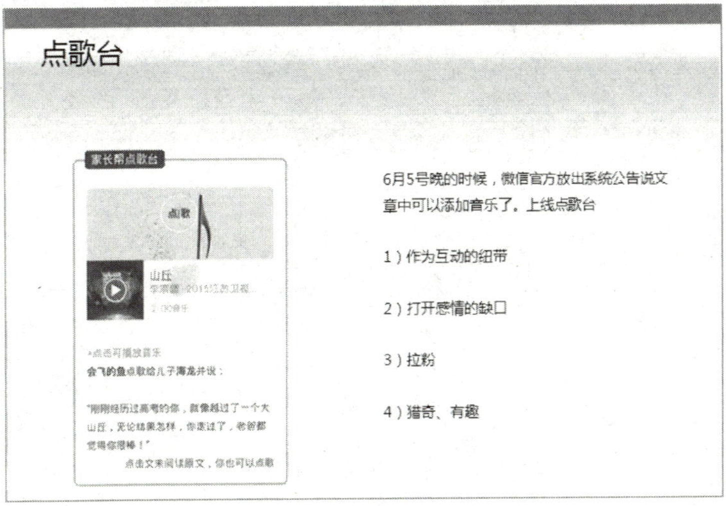

图 5-28　点歌台

点完歌播出之后，用户可能会转发到朋友圈，这样一来对于拉新也许会有帮助。这样设计完成之后就开始做了，有些留言确实很感人。但是点歌不是高频的事情，所以前期效果不错，但后来发现点歌的人越来越少。

5. 多客服

现在想想做这个真是一个大坑。当时我也是一个新媒体新人，在网上到处学习，其中就看到很多人分享所谓的经验，说公众号后台的留言一定要及时回复，如果用户提问了没有得到回复，则很容易取消关注。

我当时觉得这个很重要，甚至我还提到要重运营来做用户答疑（见图 5-29）。因为我们的用户大多是升学孩子的家长，考虑到他们会有很多问题想要咨询，毕竟很多人对于政策不是很了解，而我们作为专业的家长社区，有这方面的优质资源，很多一线做业务的都把各种政策研究得非常透彻，如果能够把他们接入进来就太棒了，肯定会通过口碑传播带来用户的极大增长。这就是当时的一腔热情，或者说是初生牛犊不怕虎、有着一股蛮劲更恰当。

毕竟我刚进公司，还不懂跨部门合作的事情，以为一件事只要可行，公司的人都会支持。这就是理想主义了。好在我没坚持多久，就放弃了。

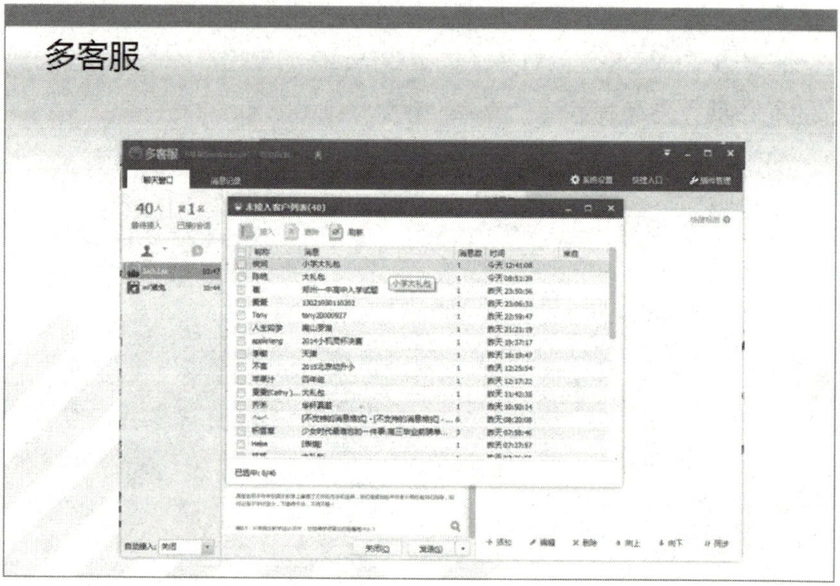

图 5-29　多客服

6. 建微站

搜狐自媒体刚推出的时候我也及时关注了，当时去听了他们负责人的一次分享，早期给予自媒体的支持还是比较多的，所以就想尝试一下，结果发现导粉的效果并不明显。但是其中的一项功能我用了很长时间，就是可以搭建微站。彼时的建微站还是免费的，现在已经收费了。建微站的一个主要作用就是承接我们的“每天一练”，我们和其他事业部合作这个栏目，他们会制作精美的手绘版精选习题，我们在微站上发出，需要查询答案时，可以在微信里面回复关键字。

这个“每天一练”的微站是链接在微信菜单里的，同时会用每天文章的最后一条进行推送。这也是一个比较重的运营，但因为这是一个需要区分学段的产品，所以无法在量级上达到一定的规模，最终拉粉效果还是不理想，同时也被这种重运营累坏了。当我们停掉这个栏目之后，在很长一段时间内还有用户在问怎么没有“每日一练”了，其实当时已经形成了一批固定用户，只是这批用户实在太少了，而且跨部门合作比较费时间，投入产出比太低了（见图 5-30）。

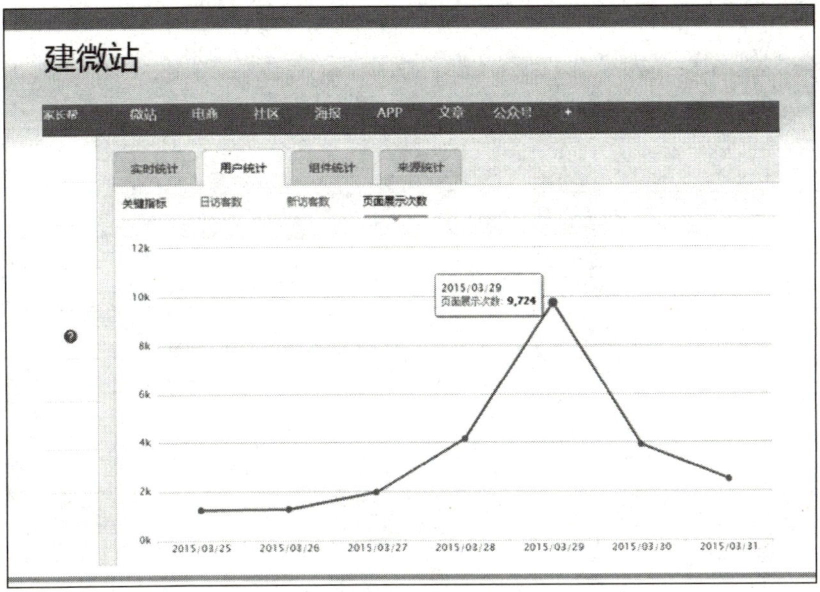

图 5-30 建微站

5.5.2 我在微创新中取得的成绩

踩的坑多了也就踩出了路，在互联网行业更是如此，首先是犯错的成本没有那么高了，其次是互联网的快速迭代能力。因此，我们经常说，“如果都没有想好，那就先做吧”。很多时候做着做着就找到了答案，我们就多次体验到了这种惊喜。也就是在不断尝试中，我们摸索出了一些相对受欢迎的产品。

1. 立品牌

早期我们的内容全部来自外部，后来随着公众号数量的增多，同质化现象日趋严重。我开始思考一个问题：我们如何找到自己和别人的差异？为了塑造这种独特性，我提出了要立品牌，通过做一些品牌栏目来打造我们的特色内容。就像前面我提到的“每日一练”，以及后来做的“师说”（每期访谈一名从清华或者北大等名校毕业的老师，见图 5-31）。

帮答，这是我觉得很成功而且很重要的一个栏目（见图 5-32）。这个栏目是在微信菜单留一个提问入口，家长可以向家教专家咨询自己在抚育孩子过程中遇到的各种问题，第二天我们会把问题反馈给专家，专家做出回答后，我们会在当晚的微信文章中推送出去。为什么说这个栏目很有意义呢？

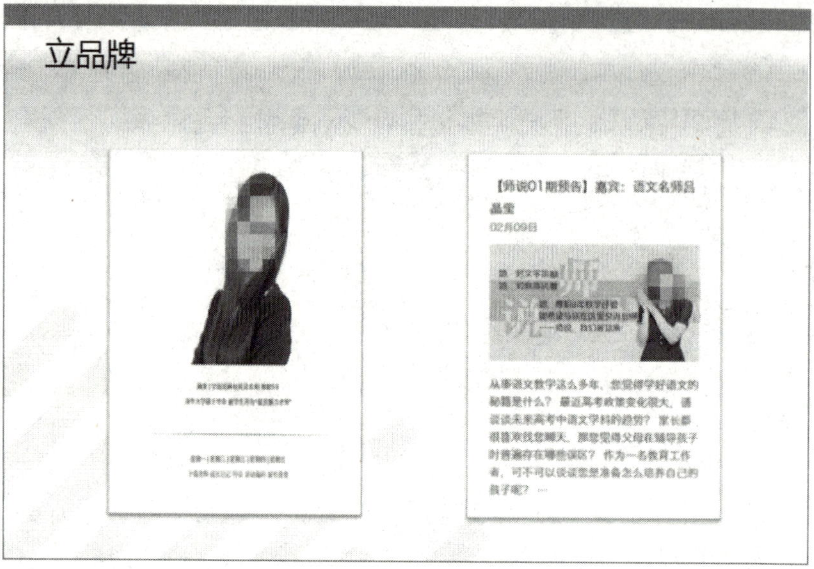

图 5-31 “师说”品牌

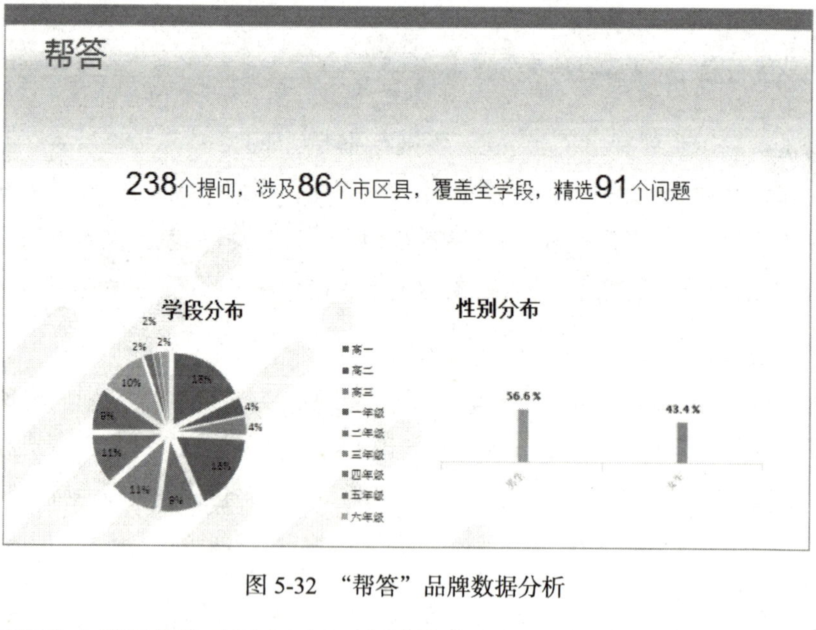

图 5-32 “帮答”品牌数据分析

因为这个栏目收集到了全国各地的家长提问，遇到了各式各样的很现实的教育问题，可以听到家长真实的声音和困惑，可以了解到他们的需求痛点，而且也建立了我们和用户真正对话的窗口（见图 5-33）。通过这个栏目我还衍生出其他几个“帮”系列的品牌，下面会一一讲到，这些品牌栏目也都获得了极好的口碑。

☘我是在初一班主任的推荐下加入家长帮的，非常感谢各位专家的分享，特别实用，解决了我们家长的很多实际问题。——文子妈妈

☘看了那么多期的分析和解答，觉得方法非常好。跟传统的教育方法有很多不同的地方，我也希望在这里能够得到教育孩子的灵感。——丽丽

☘真的很不错，希望以后继续发展，多回答一些家长的问题！——急切

☘我非常喜欢这个栏目，也应该是很多家长的福音，尽管我们刚三年级，但每期每个年级的问题我都会仔细地看，能帮助家长在教育孩子方面积累更多的经验，这里有各位老师悉心的教诲，真的是太好了，衷心地感谢老师们。——绫清风

☘看了这么多，觉得有这个平台真好，学习了。——研研妈妈

图 5-33 “帮答”栏目的用户反馈

帮课堂是从帮答中衍生出来的一款产品，也是我们项目组目前的核心业务——直播课的前身。当时帮答每天的家长提问都很多，专家是回答不完的。为了让专家能够更多地与家长对话，而且为了最大化专家的时间价值，我就利用下班后的时间尝试做了一场微信群内的直播讲座，我想那可能是家庭教育领域最早的微信群微课分享之一。第一期的效果非常好，家长的互动性很高，而且课程结束后，家长纷纷自发地感谢老师，感谢平台提供的分享（见图 5-34）。

图 5-34 “帮课堂”用户反馈

用户的认可让我有了做下去的动力，于是形成了每周一节微课的固定频率。那时候我经常是最后一个离开公司的，因为老师分享完后我还要做一会儿群内的维护，等回到家的时候都十一点半了。而且这也不算加班，是纯自愿的行为，就

这样一直坚持到现在，也有很大一批用户一直跟随着帮课堂。即使现在升级为耘学堂了，他们依然都在。

做周末视频，当时的考虑是周末的时候家长的时间多一点，有耐心、有时间看完一个短视频，所以做了这个栏目（见图 5-35）。因为我们的家长用户还是很关心孩子学习的，所以视频的定位也是学习方法的讲解，推出后受到了家长的一致好评，点赞量最高的时候达到 1000 多人，而且阅读量也居高不下。借用当时我在做内部分享的时候常说的一句话，“没想到周末视频成了我们原创栏目中数据表现最好的一个栏目”。因为是视频课程，而且具备娱乐性，所以我的预期没有这么高，但是从用户反馈来看确实给了我很大的惊喜，所以这个栏目我们一直坚持到现在。

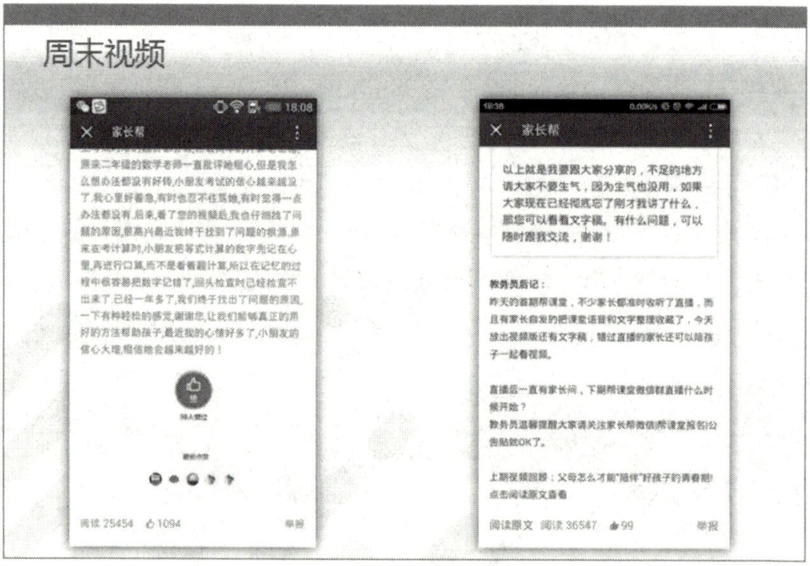

图 5-35 “周末视频”栏目

2. 做原创

为了做原创，我尝试了很多办法，而且一直在内部呼吁原创的重要性。开始的时候我尝试的是做外文的翻译，现在看来这也是一个正确的方向，国外的有些内容确实更加专业，而国内的文章主要以煽动用户的情绪为主，加入了不少夸张和扭曲的成分。为了做原创翻译，我还做了一次有趣的创新，那就是仿照译言组织了一个义工翻译组，我先自己翻译了几篇文章，然后在发出这些文章的时候在文末征集有翻译资源的人士一起翻译，没想到发出后还真有人联系我。他们有些是大学生想锻炼英语，有些是参加了工作的人士，为了不让自己淡忘学过的语言，也加入了我们的义工翻译组。

这样就有足够多的翻译者保证我的内容供应。我会先在外网上寻找适合我们的文章，然后做成 Word 文档发送到群内，谁有时间就可以自愿领任务。当时大家都是很积极的，通过这种协作使我们生产出一些高质量的内容，也因为这些内容获得了早期很多账号的转载申请。现在随着微信对原创的鼓励，以及对抄袭行为的打击，我们也能够每周生产出相当频率的原创文章（见图 5-36）。

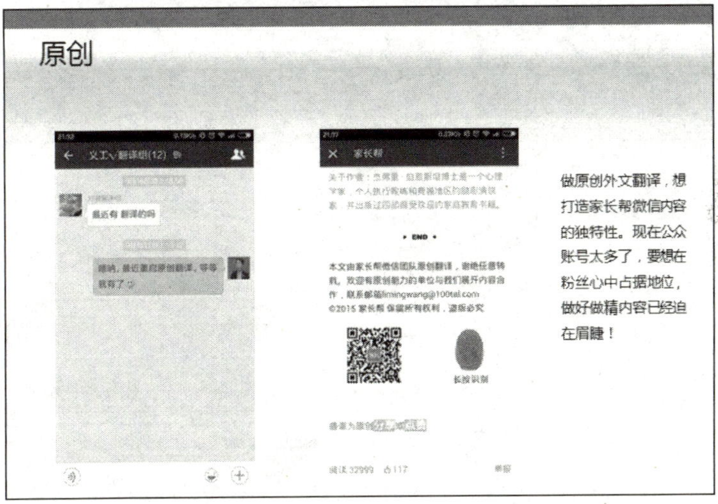

图 5-36　义工翻译组和原创文章

3. 建微店

最初提议建微店的时候，我的想法就是为未来的商业化铺路。因为我提出的时间比较早，那时候公司刚刚提出商业化的事情，还没有任何产品，所以当时我的想法是先把微店做起来，通过持续地更新内容来吸引用户，先行培养用户逛微店的习惯，等我们有了产品就可以自然而然地接入产品，形成流畅的转化环节。

另一个功能就是完善了我们的内容库，有利于提高用户的留存率。因为我们大号的主要内容是家庭教育，虽然覆盖面比较广，但是真正能够抓住用户需求痛点的还是与升学相关的内容。在大号上不能推送，正好可以放在微店的内容库里，接在微信菜单上，与微信大号形成互补，同时通过丰富微店的内容可以有效地拉长用户在微信上的访问时长和访问深度，这样一来更有利于商业转化。

虽然这些计划提出的时间都很早了，但我在写这篇文章进行回顾的时候依然觉得当时的规划很完整，只可惜有些事情在我不负责之后慢慢荒废了。但是微店业务还是坚持下来了，并且形成了我们现在常态业务模式中很重要的一方面，这是让我颇感欣慰的（见图 5-37）。

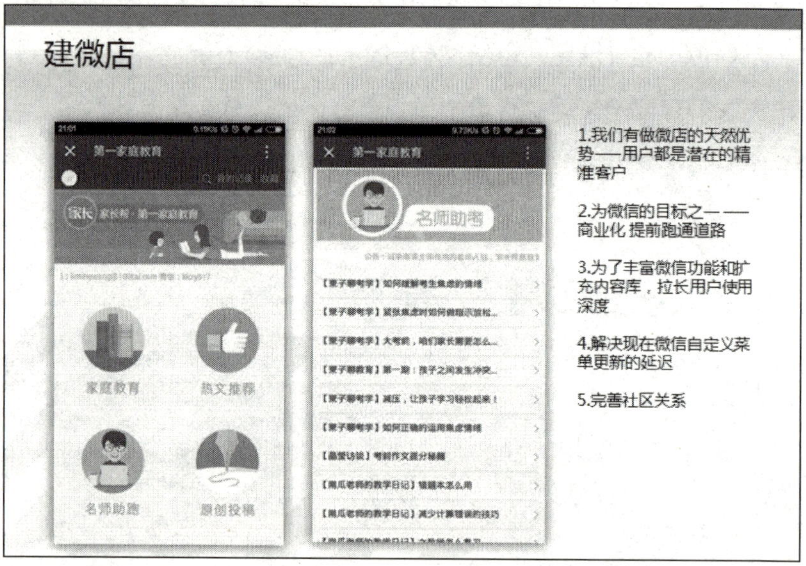

图 5-37　建微店

4．架构运营模式

除了做一些实操性的创新，我也会定期更新运营方案和策略。我在整理放在 ProcessOn 上面的思维导图时发现了一张 2015 年的运营模式规划表（见图 5-38），我以现在的业务形态来看，当时这张规划表只能说相当有预见性，目前除了合作方面仍需加强，其他的规划正是我们目前正在做的事情。也就是说我在一年前做的规划，我们现在才开始执行。

当然，这个版本现在已经有了升级版方案，是我在 2016 年年初为我们这个新成立的项目组制定的，我们现在的方向都是按照升级版方案在执行，但是现在还不宜披露。但我想说的是，即使最新版的方案，我们也在边执行边调整，在新媒体领域没有能够长盛不衰的东西，这就需要我们不断地学习、不断地创新。

运营模式
传播形式
自制视频
剧情类：湖南卫视“中华传统文化之美”由阿毛和阿毛老师两人演绎
讲堂类：罗辑思维、小余老师说、吴晓波频道、晓松奇谈
访谈类：家长访谈、学生访谈、老师访谈、专家访谈
语音
60秒太长
我们用45秒，与每堂课45分钟对应
手绘漫画
经典绘本的摘取
自创作
H5
精品内容传播
趣味性小游戏
迎合节日和事件热点
图文
话题版块
升学相关：政策解读、学校库、学区房、志愿指导
工具查询：查分、买课、报班
家庭教育：青春期、父母感情问题、国内外教育理念与方法、热点事件解读
学习：学习方法、学习资料
合作
微信外的自媒体平台：腾讯的大家、今日头条、搜狐自媒体
自媒体联盟：新榜的联盟、各类榜单组建的自媒体联盟，甚至我们主导创建起像WeMedia、界面、鹦猫等教育类自媒体联盟
新闻聚合APP：各类新闻客户端、ZAKER、鲜果
自有资源推广
微信上都是原创精品的好文章和好视频，我们要利用起站群资源，放着也是浪费，何不用起来一起力推一个我们的微信大号，在站群的固定位置调用微信内容做展示吸粉
活动
好的活动是最好的原生内容
活动必然带来主动传播：集赞和传播、活动期间传播、活动后期内容制作与整理后的再次传播
通过视频、语音、图文、H5等形式可以做软性的学校推广、书籍推荐、学区房推荐、教育类其他机构的内容分发
商业化
通过微店做自己的家庭教育书籍、绘本
后期观众多了可以卖我们的课程、家庭教育讲座，以及各种学生课程
如果我们的教育自媒体联盟建立起来，则还可以做成独立的客户端，享受资讯流量红利带来的各种收益（目前还没有这样的APP，会计领域有“计号”资讯APP）

图 5-38　运营模式

5.5.3 创新让人快速成长

其实我觉得与其说创新让人快速成长，不如说生命就是一场折腾！这句话是我的大学英语老师说的，她说这是她同学讲的，讲到她同学的徒步故事时，我们老师很是向往，至此我也记住了这句话，一个女孩子说出的带点野性的话。说创新让人快速成长是带点功利性的，但生命是一场折腾则是不计后果的，也就来得更纯粹。因此，我是利用人们的功利之心，吸引人们打开之后讲点纯粹的东西，这也算是利用人性了吧。

回顾上面我所做的尝试，每一件都是公司从来没人做过的。而这些都是没有人要求的，也没有任何奖励，甚至加班到 11 点也不被计入加班，但是我依然要去做、要去尝试。因为我相信一句话，那就是“走过的路从来不会白走”，后来我的偶像李宗盛也恰好用这句话拍了一支广告，并且补充了后面一句：“每一步都算数！”

但是我也理解现在年轻人的焦躁，就像我刚开始上班那会儿，实习期间薪资低得都没自信，一边狠狠地努力工作，一边看一些机会，希望早点过上美好的生活。后来转正的时候也已经做出了一些成绩，觉得是不是可以找一家更好的。但是随着业务的慢慢深入，并且在公司的重要性越来越大，自己也就对职业发展有了更明晰的规划，内心也安定了很多，当然公司也给了我一些主动成长的机会。

但是这些都是建立在之前所做的成绩上的，如果之前没有做过那么多的事情，那么我想公司也不会主动找我谈。所以说职场新人刚刚进入公司要沉住气，闷头多干事，最好能做出一些大事，这样才能快速进入人们的视线，也能够有更好的发展机会。而这一切都是默默无闻所不具备的，你要大胆创新、有所突破，使自己区别于其他人才行。

之所以要强调创新，其实最大的原因还是跟自己有关，因为通过创新创造出来的价值既成就了公司也成就了自己，这就是我经常在新媒体研习社倡导的理念——要追求自我成长。公司给我们的东西肯定永远不会是十全十美的，关于这方面我们要重视，但是不能过于看重，基于公司的资源，站在巨人的肩膀上，多做事，多做大事，才能不断地提升自己，增强自己的不可替代性，以及为下一份工作增加筹码，毕竟人们的价值永远体现在下一份工作上。但是目前我们需要做的就是积累，方法就是不断精进、持续创新！

5.6　永不放弃对美的追求

什么是美？我想这个问题很难回答，至少让我这个学财务出身的人是很难说清楚的。但是就像贡布里希在《艺术的故事》一书开头写道："没有艺术这回事，只有艺术家而已（There really is no such things as Art. There are only artists）。"或许我们很难界定"美"与"审美"，但是在追求美的路上总是会有迹可循的。因此，本节我想主要引述日本中生代国际级平面设计大师、无印良品（MUJI）艺术总监——原研哉先生在《设计中的设计》一书中对于"信息之美"的阐述，并结合新媒体来说说我的理解。

虽然在写作本书时很多人建议多写案例、少说理论，但是这部分内容实在无法用案例去讲述什么是美、如何审美。如果我使用案例，其实就是在下定义，这个案例就是美，那个案例就是不美，非吾所愿也。何况原研哉先生的这段几百字的阐述实在很精彩，还是希望大家可以耐心读完，生出自己对美的理解。

原研哉说，信息和美都是很难定义的，但是重点不在于去定义它，而在于设计师对这两个概念的思考。他还说，仅仅是远远仰视，是不可能实现"信息之美"的。因此他将信息之美比作珠穆朗玛峰，即使世界高峰也有登山的路径。因此，假如"信息之美"也是一座高山，在原研哉看来，至少有三条攀登路径："清晰"、"独创"和"幽默"。

1. 清晰

"清晰是信息的基本品质。如果信息的内容很重要，但形式很难被人理解，那么其品质也不能算好。设计师的工作要领之一就是要对信息进行整理，通过冷静的构建让信息明了易懂。"

设计师需要用形式去反映内容，即通过设计展示信息。新媒体人也一样，我们不但要展示信息，还需要生产内容。因此，我们需要对审美秉持更高的要求，不但要注重内容，也要重视形式。原研哉说，设计师的工作要领之一就是通过冷静的构建让信息明了易懂，大师是抽丝剥茧般将美的基础归结为"明了易懂"。

这 4 个字说来简单，在做的时候却未必好做。很多时候我们写出的内容绝非最优，要么生涩难懂，要么不符合大众品味，要么冗长啰唆。在对信息进行加工时，相当于设计师去做信息排版时也不够简约，为了添加动态图而添加，丝毫不考虑图文是否结合；为了排版样式而排版，一篇文章几乎被排版样式分割得七零八落。这就违背了“清晰”的原则。

2. 独创

“独创就是用没人用过的崭新方法表现信息。清晰固然是必要的，但仅仅是清晰并无法保证信息被人接受。只有具有独创的表现形式，才能引发人们的兴趣，为之感动，进而接受信息本身。”

是的，这并不是很难理解的问题。贡布里希说：“过去也好，现在也好，艺术家还做其他许多工作。只是我们要牢牢记住，艺术这个名称用于不同时期和不同地方，所指的事物会大不相同，只要我们心中明白根本没有大写的艺术其物，那么把上述工作统统叫作艺术倒也无妨。”

这句话和原研哉的“独创”有异曲同工之妙，一个强调我们要接受艺术的创造性，一个告诉我们要追求独创性。用大白话说就是大家可能都觉得“一条”做得很美，但是如果有其他人再仿制一个“一条”，则虽然不难，但是不美。对于新媒体的内容、H5、传播形式来说，都是同样的道理。

3. 幽默

“幽默代表的是层次极高的理解。人们如果不理解内容，则是笑不出来的。只有在理解内容之外，还能够从其他角度进行欣赏，人们才能笑出来。不光是把握内容，并且还能从其他角度进行欣赏，幽默才能够实现。请各位想象一下讽刺艺术吧。讽刺艺术是对某种事物或者人物的批评，人们发笑这一事实就是他们深刻理解了这种批评本身的明证。滑稽故事和讽刺漫画也是一样。”

这种境界就比较高了，没有三年五载的积累是绝对难以到达的。这就要求新媒体人在做内容、做策划的时候要匠心独具，同时做一个有趣的人。很多人为什么喜欢杜蕾斯的营销创意，或者说为什么杜蕾斯的营销做得那么好，就是因为他们对幽默的理解和把握，并且能够拿捏到位。

因此，“那些能够理解信息的‘幽默’品质的人，自然就是信息传达的高手”。图 5-39 所示的这个案例相信当年很多人都看过，现在大家肯定没感觉了，但是你们回想一下，当年你第一次看到的时候是不是会心一笑，然后伸出手指点了个赞或者转发到朋友圈？这就是幽默感。当然，它也同时具备“清晰”和“独创”特性，所以在当时能够轻松获得 10 万+的阅读量。

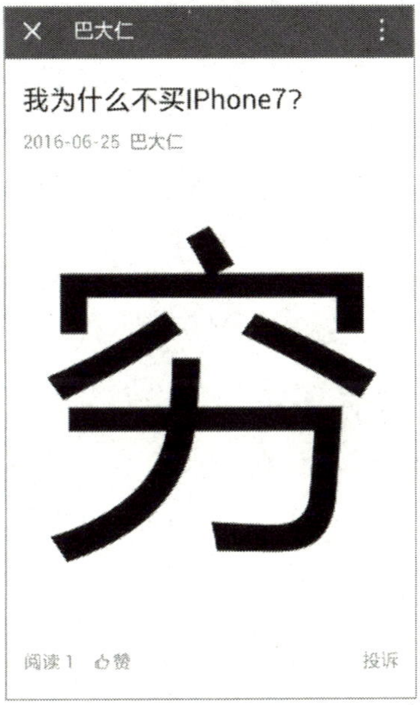

图 5-39　幽默

第 6 章

巴大仁成长案例揭秘

几乎每一个通过巴大仁公众号加上我私人微信的人发送的第一条信息都是:“我是新媒体小白，对新媒体很感兴趣，请问如何入行？”其实对于这样的问题很难回答，因为每个人的路都是不一样的。因此，在本章我首度详细地回顾了我的跨行进入新媒体之路，并真实还原了我做过的几次大规模微信增粉活动，以及我创办新媒体研习社的始末与未来。

6.1 巴大仁的新媒体成长之路

我进入新媒体其实在很大程度上有误打误撞的感觉，然而当我回望来路的时候，似乎又能找到一丝丝的联系。作为一个个例，除了让大家对我有一些更深入的了解，更多的意义在于我想告诉大家一定要做自己喜爱的事情，因为兴趣自会牵引你到自己的坦途。

6.1.1 方向初定：触网的高一

我目前的职业方向其实是在高中的时候就确定了的，或者说是高中时代的那份初心引导我到如今。因此故事的开场就从高中开始，虽然我对高中时期的自己又爱又恨。为什么这样说呢？因为高中时期我是走过一段弯路的。从小学到初中我都是成绩很好的学生，小学的时候是班级第一名，我小学毕业的时候是在国旗杆下领奖品的，进入初中后也在重点班学习。

然而，在升入高中后，一切都变了，虽然我进入的也是全市的重点高中，但我不再是重点班的学生了，也是第一次知道非重点班是什么情况，可以说大家真的是不学习的，尤其男生是不学习的。上课睡觉，跟老师对着干，抽烟、打架、泡妞，进网吧打游戏，等等，在我之前的经历中从来没有见过。

也是在高一这一年，几乎毁掉了我，也可能在冥冥之中成就了我，天使和恶魔就在一线之间，谁知道呢。为什么说几乎毁掉了我呢？因为高一这一年我变得几乎不学习了，尤其是不学习数学。只要上数学课，我就像其他男生学习，摊一本书在下面看杂志。这一年的数学没有打下坚实的基础，直接导致我高中痛苦了三年，还附送了我一个高四。之所以我没有说痛苦四年，是因为高四的时候我几乎放弃了其他课程，全心全意地刷数学题。当然刷题也痛苦，但是看着成绩与努力成正比，也会无比欣慰和斗志昂扬，尤其现在回想起来还有点怀念，所以复读的那一年就不怎么痛苦。

为什么还说也可能是在冥冥之中成就了我呢？因为也是在高一这一年，我开始触网了。那时候我自己攒钱去二手市场买了一部旧手机，之后在上数学课的时候就不是在下面摊一本杂志了，而是在立起来的书中间掏一条缝，把手机夹在中间上网看小说，还时不时地抬头跟老师来个眼神交流，老师说完我还点一下头，表示我在听讲。这样就成功地欺骗了老师，自己在课堂上也玩得不亦乐乎。

我还记得我第一次用手机上网的感觉，觉得一部小小的手机可以连接一个大大的世界，真是神奇啊！估计现在大家都无法体会我当时的心情，但是我自己深刻地记得我当时的惊讶，还跟我的朋友炫耀。当时手机还不能上百度，都是用易查进行搜索的，在宜搜上面看小说，这些场景我至今都有着清晰的印象。

高一的时候是触网初体验，高二的时候我换了一部经典款的手机，现在这家龙头企业已经被收购了，那就是摩托罗拉 V3 手机，是黑色的翻盖手机。如果说之前只是感受到手机带来的神奇之处，那么这部手机开始激发了我的创造欲。这部手机比之前那部二手手机好得多，而且最重要的是这部手机可以安装程序，还可以下载游戏和安装应用软件。

于是我就在懵懂之中开始用这部手机做一些创造性的东西，比如，经常逛一些互联网论坛，然后下载它们分享的好玩的应用。我现在还记得我用应用自制手机主题，然后成功安装在手机上的雀跃，那种成就感是无法言说的。

又如，我利用移动运营商的一些漏洞，可以免费接收到来电提醒。因为当时来电提醒是一项收费业务，但是我成功用到了免费的服务，自己实证后分享给最好的朋友，那种成就感也是无可比拟的。就这样，一部手机使我深深地爱上了互联网，但也几乎毁了我的学业。

由于当时放弃了数学，所以在高二分科的时候，我不得不选择了文科，这也决定了后来在考大学选专业的时候我无法进入计算机相关专业，也决定了我现在虽然隔了那么久终于进入心仪的互联网行业，却只能做一些互联网的运营工作。

之所以说心仪的互联网行业，就是因为高中时期的这段经历。那时候我刚开始接触互联网，然后崇拜一些互联网人物，我高中看过的书几乎都是互联网人物的传记，他们成功的故事，他们对于改变世界的想法，都深深地吸引着我。记得当时我和最好的朋友在聊到未来的时候，我说未来我肯定是要创业的，如果我创业则一定会进入互联网行业，做这种轻资产型的公司。这个念头至今仍在我的心中回荡，或许说我依然是走在路上的，希望它能继续引领我。

6.1.2　意外之缘：玩起了微博

高中时代结束后，我去了苏州，在那边打了一个多月的工，赚到了第一桶金，于是在开学前夕有了“经济能力”，就有了话语权，于是给自己装备了一台智能手机，我想这可能是我当时最明智的决定了。到了大学之后我发现，我们班级用智能手机的居然也就三四个同学，但这是一条很重要的分隔线。那时智能手机才面世不久，大部分同学用的是功能机。

当他们还热衷于使用功能机聊 QQ 的时候，我已经开始用智能手机刷微博了；当他们获取和传递的信息都是在同学和朋友之间流通的时候，我已经开始与全国各地的微博好友连接互动了。也是在微博上，我无意中找到了一个组织——微博协会，这个即将改变我一生的协会出现了。虽然在大学毕业前夕我还不知道它能够给我带来这么大的影响，但是当它出现的时候，我还是敏锐地把握住了。

看到微博协会是因为看到它的会员大会，当时在微博上进行会员招募，我就报名了。第一届会员大会是在我们学校东校区举办的，于是我第一次去东校区就是为了参加这次活动。当时他们讲了什么我已经记不清了，我只知道内容很吸引我。

在大会结束的时候，我找到会长说这个协会西校区有没有，他说没有，我说我可以在西校区帮你们招收会员扩大影响力。他说今年已经过了时间点，明年的话可以尝试。也许当时他就是这么一说，但是我就当了真，一年后我居然还真记得这回事，并且努力去促成。这是后话。

还让我们回到我刚上大一那会。除了加入微博协会，使我的社交范围不仅仅局限在我们班、我们系和我们校区，还有一个组织也深深地影响了我，那就是我们学校的大学生新闻信息中心。就像大家在刚入校时都要报个社团、学生会一样，我报名的就是大学生新闻信息中心，这个负责学校的新闻采集和发布，以及负责学校大型晚会策划的组织。才接触微博协会可能是拿到了一张承诺牌，但是在大学生新闻信息中心可是实实在在地锻炼了我一身受用无穷的本领。

由于要做学校大型活动、大型会议、大型事件的新闻报道，所以我开始接触学校组织管理层的一些东西，从中学到的除了大型活动的流程安排、嘉宾发言的言论影响，自然也包括如何和领导沟通之类的礼仪。

在工具技能上则更是受益匪浅，我学会了使用单反相机的基础功能、后期处理照片的 Photoshop 软件能力，以及我在新闻信息中心花了一个多月的时间学习 PPT 的制作。因为当时我还没有买电脑，新闻信息中心的好处就是我们有自己的办公室，所以大一的时候下了晚自习我都是在新闻信息中心度过的，我们内部其实对它有更贴切的称呼，就是“基地”，因为比较忙的时候我们都是睡在里面的。我们还一起做了一件很厉害的事情，就是拍摄了我们学校的第一部校园微电影。

那完全就是我们“基地”的同学自己写剧本、自己拍摄、自己剪辑的作品，之后便形成了学校的固定模式，在每年举办毕业晚会的时候都要制作一部微电影，但是口碑和点击量再难达到我们第一期的高度。

6.1.3　开创时代：筹建微博协会

大二时，我在践行大一时候的承诺时其实很不容易，由于我们学校的职能部门都在东校区，所以筹办西校区微博协会的事情早期都是让东校区的微博协会会长唐军去和团委老师沟通的，但是直到新一届社团大会快要招新前还没有好消息，于是我和唐军一起去找团委书记说这件事情，跟他讲到微博的发展和各学校都在办微博协会的大环境，以及西校区的需要，但是团委老师的意见始终不那么明朗。

由于我跟西校区的社团联合会的负责人之前聊过这件事情，后来没办法，在社团招新大会前一天我又联系社联的负责人，他问申请了吗，我说交过申请材料了，他说那你赶紧报名交钱领帐篷，晚上西校区要分发帐篷。于是我就去领了，第二天什么都没有，就我光杆司令一个，拉起了招新的大旗。通过我所在班级同学的帮忙，以及东校区微博协会的宣传物料的支持，我在西校区开始了第一次招新（见图 6-1），招新的数据我还清楚地记得是 88 人，是我在离开学校之前招新人数最多的一届。

图 6-1　微博协会招新现场

创办西校区微博协会对我的影响是什么呢？我想也是多方面的，下面我试着去分析。

首先，微博协会提升了我的领导能力。建立微博协会之后，我需要在西校区拉起一套管理班子，于是团结了一切可以团结的人，有我的同班同学、我在新闻信息中心的同事，都是比较优秀的同学。我们一起制定了微博协会早期的章程和协会文化，举办了很多场校园活动，比如微博之夜、一周岁快闪、单身夜 Party、微讲堂。通过活动我们磨炼了团队，建立了默契，收获了友情。在卸任的时候，我还写了一封卸任信发给培养出来的储备干部，在信中我提到两点：

- 良好的团队文化是内部安定的必然要素。
- 良好的团队文化是俘获外部优质力量与资源的关键环节。并且推荐新会长学习巴顿将军的管理艺术，带领团队要领而导之。

其次，微博协会增强了我的运营能力。在成立微博协会之前真的叫玩微博，成立之后开始正式地运营微博。各校的微博协会是由新浪进行管理的，会下拨活动经费，同时也要求提交工作报告。常规的工作就是定期做本校的活动，以及承办新浪总部发起的活动，然后将活动照片上传到管理后台。除此之外，我们要做每天的内容运营，发布学校的大事小情，帮助上传下达。偶尔也会帮助当地的合作伙伴做一些营销活动，我们自己也要做增粉的活动。所以在内容运营之外，我对活动运营也有了更多的了解。

最后，微博协会扩大了我的视野。由于各校微博协会是由新浪统一管理的，并且新浪会定期组织优秀学校的会长做经验分享，或者请一些社会精英来做分享。通过这种渠道，我开始和全国各地的人一起交流，他们的经验和见闻极大地丰富了我在二线城市的视野。另外，通过微博协会在本地互联网圈的影响力，一些社会性质的互联网会议也会向我们发出邀请，这是一个很好的向社会学习的窗口，也是通过这些地方行业会议，我很早就见过微博营销之父杜子建、蔡虎、优米网王利芬等，并且合影留念（见图 6-2）。

图 6-2　笔者与微博营销之父杜子建的合影

6.1.4　接轨社会：新媒体营销实战

第一次接轨社会是我们协会获得省级优秀社团的时候，那时候为了做这个获奖的宣传，我们要拉一些赞助，所以找到当地的一个人才招聘网站，帮我们做了宣传条幅。这也是我第一次跟社会人士洽谈合作，不过谈成了。不但谈成了，之后还成了很好的朋友，至今仍保持着友谊。

也是因为这次洽谈合作，后来他们老板见我微博做得这么好，便问我能不能帮他们做些运营，于是我就开始了在学校的兼职生活，寒暑假的时候会去公司做全职，在公司的时候还带了三个实习生，给他们分配工作任务，我们一起运营微博矩阵，其中最大的创新就是我为公司做了一款移动 APP，可以实现官网和微信、微博的多方互动，获得了老板的赞许，并且在我因为考驾照要离开的时候，老板还说我就是公司的永久名誉员工。

大四的时候受朋友推荐去一家旅行社做运营优化，第一次聊的时候，旅行社老板杨总说他们完全不懂，希望我去带一带，就这样开始帮他们做互联网的转型。这家旅行社之前的业务方式都是招聘一个业务员，骑着自行车去大街上跑业务，一个月签不了几十单。

我去了之后就给他们讲现在移动互联网多么热、新媒体多么有效，然后做了一套方案，并得到了认可。于是我便张罗跟当地的自媒体大号合作，由于我和他们很熟，所以就约过来大家一起聊了聊，确定了合作的细节和分成比例后便开始尝试，结果第一次合作我们就招到了 100 多人。发一条微信就拉起这么大一个旅行团，杨总感到不可思议，也强化了他向互联网转型的决心。

这就是我在学校的时候认识的两家公司的老板，我们至今都保持着联系，这些都是很难得的友谊！

6.1.5　走出校园：正式从业新媒体

我是我们班级里面工作最早的，在大四第一学期考试结束后我就来到北京开始工作。当时我还是很纠结的，因为面临着一个选行业的问题。我学的是财务管理，平时的成绩也在班级中上游，同时还是我们班为数不多的考过证券从业资格证、银行从业资格证的人，当然会计从业资格证就自不用说了。那么，毕业后我是从事与财务或者会计相关的工作，还是去做自己的兴趣　　互联网呢？毕竟大学四年除了学习、考试，其他时间我都在折腾互联网了。

在这件事情上没人能给我建议，也只有自己能给自己答案。在我理性地思考之后，同时借助一些性格测评工具做了性格分析之后，我决定选择互联网行业。而从事互联网行业的话可以考虑的城市也就只有北京了，所以这样就敲定了方向。选定了互联网行业之后，我就几乎不看学校的招聘会消息，而是关注网上的招聘，因为北京的互联网企业来我们学校招聘的很少，所以我放弃了校招，将主要精力放在准备简历上面。当时恰好看到拉勾网搞了一个互联网企业招聘风暴周，我就试着投了一下简历，没想到简历投出去后，收到了非常多的面试邀请。

但是由于大多数需要去北京面试，加上当时我也抱着试一试的态度，并不急于找工作，也就不了了之了。直到收到我目前所在公司的面试邀请，在说明情况后，对方表示可以视频面试，于是我就准备了笔试和视频面试，最终成功获得Offer，并且催促我尽快报到，于是考完试我就到了北京。好在当时公司给的条件是可以帮我申请公司宿舍，所以一切都是很顺利的。就这样，我成功地成为一名新媒体人。

6.2 我是如何从零做到50万粉丝的

故事还得从头说起。

2015年1月19日，我上班的第一天。和每个第一天上班的人一样，我感觉无所事事，不知道要做什么，不知道怎么做。很快，一周就这样过去了，而我每天要做的事情就是泡论坛，看我们的家长用户的帖子。我很奇怪，我面试的是新媒体运营，怎么来了做的不是新媒体，而是传统的论坛。更让我惊讶的是，居然还有那么多人在玩论坛！这不正常。没办法，谁让我们是全国最大的家长论坛呢，所以在转型的过程中无法做到像阿里巴巴那样重兵投入移动互联网的魄力。而破冰之举就在一周之后。

第二个周一的时候领导找我谈话，问我能不能做一个关于微信的分享。来公司之后连微信后台都没见着，什么事情都没做就要做一个分享？很有压力，但是好在我在学校的时候做过一些事情，有案例可以分享。于是开始准备一些素材资料，第一件事情是做我们的用户画像分析，第二件事情是做热门内容分析。现在看来当初的这两个调研是无比正确的，为后面快速启动工作奠定了基础。通过一个星期的泡论坛跟用户互动找感觉，以及一个星期的用户分析和内容分析，我大概知道了我们的用户关心哪些内容。而此举我想领导的用意可能也是告诉公司，我们要开始新媒体之路了。在此之前公司还没有一个专人做过新媒体，这一切将从我的到来开始。

6.2.1 找准微信账号的定位

两个星期过后，我开始了正式的新媒体运营之路。刚开始的时候还不敢有大动作，看了看之前发内容的风格，还是尽量保持不变。由于之前做的内容分析是基于论坛的，跟新媒体没有多大的关系。所以接手微信之后，有了微信后台，我一方面开始分析之前的微信文章情况，统计了近三个月的微信文章数据，进行了排序分析。

另一方面的准备就是采访领导对于这个微信公众号的定位，因为我当时觉得这是一个战略性的问题，恐怕只有领导才会知道，然而得到的答案却是没有定位。对于新媒体这个问题，领导的反应和我第一天工作的状态是一样的，不知道要做什么，不知道怎么做。于是我问了第二个问题：我们事业部最擅长的业务是什么？领导说是升学，这次回答得毫不犹豫。我说行，那我们就试试呗。

于是推出了升学版的内容，并且在文章里做了一次调研，看用户是否接受这种形式，结果获得用户的一致认可，我顿时感觉找到了方向。然而这样坚持了几天后，却发现阅读量每况愈下。冷静分析后找到了原因。首先，一次推送后进入公众号的人是全部关注者的一部分，然后按照学段划分，这部分人又被分流到对应的学段，但是否决定打开这个学段的内容又面临一次分流，这样就导致最后文章的阅读量很低。

通过这次的尝试，可以说我是第一次踩进大坑里。但福祸都是相倚的，也是通过这次教训让我明白了，这条路是走不通的，也逼迫我放弃依赖公司的想法，要自己找到出路，不能总是从公司旧有的东西中试图挖掘出一点什么。既然升学的内容不可行，那就断了这个念想。看到我们的论坛中除了升学版块还有一个全国站，而在全国站中最火热的一个版块就是家庭教育，而根据之前对内容的分析，在比较高的阅读量中，来自家庭教育分类的也占据大多数。

于是开始转型做与家庭教育相关的内容，这样一来文章的阅读量就恢复平稳了。虽然有了一定的方向，但是当时并没有确定，所以早期在选文的时候还是很杂的，因为家庭教育是一个很大的范畴，比如家庭里的婚姻关系、婆媳关系、亲子关系等，都可以纳入家庭教育的范畴。所以当时在这种朦胧感觉的召唤下，我们也是在做泛的家庭教育话题，只要符合这个话题而且文章也受欢迎，就会被我们精选。这样坚持了一段时间之后就又开始不安分了，因为新媒体的总体感觉是越来越难做，所以我开始思索差异化的问题。2015 年有很多新增的微信公众号，而且崛起了一些微信公众号，其中做家庭教育的账号就有很多。那么，我们的差异在哪里？

这是那段时间我频繁在周报中提及的词汇，我一遍遍问自己，我们和其他账号的差异是什么？就这样每天带着问题和困惑运营了一段时间，我豁然开朗。也是基于我们的用户基因，毕竟我们的用户中有一大部分是从论坛中转化过来的，这部分用户都带着鲜明的标签，那就是关注升学，关注孩子的学习问题。所以我就将家庭教育的口子切得更小，做与孩子和学习相关的话题。

经过相当长一段时间的检验，我对外公布了这一定位，也就是大家现在看到的在我们微信账号底部标注的一句话：专注家庭教育研究与学习方法探讨。其中针对家庭教育，我们将着眼点放在了关注孩子学习和成长方面，而学习方法的定位其实是后来我又加上的。因为在定位与孩子相关的家庭教育话题之后，我发现这样的定位对于我们的用户来说还是不能戳中其痛点的，毕竟家庭教育是一个漫长的过程，而家长目前最迫切的需求还是怎么能够有效提升孩子的成绩。基于我们大多数用户是升学论坛用户的这种基因，也通过对历史最高阅读量的一些文章的分析，发现在这些传播最广泛的文章中，一大部分是与学习相关的，所以我就执意在原来的基础上又加了一句，形成了目前的定位。

有了这个定位的指导之后，就像渔船有了灯塔、黑夜有了亮光，为我指明了方向。我最大的感触就是以前看到很多文章都想转，但是现在会先想一想是不是符合我们的定位。以前什么都能发，但是又不知道到底发什么好，现在则很清楚要发什么样的内容。这样就形成了我们和其他账号的差异化定位，因为其他账号都不具备升学这种基因，而我们的用户几乎都是很精准的有升学需求的家长。而之所以在开篇我讲了这么多定位的问题，就是因为定位是根本，它不仅关乎当下，而且关乎长远的未来。

物以类聚，人以群分，有了定位之后就形成了明确的内容方向，什么样的内容就能吸引什么样的人。这从短期来说叫寻找精准用户，而从长期来说就是在商业化的时候能够清楚地知道你的用户都是什么样的人，进而可以为他们提供适合的产品，从而有效提高转化率。

在做好定位之后，就解决了内容这个根本性的难题，从而保证了每天稳定的阅读数据。现在说来轻松，当时却用了将近 4 个月的时间才确定了最初的定位，半年多的时间才形成了最终的定位。而大家都清楚，内容是持续稳定地进行拉新的基本手段，也是咪蒙这样的超级网红能够火起来的第一要素。所以我用了很大的篇幅讲定位这件事情，就是希望新媒体人能够引起重视。

6.2.2　梳理一切可利用资源

稳定了阅读数据这个根本要素之后，我便开始考虑如何解决拉新的问题。单纯依靠内容进行拉新还是太慢了，而且会离我们的目标较远，必须要做点什么的时候到了。

1. 接入查分工具

每年 6 月底到 7 月初是中考的查分热点时段，当时我们和中考网是同一个部门，每年中考网都会做各大城市的查分入口的汇总，但是过去都是做 PC 端的页面，2015 年由于都在向移动端转型，所以中考网的伙伴就做了移动页面。我们就把这个移动页面接入微信菜单，同时在中考网的广告位上做了推广，引导查分的人关注我们的微信公众号。这样就利用中考网的资源帮我们做了一部分导流，也成为在我们的粉丝新增曲线中第一段比较明显的增幅（见图 6-3）。

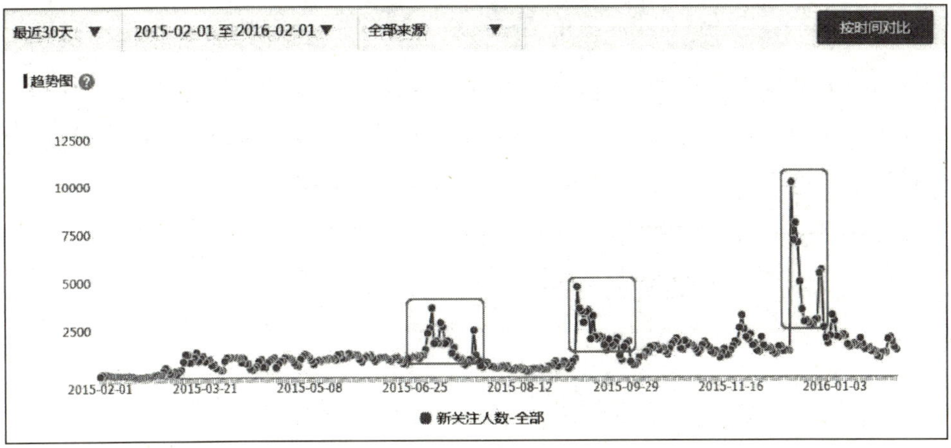

图 6-3　2015 年新增用户趋势图

经过 2015 年的检验，2016 年我们如法炮制，不但做了中考的查分页面，还做了高考的查分页面。2015 年做得还是比较简单的，就是通过广告位告知用户关注微信公众号可以查分，但是无法避免有些人在关注微信公众号后将移动查分页面进行分享，那么其他人就无须关注也可以查分了。

2016 年我们做了一次小升级，就是通过 UnionID 把订阅号和服务号绑定，这样就能够识别用户是否关注我们的订阅号了。如果没有关注，那么在点击移动页面进行查分的时候，就会弹出订阅号的二维码弹层，提示用户关注后操作。这一措施同样有效地带来了一些新增用户，但是新增的效果明显不如 2015 年，这是因为 2015 年是在中考网上做的广告位，流量非常精准，2016 年的投放只放在了家长帮论坛的全国站版块里，曝光量有限。

2．利用试题下载做拉新入口

在做热门帖分析的时候我就发现，我们的用户对于试题还是比较敏感的。后来看到有些网站为了实现微信的拉新，做了一个很好的案例，就是将新用户注册的短信验证码改为关注微信公众号后获取验证码，这样强制用户关注微信公众号。所以我们就想能不能把同样的方法应用在我们的网站上。经过评估后，我们选择了试题库，因为试题库方面是有流量的，而且也是用户的一个强需求。我们旗下的中考网和奥数网正好在试题库上有十几年的耕耘，沉淀了大量的试题资料可供下载，而且这两个网站的试题库覆盖从小学到初中，每天这两个网站的编辑都会做试题库资源的更新，所以形成了庞大的试题库资源，于是我们把关注家长帮微信公众号的导流入口放在了这里。当网站用户有获取试题资料的需求，去点击“下载”按钮的时候，就会弹出关注微信公众号的二维码，关注微信公众号之后就可以看到微信菜单的获取验证码的入口，点击后就会生成一串验证码，然后填到要求输入验证码的框内，再点击“下载”按钮就可以了（见图 6-4）。通过这项资源的梳理和利用，为我们带来了大量稳定的新增用户。

图 6-4　下载试题引导关注弹窗

当然，我在这里只是分享我如何将一个公众号做到 50 万粉丝的经历，所以希望大家不要简单地对照，就否定说自己公司做不到，自己所在的公司没有这样的网站和试题库资源。

我举这个例子是想引导大家思考、盘点自己公司可以利用的资源列表，然后设计出合适的拉新方案。比如，我看到新媒体研习社中的成员说到他手里有一些电影票的优惠券资源，5 元、10 元的居多，那这就是他所在公司的优势资源。而他就可以利用这些资源去做拉粉的活动，或者做一些资源的置换后再做活动也是不错的。所以说每家公司都会有一些或大或小的优势，如何发现并合理、有效地开发利用才是关键。

3. 设计有效的互推方案

在对网站资源进行盘点和利用之后，我又想移动的资源是不是也可以利用，于是就思索怎么有效地进行微信粉丝的互推。首先，互推有一个很重要的前提，就是能够互补和共赢，尤其是在联合外部账号进行互推时更要做到共赢。由于我们内部就有比较多的账号，所以我们主要进行与内部账号的互推。其中差异化的地方就在于其他账号都是做升学服务的，而只有我们账号是做家庭教育的。

这就是我们在内容上的互补性，共赢点当然就是双方互换粉丝、扩大规模。当时我们这边设计的互推方案依然是试题库，由于中考网和奥数网的微信粉丝也大多是从 PC 端转化而来的，既然这部分用户在 PC 端有获取试题的需求，那么在移动端肯定也存在这样的需求，我是站在用户需求的角度上来进行设计的，这样就能够有效地完成用户的转化。接下来就是试题库的整合，我用第三方网站把不同的试题库入口汇总到一个页面上，这样就覆盖了从小学到初中的主流用户人群，只要他们有下载试题的需求，就能找到对应的试题库，从而实现有效的引导。

我接着做了一个推广文案，放在其他账号的文章末尾。很简单，就是用标红的试题库吸引用户关注，然后告诉他试题库涵盖的范围，如果感兴趣就扫描二维码，获取的方式就是关注后回复关键字“试题库”，就可以自动获取到试题库的页面，这样就完成了导流（见图 6-5）。

从后台的消息关键词分析中我们可以监控到互推的效果。可以从如图 6-6 所示的关键词排行中看出排名前三位的关键词是“1”、“验证码”和“投票”。“1”和“投票”这两个关键字是因为当时我们在做投票活动，所以出现次数较多；“验证码”就是上面提到的下载试题需要关注微信公众号后获取验证码，所以出现次数比较多。剩下的就是我们这个互推方案的关键词，即与试题库相关的关键词，由此说明互推的效果还是不错的。

图 6-5　互推文案

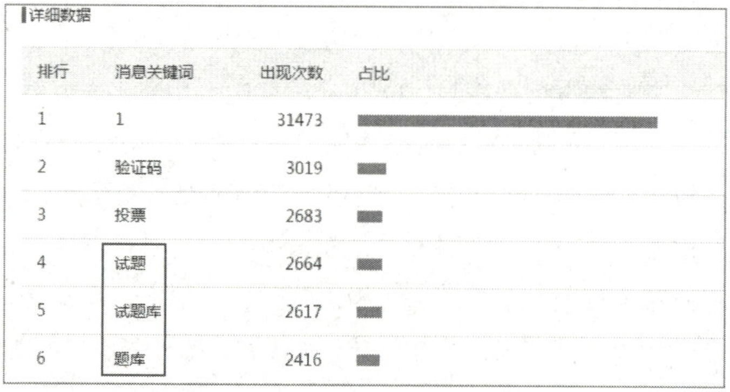

详细数据

排行	消息关键词	出现次数	占比
1	1	31473	
2	验证码	3019	
3	投票	2683	
4	试题	2664	
5	试题库	2617	
6	题库	2416	

图 6-6　消息关键词排行榜

6.2.3　活动是拉新最有效的方式

活动是最能够集中力量办大事的一种方式，如果想大规模增粉，则最好的办法就是做拉新活动。我们微信公众号的粉丝量在一年时间内能够快速增长也离不开两次大型活动的策划。大家回忆一下我们微信公众号 2015 年新增用户的趋势图，在一年中可以看到三次比较大的增幅，其中第一次大的增幅是由于在中考热点的时候接入了查分页面，下面我和大家分享一下产生另外两次大的增幅的原因。

活动一：亲子大联萌（见图 6-7）

由于我一直比较关注新媒体圈内的各种动态，会通过各种渠道来看与新媒体相关的信息，当时看到很多群内成员都在说一个萌宝投票的拉粉活动，只要有新媒体群的人都知道，群内时不时地会有人问如何做一场有效的增粉活动，那段时间最多的回答就是做萌宝投票。所以我看到后就在周报中分享这件事情，并且把别人做的效果也贴出来，希望引起领导的重视，毕竟增粉的效果还是很惊人的。

活动形式：家长上传孩子照片，拉好友投票，赢取奖品。

活动目的：微信增粉

目标人群：全国有孩子的家庭

活动时间：2015.9.7—9.30

参与方式：关注家长帮微信

图 6-7　亲子大联萌活动

但是领导似乎对此并不感兴趣，这也与我们公司的基因有关，在我来之前所有的运营人员都在做与网站相关的业务，而且这方面的业务已经做了十多年，大家认为认认真真做好内容即可，之前从来没有人策划过这样的为了增加粉丝的活动。所以周报发出后也没有任何消息，直到一个月之后，有一次下班了和领导一起坐地铁，领导说看你在周报中挺有想法的，怎么没有什么动静。我说上次我说的那个萌宝投票的活动就很想做，然后又讲了一遍别人做的效果，领导听后便同意了。

然后给了我两天的时间，让我给出一个方案，在下周的时候做评审。于是我利用周末时间在家里做方案，最后我给出的是两套方案，而不是一套。第二周上班的时候，我开始与产品部、研发部的同事讨论策划方案。这还是我第一次做方案，当时连笔记本电脑都没有，我就在白板上讲述。由于我们公司的产品设计和研发是各部门共用的，而且我们各地分公司的需求也是由他们对接的，所以我要有足够的理由去说服他们通过这个方案，然后将开发资源投入到我们的项目里。当然，这并不容易。因为之前他们从来没有做过类似的案例，没有经验可以参考，我只好通过细节的把控和环节的设计去告诉他们这样一步一步做下去是怎样做到有效关注的。就这样，我最终说服了他们。

回去后我开始画原型图，当时还没有听过原型图工具，就用 Word 去画。说实话，在那个阶段，整个团队都很不专业，然而这并不妨碍我们把事情做成功。我想说的就是，由于资源的限制，可能大家都有这样或者那样的困难，但是只要用心去做，一样可以做出一些成绩。就像我们的这次活动，在上线前两个星期奖品还没有到位，直到最后关头才解决。

活动上线前，在定预期目标的时候也经过了几次讨价还价，最后产品经理很不自信地帮我们定了一个新增 5000 人的目标。然而活动上线后，第一天就即将实现这个目标。最终整个活动带来的真实新增用户是 54 378 人，PV 是 46.5 万，远远超出所有人的预期（见图 6-8）。这次活动也为我在之后进行活动策划积累了很好的经验，使我懂得了如何跟不同部门的同事合作，怎么做策划方案和商业合作方案，如何拉商业赞助，最后怎么出具活动数据报告等。最后和大家分享一下我们的奖品设置情况，共 128 份奖品，价值 17 789 元，单个粉丝的成本是 0.33 元。

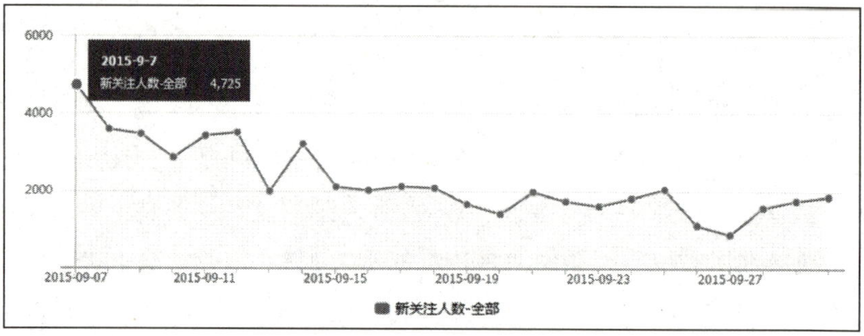

图 6-8 亲子大联萌活动数据

活动二：以爱之名给孩子的圣诞礼（见图 6-9）

图 6-9 活动海报

由于我和领导住得比较近，所以我们经常下班后一起坐地铁回去，于是这次的开场并没有什么特别之处。有一天我跟领导一起坐地铁回家，他说最近大领导又给压力了，微信粉丝的增长要再想想办法。当时，我们的教育“双十一”活动刚刚上线，主要以学习用品的售卖为主，领导说这次的想法是只送不卖，看看怎么设计一场活动。这太突然了，毫无征兆地就说我们要再做一场大活动。

然后问我有没有什么想法，我说挺好的，送东西当然很吸引人了，其实也就是想敷衍一下。回到家后，领导又在群内问这次活动成功的关键是什么，我说必须要设计好传播链条，然后领导说做好这次活动新增 10 万粉丝也是有可能的。但是因为当时群内另一个同事即将离职，只是还没有告诉领导，所以领导在谋划这件事情的时候，其实我俩都抱着敷衍的态度。过了一会儿，领导在群内说已经告诉大领导了，明天就要进行评审，让我们好好谋划一下，明天无论如何要给出几个具体的方案。

这下好了，有一种被赶鸭子上架的感觉。所以我就只好赶紧再想方案，不到一小时我便给出答复：想得差不多了，游戏化设计，好玩、免费、有传播（见图 6-10）。之所以这么快就想出来了，其实这是我在上次做亲子大联萌时提出的两套方案之一，当时没被采纳，正好这次可以用上。

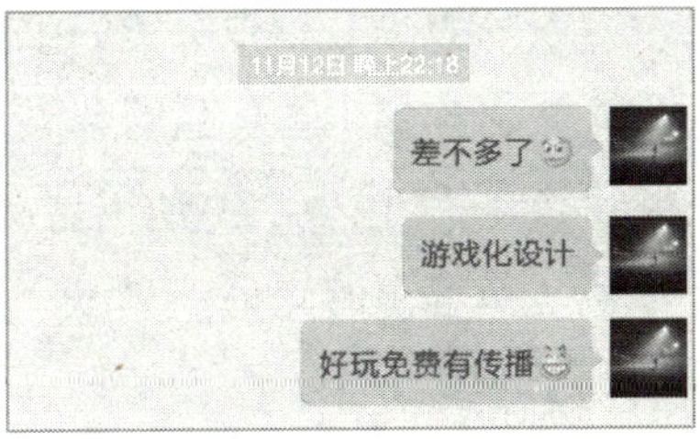

图 6-10　确定创意方案

第二天吃完午饭，我趴在桌子上睡觉，忽然有人“揪”我耳朵，我愤怒地直想发火，结果睁开眼睛一看是领导，喊我去会议室讨论一下方案，我硬生生地把怒火压下去了。由于我们团队的风格是比较扁平化的，所以大家都是比较随意的，上面的一幕就是真实的场景。在会议室里我就把想法阐述了一遍，然后把流程在玻璃墙上画了一遍（见图 6-11）。领导听后感觉可行，于是就拉着我去了项目评审会。我根本不知道项目评审会定在当天下午 1 点，而且还有事业部的最高领导在场，要知道需要做活动的任务还是昨天晚上下班后才下达的，一切过去才不过 12 小时。这就是我们团队的风格：快，执行力强。

图 6-11 方案演练

于是我第二次出场，再次跟产品部、研发部的同事讲述活动方案。好在经过上一次活动的磨合，大家彼此熟悉了一些，而且上次活动的成功也让他们觉得我是一个靠谱的人，不像第一次我讲出预期的时候，他们一万个不相信，将我增粉 2 万的预期改到了 5000，这次我提出增粉 10 万的时候终于没有人再像上次看疯子一样看我了，也没有人一次一次找我说改改预期了。

另外，由于这次活动比较大，所以项目评审会邀约了市场部的同事一起参加，所以在我阐述完方案之后的主要讨论集中在奖品的解决上，也是由于上次大家对活动的普遍不自信，导致最后的奖品到位困难，所以这次我格外提到了奖品资源的保证，于是领导这次就安排了市场部的同事一起讨论。

项目立项后领导跟我说，这周加班把方案定出来，下周一直接过方案。话说，这样的领导估计会逼死很多强迫症吧，幸亏我不是拖延症患者，而且抗压能力也比较强，周六就跑到公司加班了。没想到领导也在，我以为他有事呢，结果他说没事，就是看看我有什么需要帮忙的。我说没有，你想办法把奖品的事情搞定就好了。其实，说实话这些做过和在做的大型活动，都幸亏领导是一个执行力强的人，否则项目能否成功，我还真不敢保证。

和上次一样，这次我同样做了两个方案，跟领导讨论后确定了如图 6-12 所示的方案。先看活动流程设计。

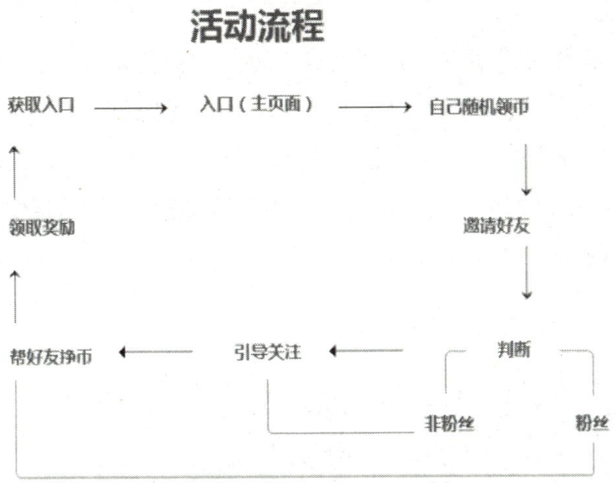

图 6-12　活动流程

由于最初的设想是免费领礼物，但是要跟拉新绑定，所以我就将活动进行了游戏化设计，参与者需要邀人助力，帮自己获取帮币（后被改名为爱心币），积累到一定币值，就可以兑换相应的礼物。总的构想就是这样：首先我们会用微信推送放出活动参加入口，用户打开页面后可以自己领取一些随机币，这个环节的设计目的是让每个用户参与后都可以得到一份礼物，所以这个礼品的币值定得比较低，这样就可以有效激励用户接着玩下去。自己领完币后，要想兑换更大的礼物，就需要分享出去，邀请他人助力，而拉粉的关键环节就在这里。我最初的设计是在助力环节对助力用户有一个判断，如果是我们订阅号的粉丝就可以直接助力，如果不是我们的粉丝就要引导其关注，然后才可以帮好友助力。助力完成后，助力者也可以获得一份奖励，从而把这些路人也转化为活动的参加者，这样就完成了闭环。

1. 活动参与入口

有两种方式可以参与活动：第一种方式就是我们用微信公众号文字消息推送活动页面链接，这样就可以把活动链接推送给全部的微信订阅用户，订阅用户只要点击网址就可以进入活动；第二种方式就是让用户扫描二维码。在推广活动的时候，无论是网站的 Banner 图片，还是微信文章的图文，或者论坛里面的帖子，都可以放置活动参与的二维码，用户可以扫描或者长按识别二维码，从而到达活动页面。

2. 活动主页

我设想的是进入活动主页后可以直接看到一个礼包，拆开礼包后就是随机获得的基础币，并保证基础币可以兑换一份礼物（见图 6-13）。这样去形成对新用户的吸引。这个新用户的礼包一定是以弹层的形式出现的，而且假如新用户当时没有拆礼包，那么这个弹层在收起来的时候应该采用缩放的视觉效果，告诉用户这个礼包暂时收进了什么地方。

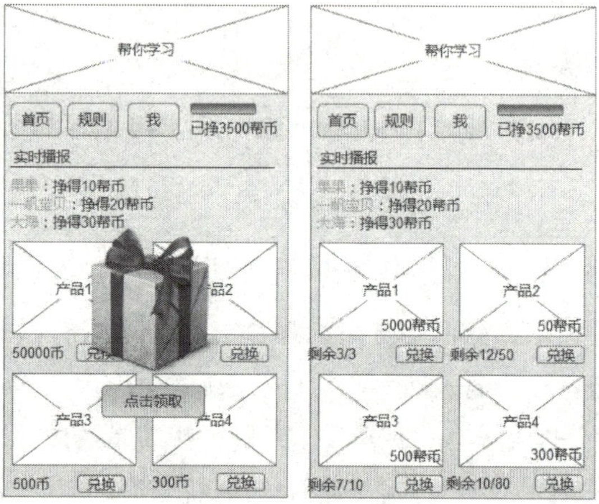

图 6-13　活动主页

3. 助力页

这里我设计了一个用户验证的交互环节，为了防止有人刷票，采用了“最先进”的拉动滑块进行验证的技术（见图 6-14）。遗憾的是，最后这个想法也被否定了。

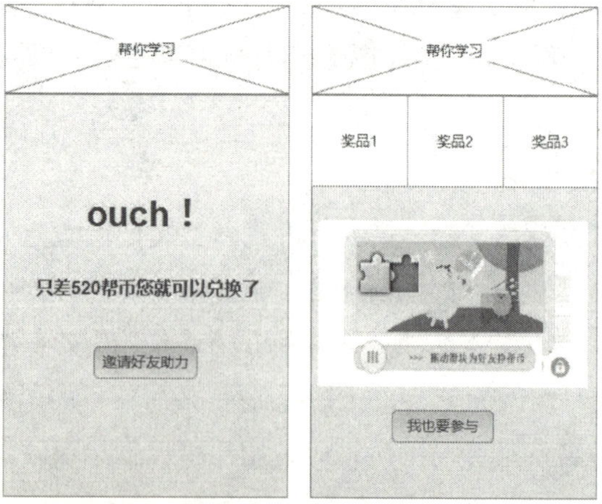

图 6-14　助力页

4. 活动拉新方案

我设计的是一个用户在帮好朋友助力之后，自己也可以获得一份奖励，从而将他们转化为活动的参与者（见图 6-15）。好吧，最后这个方案也被否定了。

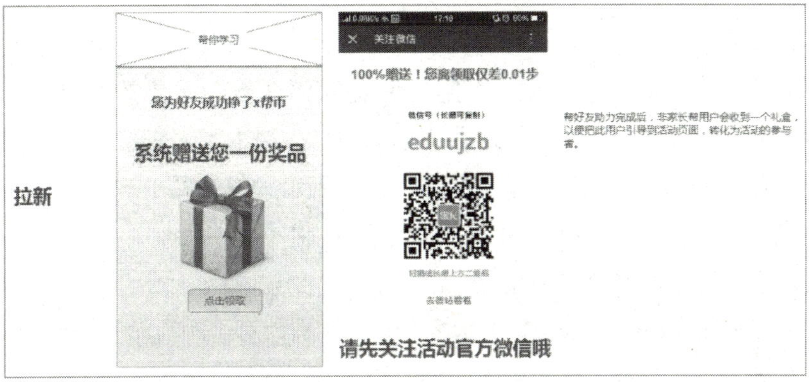

图 6-15 拉新方案

所以这次活动的最终方案其实跟我最初的设计还是有很大出入的，这也是虽然最后差一点就实现了预期（见图 6-16）而我却不满意的原因，因为我说出来的预期是新增 10 万粉丝，其实我内心也有一个数据，就是新增 15 万粉丝。活动结束后，在进行复盘总结的时候，我发现其实是完全可以做到新增 15 万粉丝的。

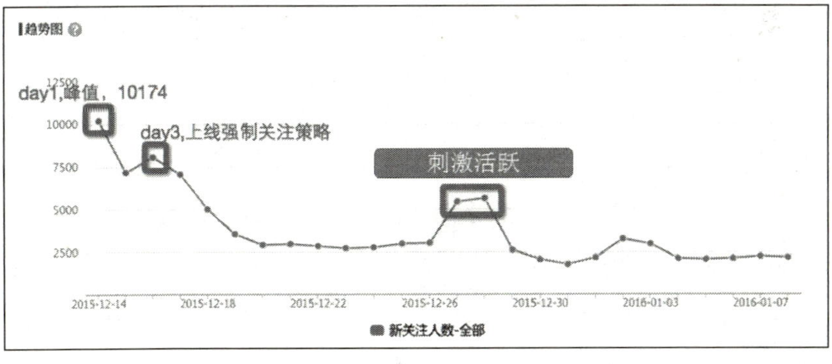

图 6-16 活动总拉新为 9.7 万人

而之所以没有实现预期，有两个最大的弊端：其一是在活动流程环节我做的用户判断，研发在开发的时候没有实现，活动上线第三天，由于离我的预期相差太远，所以我提出这个漏洞，然后大领导说 12 小时内必须堵住，研发才将订阅号与服务号绑定，从而实现了用户状态的判断，如果不是我们的粉丝则将无法助力；其二是为了防止奖品在短时间内被刷光，他们给出的方案是将奖品以周为单位放出，这就大大改变了我原本一个首页展示众多奖品的页面布局，从而大大降低了对用户的吸引度。最大的弊端还不在此，而在于第三周的时候奖品一放出来，就被抢完了。

所以我们后续的推广没法做，因为新人进来之后看到的是一个空白的页面，导致后面我们在引进一个超级大号推广的时候也没有获得理想的预期。

除了我自己觉得这个活动原本可以有更好的效果而不太满意，从总体上来说这次活动还是成功的。通过该活动带来的粉丝新增人数达到了 10 万人，活动页面的总浏览量有近 300 万次，而单个新增用户成本仅为 1 元。

活动三：万人微信群发布会

另外，我认为还有一点值得与大家分享，就是针对这次活动我设计的一个大型活动预热方案——万人微信群发布会。

说起发布会，比较有名的如杜蕾斯在 B 站做的 3 个小时的在线发布会，以及伏牛堂做的号称 50 万人参与的多群直播发布会。于是在给活动想预热方案的时候，我就策划了这样一场线上万人发布会。结果做完预热，第二天活动上线一个半小时即达到微信接口每天 10 万次授权的最高限制，导致页面暂时无法打开。一天结束后，当天的粉丝新增就突破了 1 万人，浏览量达到 25 万次。下面我总结了一些对这次预热活动的思考，与诸位交流。

上篇：如何策划一场万人发布会？

1. 你需要一篇好文案

我是用一篇文章将发布会的消息推送给用户的。文章推送后，阅读量很快就突破了 2 万次，大量的加好友需求导致微信小号一直打不开，因为参加发布会的人需要添加微信小号才能进群。后来没办法，只好第二天重新推送，当然这次的效果差得多，不过还是找够了种子用户。

2. 建立微信群

用户报名后，我就建了 24 个群，平均每个群 40 人（见图 6-17）。因为建立发布会群就是希望群内的人多邀请新人进群，所以每个群只有基础用户即可。

3. 促活

群成立后，肯定需要刺激活跃，所以我设计的发布会时长只有一个小时。其实每个群是不能事实上成立的，只有群主可以看到，群内的其他成员是看不到的。

所以我提前把所有的群建好，做好准备工作，等到活动开始的时候，所有群就可以同步进行了。之后进入正式环节，开始发红包与课程。

图 6-17　发布会微信群

4．链式传播

群成立后，我们告诉用户的第一条信息就是大家快点拉群，哪个群先突破 100 人，我们就先发红包，一直发到发布会结束（见图 6-18）。这样我们的群规模就会快速扩充起来。进群的人都有好处，即免费领取课程，到 100 人的时候还可以领现金红包，大家没有理由不拉朋友进群。

图 6-18　发布会海报

5. 重磅消息压轴

在发布会结束时，我们将圣诞活动的海报发到群内，提前告知用户，第二天早上 10 点活动正式上线，大家就可以正常参与了。圣诞节活动的海报分为三张，第一张展示的是实物大奖（见图 6-19），第二张展示的是课程（见图 6-20），第三张展示的是所有赞助的品牌商（见图 6-21）。通过图像直观地告诉用户我们的大奖，从而吸引他们关注第二天的活动。

图 6-19　发布会海报 1

图 6-20　发布会海报 2

图 6-21　发布会海报 3

第二天早上 10 点，活动如期上线。由于前期的充分预热，一个多小时后，页面接口访问次数就因达到微信接口的 10 万次限制而打不开了，于是技术团队赶紧寻找替代方案，3 个小时后，活动才恢复正常。页面打不开的这段时间也导致我们被一部分用户质疑，从而造成了一定的损失，这都是教训。

下篇：万人发布会成功的因素？

在这次万人微信群发布会结束后，我也总结了一些经验，与大家分享一二。

1. 弱点回避

我们不具备品牌影响力与号召力，也比不上杜蕾斯和伏牛堂这样的营销造势能力，它们可以利用自己的品牌通过概念炒作聚集一群人，而我们则不同。一方面我们号召能力弱，另一方面我们的用户多是成年人，缺乏年轻人的爱玩、好奇心理。所以我们要利用人性的弱点，拿红包的概念来聚客。

2. 以小博大

我们利用家长帮微信的一级影响力聚集了第一批种子用户，将有兴趣参加发布会的订阅者筛选出来，然后将这些人平均分配到 24 个群里作为基础用户，就是引爆点里面所说的链接点，通过刺激这些人，让他们帮我们邀请人进群，而不是所有的群都由我们建立起来。也就是说，我们通过很少的人博弈到更大的群。

3．事实刺激

当群公布后，他们就会自发地邀请朋友进群，一起抢红包。在发布会开始后真正发现金红包时，他们就会更加信任活动，因为现实会强化信任，通过事实刺激，他们就会放心地去拉好友入群。

4．站内信升级为广播

如果我们像伏牛堂那样自己邀请所有人进群，就相当于我们只是利用了站内信功能，因为我们与这些被邀请的人之间原本就是有连接的，他们通过微信、微博等渠道知晓我们的活动，这就是站内信通知。但是我们做的这个万人发布会就是广播系统，通过基础用户（姑且定义他们为“广播站”）的扩音效果，利用广播矩阵向四面八方扩散。站内信只能告诉已经与我们有连接的人，广播却不一样，其重点在于寻找新人，只要在广播辐射范围内，不管跟我们有没有连接，都会知晓我们需要传递的消息。

5．用户池

建立发布会群后，第一个功能是信息告知。我们先把圣诞节的活动告诉群友，可以从里面转化出一部分关心圣诞节活动的人，等到活动上线后，这些人就会参加，参加后他们就会在群内拉人点亮，这样就把另一部分原本不关心圣诞节活动的人转化成活动参与用户了，这就是群体的力量。

6．收集用户反馈

有了这样一个玩家群，我们就可以方便地收集用户反馈，有什么问题能够及时了解到，不会等到事态严重了才感知到，而是能够在事发源头很快就能响应，并且解决。

7．刺激活跃

因为人是群体性动物，一个人自己玩这样的游戏，如果没有人一起玩，就会逐渐丧失成就感，最终选择退出。但是有群就不一样了，这就相当于有了一群玩友，大家都是玩这个游戏的，每天都有人可以相互帮忙，于是就会一直玩下去，从而带动这个活动的持续活跃。

6.3　创办巴大仁新媒体研习社

巴大仁新媒体研习社成立于 2016 年 1 月 20 日，这是一个以新媒体为主题的专业、认真的知识研习社群。在这里我们强调“自治”、“互助”和每日“精进”！与我们一起学习的有大学生、创业者、职场新人，还潜伏着新媒体上下游的各路神秘人士，是一个年轻、有趣又积极向上的学习自组织！从发起到现在已经建立了 10 个社员班级群，正式会员有 4000 多人，基本实现了社员自组织。下面分享一下建立新媒体研习社的初衷和新媒体研习社能够长久保持良好生态的原因，既是理念分享也是经验分享，希望读者能够从中大有所获。

6.3.1　建立新媒体研习社的初衷

也是因为要写这篇文章，所以我找到了刚刚建立新媒体研习社时发出的一份邀请函，来回顾一下我当时建立新媒体研习社的想法。原信如下：

今天我终于做了一件一直想做但是没有做的事情，就是发起建立了“巴大仁新媒体研习社”社群。截至发稿已有 95 人，这是一场实验，能否成功我不知道，未来长成什么样我也不知道，如群友趵突所言：时间会帮你完善剩下要完成的目标。我喜欢这句话！让我们与时间做朋友吧，看看会带来什么样的改变……

新媒体研习社邀请函

首先很抱歉，这么晚打扰大家了。如果你有时间，那么我想和你聊聊我建这个新媒体研习社的初衷。

大家都是从知乎上过来加我的，但我很抱歉，我跟绝大多数人都没有说过一句话，但我知道大家加我的目的无非是想学习了解新媒体或者交流经验。所以今天就建了这个群，但也不仅仅这么简单……

我是这样想的，我想尝试建立一个小众的新媒体互助学习社群，在这个社群里，我们不追求假、大、空，只强调自我的点滴改变。而改变从分享和交流开始。

大多数新媒体从业人员都是自己一个人负责公司的新媒体工作，有了困惑没人请教，有了成绩没人分享，有了想法没人碰撞，有了委屈没人倾诉。在这个社群里，我们都是兄弟姐妹，我想这就是我们新媒体人之家。你入行无门的苦恼，你的想法验证，你的成果分享，都会有兄弟姐妹与你同在。

分享是情感的维系，但是改变却需要做些实事。进入社群的人，我希望你每周写一篇你对新媒体的感悟与大家分享。有人说过，学习最好的方式就是给别人当老师，当你需要写点东西与大家分享的时候，我想你会慢慢加深对这个行业的理解。为此我建立了一个巴大仁微信公众号，每天会把一些好的分享发布在公众号上。请大家注明姓名，我希望利用我在知乎和新媒体界些微的影响力来帮助大家进入圈子，以及帮助有能力的伙伴一起成长起来。此为其一。

其二，让你自己成为大神！大家能够加我肯定也是有自己的知乎账号的，除了上面我带大家玩"巴大仁"这个微信账号，我想带大家一起玩知乎账号。不要迷信大神，你自己就是大神。我希望你每周至少在知乎上做一次专业的新媒体方面的回答，然后转到本群，我们帮你点赞。这样就会形成只要你肯思考，肯做专业的回答，就会有人为你点赞的氛围。如果你每天能答一题，这个群内有 50 人为你点赞，那么你一个月就会收获 1500 个赞。

如果你回答得确实不错，那么我也会帮你点赞，并广播给我的 3000 多个关注者。当然，我也清楚这一点可能会有些脆弱，毕竟我们都希望别人赞我却不肯轻易赞别人，所以在这个群内我们倡导"己所欲，施与人"，这样当你做出专业的回答后，我们可以为你提供修改建议并帮你完善答案，也能帮你点赞。帮助是相互的。

其三，我一直有众筹写书的想法，有很多人急需了解新媒体，需要入门，需要学习技巧，需要了解前景，需要寻找进阶通道。通过上面两件事，我想应该可以筛选出一些勤于思考和勤于写作的伙伴，那么到时候我相信会有机缘通过协作的方式完成一本书。

其四，我会尽量帮大家扩大这个圈子，邀请更多更专业的新媒体人进来。

其五，希望这里是一个关于新媒体的专业交流和学习场所，希望大家可以分享一些圈内的活动、优秀的书籍、好的相关案例等。

这就是我成立新媒体研习社的初衷。如果你是我们要找的人，那么请你留下并坚持学习和改变；如果你不是，那么请自行退群，打扰之处还请见谅。

能不能做成我不知道，做成什么样我也不知道。不完善之处需要与大家在协作中优化，就让我们一起学习、一起成长吧！

巴大仁于北京

2016/1/20

在这封信中我提到了 5 个初衷，现在看来大方向依然是对的，有些事情一直在做，有些正在做，有些还没有开始。前两个想法是想培养大家的互助精神，但是会存在一个质量问题，目前看来不好实行。第三个想法，即与大家一起写书的愿望基本上算是实现了，因为本书第 7 章的内容就是我们共同完成的，这也是我们研习社第一季的作业，所以大家在完成作业的同时我也在完成作业，只不过基于大家的需要和社群的成员分享，我的作业写完后暂时没有公布。

第四个想法我做得不好，直到现在也没有想出更好的方式让更专业的新媒体人进入，但是我相信未来肯定会找到一种三方共赢的方式引入新媒体圈内的优质资源，人从来不用愁，愁的是一个共赢的平衡方式。这也是接下来我会重点考虑的事情，让研习社的成员尽早享受到这种福利。

6.3.2　新媒体研习社健康运行的三要素

新媒体研习社有一个很神奇的地方，就是这些社群只有一个群主，没有设置管理员，但是群内秩序井然，几乎没有歪楼和发广告的行为出现。想必看到这里你会很好奇是怎么做到的，下面我就为大家揭开新媒体研习社依靠社员自治与他治实现自组织健康发展必备的三大要素。

1. 社群高度自治

由于我也是一线从业者，大家都知道新媒体人都是很苦的，所以我在工作上面也有很多事情，也经常加班，所以不可能全身心打理研习社这么大的社群。因此，我在社群成立之初倡导的就是社员自治，自从与大家一起制定了几条基本的群规后，就基本不干涉社群了。这样我的弱管理就会带动社员的高自治，因为要想有舒适的研习环境，只能大家自己营造，最终社群呈现的就是大家的集体意志，而不是群主设计的社群模式。也正是因为这样的“弱管理、高自治”模式，才会出现社员不认识群主，甚至在群主分享研习社官方账号的文章时同样会被研习社成员举报的契约精神。因此，如果不是必需的，我也基本上不向群内转发巴大仁公众号的文章。

2. 认知盈余能够共享

关于这点，我从两方面来引导这种风气，最终形成“热爱学习、乐于分享、为知识埋单”的业文化氛围。

- 社群答疑。

由于新媒体研习社成立的初衷是想帮助一线从业者共同成长，所以在具体工作中会遇到很多问题，也会产生很多困惑。如果仅靠一人来答疑，则是不现实的，所以只能依靠成员认知盈余的共享。而且我发现成员中确实有不少高手，很多问题几乎不用我亲自回答。如果你的问题在一天之内社群中无人帮你解答，那么可以单独向巴大仁咨询。

因此，很多时候其实我看到了问题，但是我都尽量不先回答，等实在没人回答的时候我再回答，并@提问者。这样做的原因就是怕打消他人回答的积极性，所以我尽量引导社群成员自主回答，哪怕回答得有瑕疵，也会有其他成员帮忙修正，从而更新自己的知识库，这岂不是一件很好的事情？

- 作业研习。

这是充分彰显认知盈余共享的一件事情。巴大仁新媒体研习社每周都有新的研习作业发布，学员需要以提交作业完成打卡的方式进行学习。首先我会把每周的研习作业在当周的开始推送出去，明确告知作业内容和如何提交作业。收到作业后，学员可以自主创作，也可以通过网络学习后提交一份自己的作业，作业需要以文章的形式发布在简书上面。其实让大家发布在简书上也是经过考量的，首先是因为微信公众号的注册流程比较麻烦，让大家都去注册一个公众号显然是不明智的，而简书的门槛就低很多；其次是想通过作业的形式迫使大家养成写文章的习惯；最后是简书上会有一些出版社的编辑或者寻找好文章的公众号运营小编，如果你的作业写得不错，则很容易引起这些人的注意，对每个按时提交作业的人其实是很好的考量。

发布在简书上后，需要把这篇文章转发到新媒体研习社，这样就形成了认知盈余共享。首先，你在研习的时候会自我收获和成长；其次，你把研习成果发布在社群后，大家可以从你的研习成果中学习，你也可以从别人的研习成果中学习。你会从别人的作业中发现很多你原本的知识盲区，学习别人的经验，也学习别人的研习方式。

这件事真是太美妙了，而且功德无量！

3. 自我奉献精神

其实我更想用的词语是“利他”，原为佛教用语，指给予他人方便和利益而不求回报。但是我觉得“利他”的境界有点高，非一般人怕是很难达到，所以我就倡导自我奉献精神，因为起码我自己能做到一些，否则无法倡导别人做到。

作为一线从业者，我当初也是凭着对新媒体的一腔热血投入到这个行业的，而且处于一种盲行者的姿态，在没有任何人指引的情况下自己逐渐摸索。所以现在看到还有那么多入门无路的人在黑暗中航行，我就想能不能依靠自己的一点经验帮助他们。对新媒体感兴趣的人，可以让他接触一线的从业者，了解这个行业的真实动态；已从业的也可以在研习社里相互切磋甚至交换资源，共同成长。新媒体研习社就这样应运而生了。

在我们的社群内也确实做到了奉献精神，大家自发地相互帮助、规范社群，班长为成员服务，有经验的帮助没经验的，其乐融融。

6.3.3　社群会助人成长，也会自我生长

我们先来聊一聊社群的自我生长吧。在大家的印象里，一个社群建立不久就会慢慢消亡，这也是当初建立新媒体研习社时我所担忧的事情，所以一开始我就给自己留了后路，我说这是一场实验，最后做成什么样子我也不知道。但可喜可贺的是，新媒体研习社成长到现在不仅没有消亡，反而慢慢形成了自己的文化和生态，这点特别值得欣慰。

1．社群规模

用了 6 个月的时间，从零壮大到 4000 多个精准会员，我们走得很慢也很正，宁愿慢一点，我们也要走在康庄大道上，这是我的原则。在分答上有人提问我是如何招生的，我说新媒体研习社是公益的，未来也没有收费的计划，至少对于新媒体研习社这个产品来说是不会收费的，因此“招生”这个词不准确，应该说我是如何招募成员的。

我的回答是我做了三级转化：首先，我会在知乎上做专业的新媒体问题的回答，在答案中我会告诉大家有新媒体研习社这回事，如果真正对新媒体研习社感兴趣，则可以加我的公众号巴大仁（微信号：ba-da-ren）；添加了巴大仁公众号之后就会找到进入研习社的入口，发送相应的关键字获取到我的个人号，经审核后就会被邀请进入研习社。

因此，研习社的 4000 多个精准新媒体成员就是这样进来的，当然还有一部分人是通过社员口碑推荐申请加入的，也有一部分人想要加入但是没有被审核通过，或者通过后其在社群内的表现不佳，肆意践踏群规被请出了社群。当然也有

一些人员因为研习社还不够好，自动退出了。但是留下了这么多人，大家在一起的氛围还是很融洽的，这样就足够让我欣慰了。

2. 社群群规

从第一次建群的时候只规定了两条群规，到第二版的 5 条群规，再到后来更新了第三版群规，变为现在的 6 条社员行为规范，这三版群规的变化其实都是跟社群内成员的表现息息相关的，都是大家的行为影响着群规的变化。给大家看一下早期的两条群规。

先定群规，仅两条：

- 广告零容忍。
- 本群为严肃知识分享社群，交流时间为 17:00 ~ 24:00，其他时段禁言。

其实硬性纪律只有一条，就是广告零容忍。后来随着第一个班级社群越来越大，很多人反映消息太多、刷屏太快，以及相互了解的社交需求，又加入了对名片格式、聊天时间与交流方式的限制。直到后来群内出现了赤裸裸的发广告行为，我才加入了不许在群内发链接与转图文的规范。之所以要定这个群规，是因为我们是自治型社群，如果允许发图文，大家都是新媒体小编，就会有人不自觉地转自己的文章进群，转得多了就跟广告群一样了。如果提醒个别人尽量不要转文章到群，他会说我想让大家帮我看看排版，这样就导致我无法有效监控社群的内容，在“执法”的时候也会遇到干涉，同时也会干扰到社群内成员的监督秩序。于是从制度上考虑，我还是果断地制定了禁止转发图文或者链接到群的规定（见图 6-22）。

群规都是由于群内出现了这样或那样的情况，造成了不好的影响，我才根据需要设定的，对我来说确实是不得已而为之。因为研习社招来的应该是想学习的人，没有必要限制大家。然而现实情况是，即使我们的进入门槛比较高，但是还会有些人混进来，这样的成员其实对于我们的社群也有好处，大家不要那么排斥。

相信大家都听过鲶鱼与沙丁鱼的故事。在长期保持固有关系的群体环境中加入陌生身份的人，就会引起群体成员的注意，带来刺激性因素，促进环境的活跃与改变，这就是鲶鱼效应。有这样的人出去，才有新的人进来，从而保证我们社群的活跃。

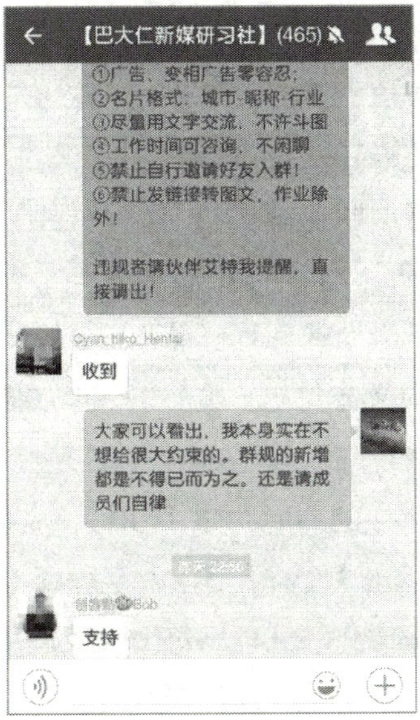

图 6-22　社群行为规范

3. 社群功能升级

社群发展到后来有人问我什么时候开始学习（见图 6-23），看到消息我虽然没有回复他，因为当时我也不知道什么时候能开始。但是这个问题给了我很大的冲击，之后我就做了一份课程目录，分为四大学习模块。

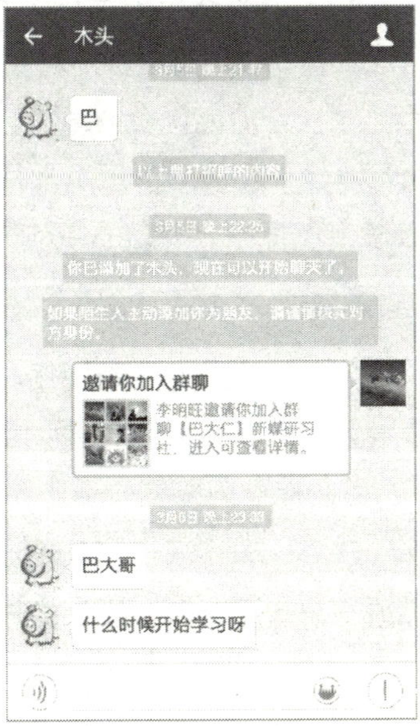

图 6-23　成员咨询

- 主题研讨 1：新媒体运营必备工具。
- 主题研讨 2：新媒体运营能力养成。
- 主题研讨 3：新媒体账号推广策略。
- 主题研讨 4：新媒体求职面试技巧。

每个模块里都有详细的每周研习课题，布置周作业。招募了 4 个班长，协助我统计作业，催促大家完成当周的课程。报名的 4 个班长都很热心负责，课程体系的运行实在离不开他们的义务付出。目前第一个主题已经研讨完成，后面的主题研讨会在合适的时机再开课。

当然，以后还会有什么样的功能我也不知道，就像我在知乎上的一个回答：不是张小龙让微信长成了现在这个样子，在一定程度上是我们决定了微信今天的样子。未来研习社的模样其实也是由我们每个人共同决定的。我对社群的干预其实非常少，因为我想尽量减少我对社群的影响，我的干预多了，大家的主观能动性就少了，社群的活力就会减少。所以请大家理解我常说的，一切靠自律。

上面讲述的就是社群在自愿或者被迫的情况下成长。与此相同，作为社群的一员，社群内的成员也在发生着变化，这个变化同样可以是自我选择的成长，也可以是受到群体的影响而不知不觉地变化着、成长着。

4. 组织的归属感

很多人进入社群的第一句话，或者我给他发送了入群邀请后的第一句话是：太好了，终于找到组织了（见图 6-24）。相信很多新媒体人都有这样的体会，公司里做新媒体的就是他自己，好一点的或许有两三人，但终归是比较寂寞的。在他们眼里，老板肯定是什么都不懂，其他同事更是没得聊，有了难题和困惑也找不到人交流。有个组织可以学习、提问、交流，确实不错。

5. 作业逼人进步

早期没有作业的时候，我会坚持为大家分享干货。在每篇文章开头会告诉大家这是我的第几次分享，结尾会问大家：你何时开始你的第一次分享？后来我们有了周作业（见图 6-25），成员在社群内提交作业、打卡，忙得不亦乐乎，让一些人更是坐立不安。别人都在学习，都在进步，而且写的作业那么好，你什么都不会还好意思不学习？俗话说得好，不怕别人比你优秀，就怕比你优秀的人还比你努力！

图 6-24　组织的归属感

图 6-25　作业逼人进步

不过说句实话，成员们提交的作业质量确实很高，我很欣慰。

6. 共享知识让人进步

首先，学员通过在群内的交流和讨论可以就一个问题、现象或者观点进行充分的辩论，创意和想法会在群内自由流淌，这样参与的人和观众都会从交流中获益。而顺畅的交流是不能被表情图刷屏的，不能被语音这种非可视化的载体传播，因此我们群内才有了不许斗图、尽量用语言交流的群规，希望大家能理解我的良苦用心。

其次是学员作业。我们规定学员要注册简书，通过简书提交作业。一是因为简书比公众号的注册门槛低，二是因为简书的沉浸式、无打扰的写作模式会让人上瘾，这样就会有一定量的学员可以快速注册完成并开始作业研习。提交作业的时间规定在 18:30 ~ 23:30，这样在一个固定的时间段内提交作业，其他人就可以集中时间学习一个知识点，是一种很棒的体验。并不是所有人都有时间写作业，但是肯定有一部分人会坚持写作业，这部分人会有很大的沉淀和成长，而看的人能够针对一个课题看到多份不同的研习，也会受益匪浅。这就是社群给人带来的认知盈余共享的便利！

最后，社群内每天都会有问题咨询，也都会有人回答。如果你是提问方或者回答方，那你就是问题价值的贡献者；如果二者都不是，那么你就是共享知识的受益者。凯文·凯利在其新书《必然》中强调，未来答案是不值钱的，有价值的是好的提问。但是在新媒体研习社，不但有人给你提供答案，还有人连问题都为你问好了。我们通过群规的限制让大家用文字提问、用文字回答，那么，你只需要用很短的时间在群内浏览一下，就能获得这些信息，既收获了知识，也大大节约了时间。

感谢社群带给我们的美好体验！

第 7 章

新媒体运营工具大全

本章是为纯新媒体新人设计的，可以让非专业人士在阅读后快速上手几款工具，比如排版工具其实对很多人都是很有帮助的。我就接触过不少虽然有自己的公众号，但是并不知道如何利用工具做出美观样式的人。除此之外，我还整理了一批高清免费图库，同时介绍了一些好用的 H5 制作工具。

7.1 微信公众平台与运营规范

不可否认，张小龙是当今中国极为优秀的产品经理之一，微信这款产品实在有太多可圈可点的地方了。因此，本章我们必须介绍一下微信公众平台的官方后台，以及一份微信团队公布的十分有用的运营规范。了解后台并熟悉官方规范是一个运营人员的第一课，所以我将其作为本章的开始。

微信团队在对用户操作习惯和用户体验的设计上都能够让人眼前一亮，就拿 1000 多万粉丝的微信账号的小编每天都要登录的微信公众平台来说，就有很多打动人的小细节，而作为一名新媒体编辑，我相信你未必了解微信官方后台，虽然这项能力是 HR 在招聘时对应聘人员最基本的要求。下面我们就一起来了解一下微信官方后台。

7.1.1 花样群发功能

说起微信群发，估计大家的反应都是群发图文消息，因为图文群发功能是在微信中广泛使用的一种群发方式（见图 7-1）。然而可以群发的内容并不仅仅是图文，还有文字、图片、语音和视频。下面我们来看两种花样群发功能。

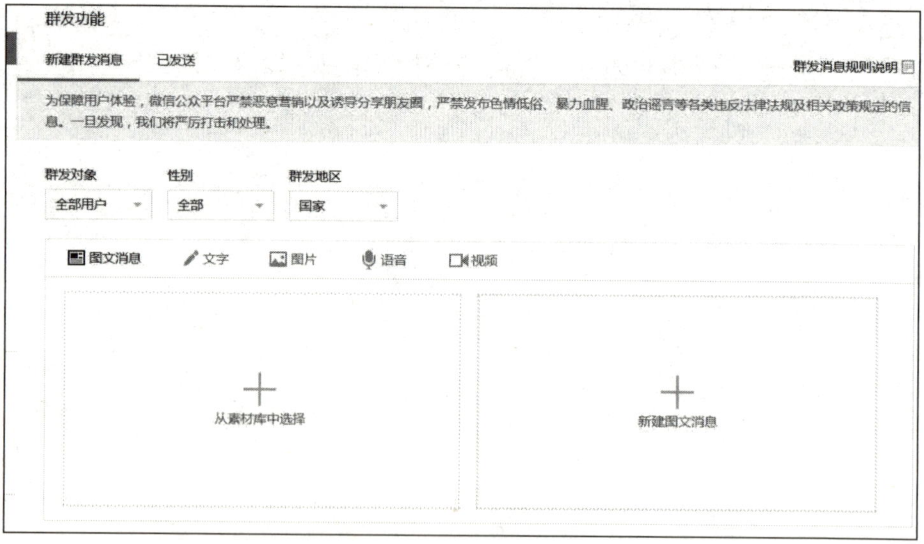

图 7-1　微信群发功能

群发文字消息的时候是可以群发链接的，但有时候有些链接会比较长，我们又不想让这些链接占满整个屏幕，这时候使用超链接功能就十分便利了。而这种功能实现起来也比较方便，加一行简单的代码即可（见图 7-2）。

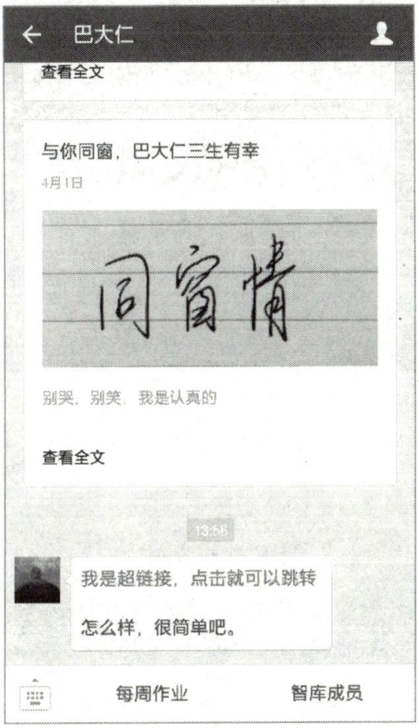

图 7-2　群发超链接

除了我们平时看到的微信文章内的视频，其实微信还有群发视频的功能。估计有人就会问了：这两个功能难道不是一样的吗？没错，它们不仅不一样，而且还有很大的区别。

图 7-3 就是群发视频的效果；而图 7-4 则是在群发图文中插入视频的效果。二者的区别就是群发视频不显示微信账号名称，视频播放器可以充满屏幕，标题是在视频下面显示的，视频介绍也在视频下面显示；而群发图文中的视频播放器无法充满屏幕，四周有白色背景，而且在编辑介绍文字的时候是可以通过富文本格式显示的。

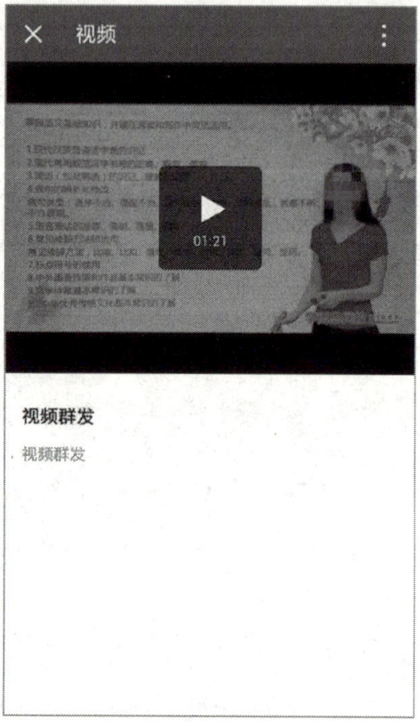

图 7-3　群发视频

图 7-4　在群发图文中插入视频

群发视频操作说明：

（1）进入微信公众平台，依次选择功能→群发功能→视频，如图 7-5 所示。

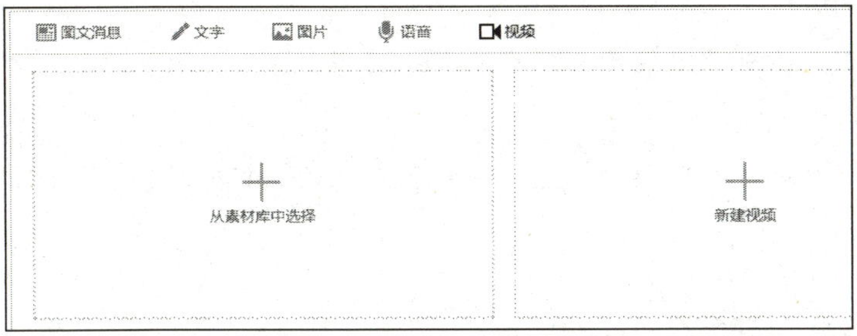

图 7-5　群发视频入口

（2）选择对应素材，如图 7-6 所示。如果素材库里没有视频资源，则可以单击“+新建视频”按钮。

图 7-6　选择群发的视频素材

（3）视频分为两种：微视和本地上传，如图 7-7 所示。

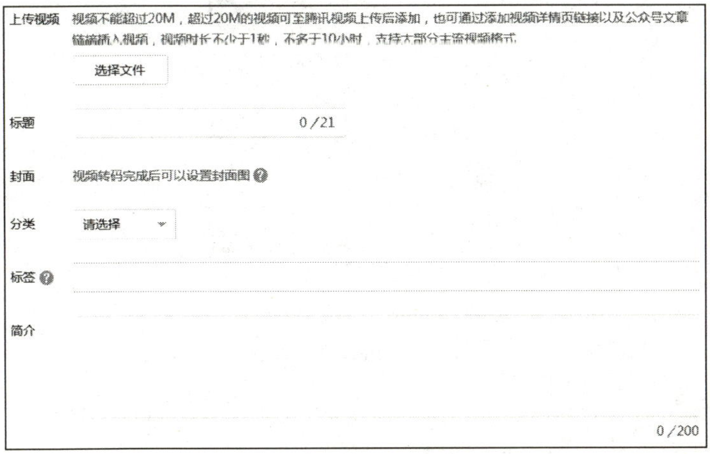

图 7-7　上传视频的方式

（4）群发视频注意事项：

- 视频大小不能超过 20MB，支持大部分主流视频格式，超过 20MB 的视频无法进行群发。
- 视频上传到腾讯视频后需要经过转码和审核，所以如果当天要用，则最好提前上传。
- 不支持时长小于 1s 或大于 10h 的视频文件，这些文件上传后将不能成功转码。

7.1.2 随机自动回复

微信的自动回复功能可以定义关键字规则，就是你按照要求给公众号发送一个关键字，公众号就会自动给你推送一条或多条消息。而有些账号却可以实现随机自动回复，很有趣（见图 7-8）。比如你先发一个“你好”，系统回复你一个“我很好，谢谢你”；你再发一个“你好”，这次系统回复你的是“你好我也好，汇仁牌肾宝”。那么，这样的小功能是如何实现的呢？

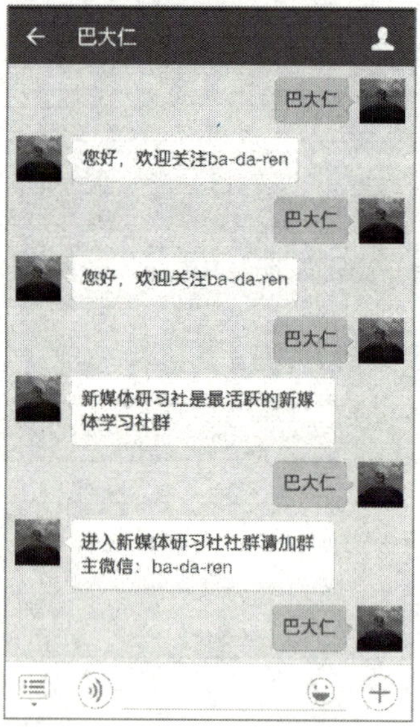

图 7-8　随机自动回复

设置技巧：

- 新定义一个关键字“你好”。
- 在回复的内容里面统一设置为文字类型的回复，多设置几条，如图 7-9 所示。

图 7-9　后台设置关键字

- 设置完成后进入对应的公众号，回复你定义好的关键字测试一下。

7.1.3　页面模板功能

在微信后台的众多功能中，还有一个很好用的功能——页面模板。我看到在巴大仁新媒体研习社群内及知乎上都有很多人在提问，某某公众号的这个功能是怎么实现的？提问者往往一脸崇拜的样子，我看了一眼，这不是微信官方的“页面模板”功能吗？因此，本小节详细介绍一下这个功能。

什么叫“页面模板”呢？先来看一下微信团队的定义：“页面模板功能是什么？页面模板功能，是给公众号创建行业网页的功能插件。公众号可选择行业模板，导入控件和素材生成网页，对外发布。”也就是说，使用这个页面模板功能可以快捷地生成展示页，如图 7-10 所示。

页面模板说明：

- 哪些公众号可以申请页面模板功能？

暂时只有开通了原创声明功能的公众号才享有这个功能插件。

- 一个公众号最多可以创建几个页面？

最多 15 个。

- 每个页面可以添加多少篇文章？

最多 30 篇。

- 每个页面可以设置几个 Tab 页？

最多 5 个。

- 列表的文章来自哪里？

只能添加微信公众平台里面群发过的文章，或者微信公众平台素材库里面的文章。也就是说，保存的素材也可以加入列表，但是站外的文章无法添加。

图 7-10　页面模板功能

7.1.4　微信公众平台运营规范

在微信公众平台首页的底栏区域有一个“运营规范”链接（见图 7-11），建议所有小编仔细阅读一下，这是每位小编的操作手册，也是微信官方的一条警戒线。研读之后你就会知道微信的红线有哪些，什么样的行为是万万碰不得的。尤其是一些企业、政府、媒体类型的大号，小编更要尤其慎重，如果触犯了运营规范被处罚甚至被封号，那么这样的损失将是无法挽回的。

图 7-11　微信公众平台底部的运营规范

下面摘录微信公众平台运营规范中经常被提及的条款与大家一起学习一下，并提请各位运营人员注意。

1．使用外挂行为

未经腾讯书面许可使用或推荐、介绍使用插件、外挂或其他违规第三方工具、服务接入本服务和相关系统（见图 7-12）。

图 7-12　微信外挂软件

2．刷粉行为

未经腾讯书面许可利用其他公众号、微信账号和任何功能或第三方运营平台进行推广或互相推广的，包括但不限于僵尸粉刷粉、公众账号互相推广、普通微信账号通过微信普通消息、附近的人打招呼、漂流瓶、摇一摇等任何形式推广公众账号，以及利用第三方平台进行互推等。

本规范所指“推广形式”，包括但不限于通过链接、头像、二维码、纯文字等各种形式完成的推广行为。

制作、发布与以上行为相关的方法、工具，或对此类方法、工具进行运营或传播，无论这些行为是否出于商业目的，使用者账号都将被处理。

3．诱导行为

诱导分享：通过外链或公众号消息等方式，强制或诱导用户将消息分享至朋友圈的行为（见图 7-13 和图 7-14）。奖励的方式包括但不限于实物奖品、虚拟奖品（积分、信息）等。

诱导关注：通过外链、公众号群发或二维码等方式，以奖励或其他方式，强制或诱导用户关注公众号的行为（见图 7-15 和图 7-16）。奖励的方式包括但不限于实物奖品、虚拟奖品（积分、信息）等。

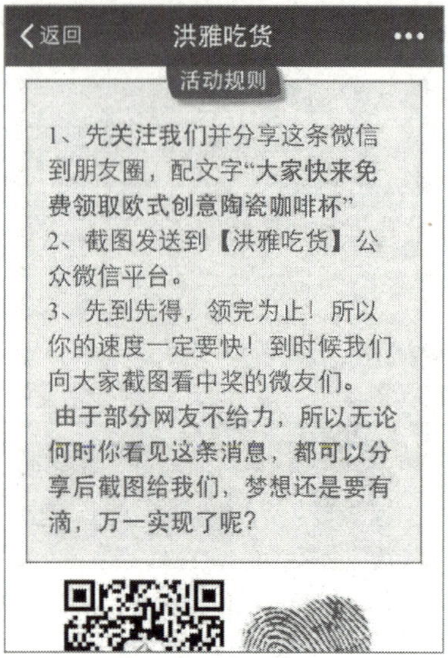

图 7-13　公众号消息奖励诱导分享

图 7-14　外链强制诱导分享

图 7-15　外链诱导关注

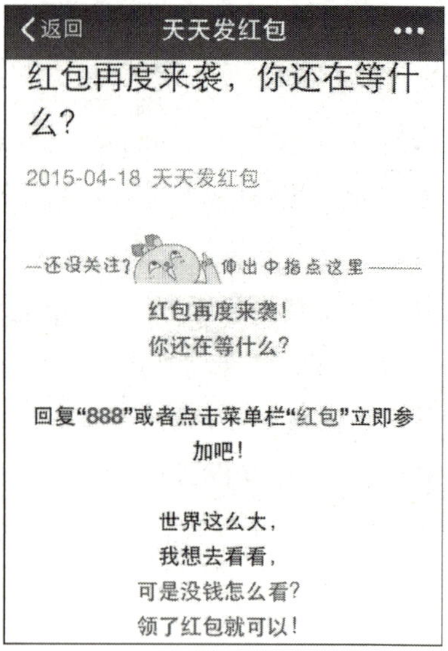

图 7-16　图文消息诱导关注

包括以下类型。

- 强制用户分享：分享后才能继续下一步操作。包括但不限于分享后方可预订、分享后方可知道答案等。
- 利诱用户分享：分享后对用户有奖励。包括但不限于邀请好友拆礼盒、集赞、分享可增加一次抽奖机会等。

- 胁迫、煽动用户分享：用夸张言语来胁迫、引诱用户分享。包括但不限于“不转不是中国人”、“请好心人转发一下”、“转发后一生平安”、“转疯了”、“必转”等。

4. 恶意篡改功能行为

有目的性地对公众平台的功能或文字进行篡改，违反公众平台功能的原本用途或意义。例如，在原本显示作者名称（公众号名称）的位置篡改文字显示（见图 7-17）。

图 7-17　恶意篡改功能行为

5. 浪费账号资源行为

完成注册后，连续 210 日未登录，公众号可能被终止使用。终止使用后，注册所使用的邮箱、身份证、微信号等信息将被取消注册状态。

6. 滥用原创声明功能

如下情形不得对文章进行原创声明，一经发现将永久收回原创声明功能使用权限，导致严重影响的还将对违规公众号予以一定期限内封号处理。

- 抄袭的文章。
- 文章主要篇幅为诸如“法律、法规，国家机关的决议、决定、命令和其他具有立法、行政、司法性质的文件、时事新闻、历法、通用数表、通用表格和公式”等的公共内容。
- 大篇幅引用他人内容或文章主要内容为他人作品，如书摘、文摘、报摘等。

- 营销性质的内容。
- 整合的内容。
- 对非独家代理的文章声明原创等。

7. 滥用赞赏功能

赞赏是读者认可原创文章而自愿赠予、用以鼓励的无偿行为。如下情形不得对文章使用赞赏功能，一经发现将永久收回赞赏功能使用权限，导致严重影响的还将对违规公众号予以一定期限内封号处理。

- 用赞赏进行募捐。
- 用赞赏进行赌博抽奖。
- 售卖商品（任何实物或虚拟商品）等，包括但不限于在文章中说明会给赞赏金额最多的用户提供粉丝见面会的门票、进入某个粉丝群的权限等。

7.2 编辑器：让编辑排版事半功倍

图文编辑器几乎是每位运营人员都必须掌握的一项技能，这个工具在运营工作中每天都要接触，但不是每个人都能用好的。有些账号编辑出来的文章看着赏心悦目，而有些账号的编辑排版让人不堪卒读。那么，如何在千万公众号中脱颖而出呢？一个好的编辑排版工具就显得尤为重要了。下面是我和新媒体研习社成员对目前主流编辑器的汇总及其优劣势的研习，在分析完工具后，文末是巴大仁的攻略。

7.2.1 目前主流的编辑器

1. 135 编辑器（见图 7-18）

http://www.135editor.com/
推荐指数：★★★★★
优势分析：

- 丰富的样式中心，样式更新快。
- 支持秒刷功能，将文章粘贴到编辑区后可以对想要操作的对象进行快速编辑。
- 功能强大，支持从文档中导入内容，有丰富的特殊符号，有表情添加功能，还可以一键自动排版。

- 可以保存图片，也可以保存自定义的样式。
- 支持将编辑好的内容生成长图。
- 支持一键给全文换色。
- 可以给文章设置背景样式。

劣势分析：

- 导航栏不够细分，只有标题、正文、图片、图文、布局。
- 新样式不进行推荐，只能自己去样式中心发现，都不知道什么时候更新了什么样式。
- 样式太多，选择成本比较大。
- 界面不够扁平化，略感压抑。

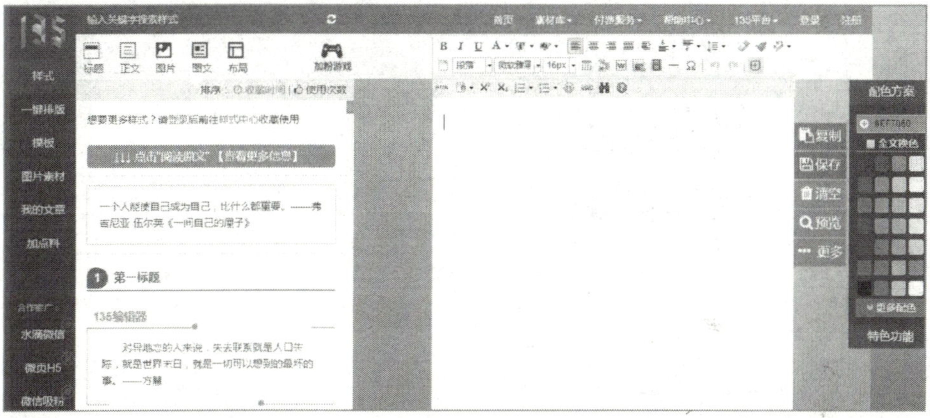

图 7-18 135 编辑器

2. i 排版（见图 7-19）

http://ipaiban.com/

推荐指数：★★★★☆

优势分析：

- 首页样式更新及时，根据节日和季节会及时更新。
- 分类详细，包括标题、卡片、图文、顶关注、底提示、符号和分隔线等。
- 样式比较美观。
- 有两边缩进功能，如咪蒙所用的排版样式。
- 创新能力较强，经常会出一些好玩的新样式。

劣势分析：

- 有些样式所见非所得，从编辑器中看到的效果和粘贴到微信后台预览的实际效果相差较远。
- 支持秒刷，但是有些样式经常秒刷失败。
- 样式有些粗糙，边缘看起来有很多锯齿。
- 商业气息浓厚，首页最重要位置展示的样式不能使用，影响体验。

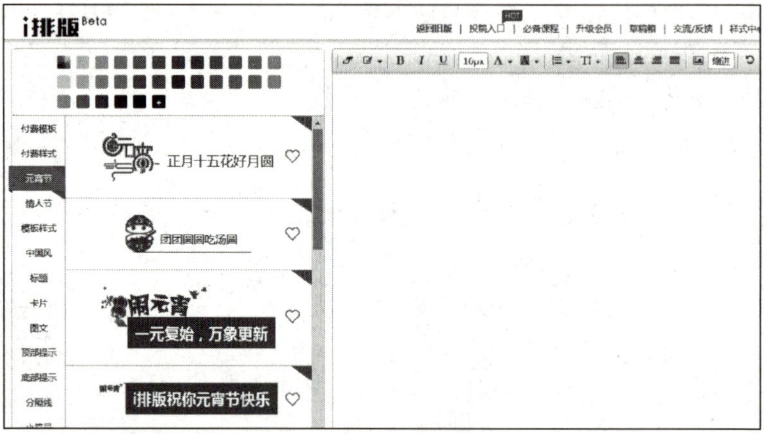

图 7-19　i 排版编辑器

3. 96 微信编辑器（见图 7-20）

http://bj.96weixin.com/
推荐指数：★★★☆☆

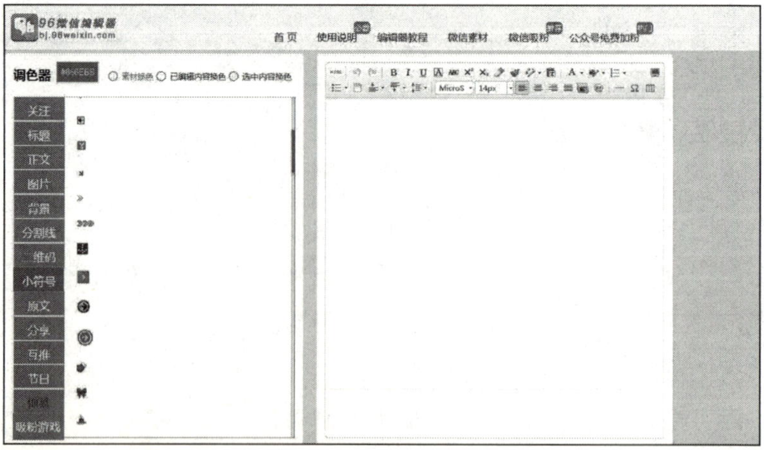

图 7-20　96 微信编辑器

优势分析：

- 界面比较小清新，风格活泼友好，比较受年轻用户欢迎。
- 有其他平台没有的新样式，且图片样式较多，还有一些可爱的小符号。
- 样式的总体风格比较友好。

劣势分析：

- 样式种类不多，没有样式中心。
- 配色不够方便。
- 满屏广告，还是动态图，很干扰工作。

4．秀米 XIUMI 编辑器（见图 7-21）

http://xiumi.us/

推荐指数：★★★☆☆

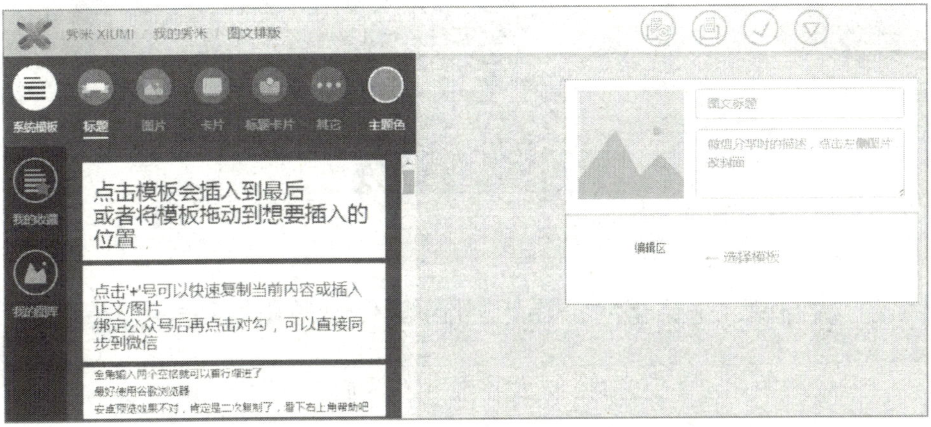

图 7-21　秀米 XIUMI 编辑器

优势分析：

- 界面简洁干净，左侧是功能区，右侧是编辑区。
- 预览功能强大，没有微信公众号也可以扫码轻松预览。
- 图片样式较多，简约而时尚。
- 有图片库功能，用过的图片可以保存；支持本地上传和粘贴图片链接的方式上传。
- 有制作秀的功能，也就是 H5 制作。

劣势分析：

- 编辑区狭窄，无法实现所见即所得的编辑体验。

- 样式简单，经年不变，且没有样式中心，不可添加样式。
- 编辑区添加的样式部件都是独立的，没有整体排版的感觉。
- 操作烦琐，无法一键排版。比如，在最后复制的时候，还需要全选一下，才能复制。

5. 更多编辑器汇总

新榜编辑器：http://edit.newrank.cn/

新媒体排版：http://paiban.xmt.cn/

易点编辑器：http://wxedit.yead.net

实在太多了，这里就不一一列举了，想了解的读者可以扫码查看我在知乎上的汇总回答（见图 7-22）。

图 7-22 微信运营辅助工具

7.2.2 快速编辑工具组合：TextEditor 离线编辑器+任意在线编辑器

上一小节我们对 4 个主流的编辑器进行了详细的优劣势分析，并给出了更多的编辑器站点。但是上述这些都是在线编辑器的站点，下面我给大家分享一个超级神器，是一个干净纯功能型的离线编辑器——TextEditor（见图 7-23）。它拥有强大的强制去除一切格式的功能，无论你把什么样式的段落粘贴到文本框内，都会立即被清除一切格式，然后点击一下去除所有空格，再选择段间加空行，现在只需复制粘贴到你常用的在线编辑器，添加你喜欢的样式，一篇文章就大功告成了。

小编都知道，很多时候我们都需要复制别人的内容，但是有些内容的排版样式着实让人不敢恭维，想换掉那些样式，可是有些格式无论你是粘贴到 Word 还是用任何一种编辑器清除格式都难以去掉，尤其是一些图片的样式就更难清除了，那么这就是你需要使用 TextEditor 这个强大的离线编辑器的时候了。但是如何获取呢？你可以关注巴大仁（ba-da-ren）微信公众号，回复“编辑器”，就可以获取文件的云盘下载链接。然后搭配一款常用的在线编辑器，就能让你的运营工作事半功倍！

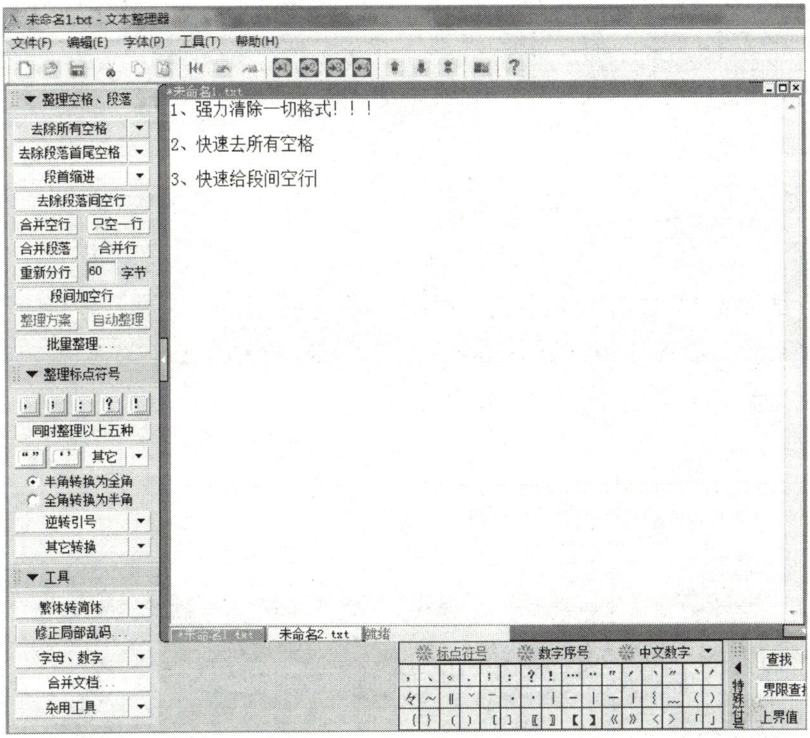

图 7-23　TextEditor 离线编辑器

7.3　图片库：值得收藏的高清免费图库

2015 年年末，我们接到一份起诉公函，其中列举了涉嫌侵权引用的三十几张图片，索赔金额巨大。这些图片都是在搜索引擎上找的，就拿来用了，根本没想到会涉及版权的问题。而且之前也没遇到过这样的事情，更没人提醒。要求删除的图片中甚至还有刚刚开始运营时的一些图片，而那些文章的发布时间已经很久远了。没办法，我们只能删除那些引用了版权图片的文章，并且从此以后再也不在搜索引擎上搜图使用了，而是引用无版权图库里的图片。

想起我之前看一个大号的历史文章，发现很多历史文章都被删除了，估计也是遭受了版权的问题而被要求删除的。而且大家现在可以看到，只要是大一点的微信账号，在使用配图的时候都使用无版权图库里的素材或者购买正版图库里的图片使用权。所以各位运营人员要对这件事情引起足够重视，也许你现在的账号还小或者公司规模还小，没人向你索赔，但是当你的账号或者公司规模扩大后，很容易遭到索赔起诉。而且只要起诉了，你肯定是要赔的，甚至“几百年”前的证据都可能被扒出来，所谓欠下的债早晚是要还的，而且代价不菲。那么，何不从源头制止呢?

7.3.1 图片素材库

下面根据巴大仁新媒体研习社的社员研习，为大家汇总一些我体验后觉得还不错的无版权图库，以供使用。当然，如果是规模较大的公司，有经费购买正版图片库，就另当别论了。

1. pixabay

https://pixabay.com/（见图 7-24）

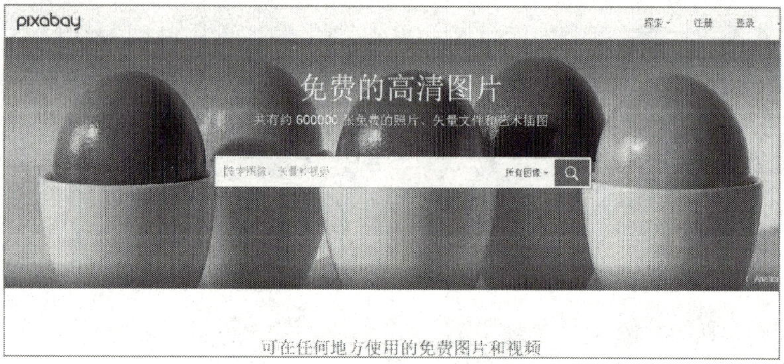

图 7-24　pixabay 主界面

图片数量：600 000 张。

是否收费：免费。

是否支持检索：支持中英文检索。

是否有分类：是（人物、动物、风景、教育等）。

是否需翻墙：否。

pixabay 是我们现在主要使用的素材来源，根据平台上的声明，你可以复制、修改、转发等方式使用这些图片，甚至用作商业用途，无须申请许可，也无须支付版税。除免费外，比较实用的是它支持中文检索，毕竟大多数人的英文不够好。

另一个优点是它的打开速度相对来说比较快，而且不注册无须登录也可以保存无水印图片，正式下载需要登录，登录后可以下载不同尺寸的图片。简直是业界良心网站，好用、好看、免费！

2. FREEIMAGES

http://cn.freeimages.com/（见图 7-25）

图 7-25　FREEIMAGES 主界面

图片数量：388 263 张。

是否收费：免费。

是否支持检索：支持中英文检索，检索结果较多。

是否有分类：是。

是否需翻墙：否。

FREEIMAGES 里面有很多适合平面设计师、网页设计师使用的图像素材，均为免费下载，但需要注册成会员才能下载，否则只能另存。它是一个拥有十分详尽的分类目录的开源图库，易用性极高。和 pixabay 图库一样，它也支持中文检索，从而极大地节省了我们搜寻一张合适主题照片的时间。

3. morgueFile

http://www.morguefile.com/（见图 7-26）

图片数量：未知。

是否收费：免费。

是否支持检索：支持英文检索，检索结果较多。

是否有分类：否。

是否需翻墙：否。

网站的打开速度相对比较流畅，有横图也有竖图，支持不登录也可以保存无水印图片。以风景照和植物照为主，需要这方面素材的运营人员强烈推荐收藏此站点。

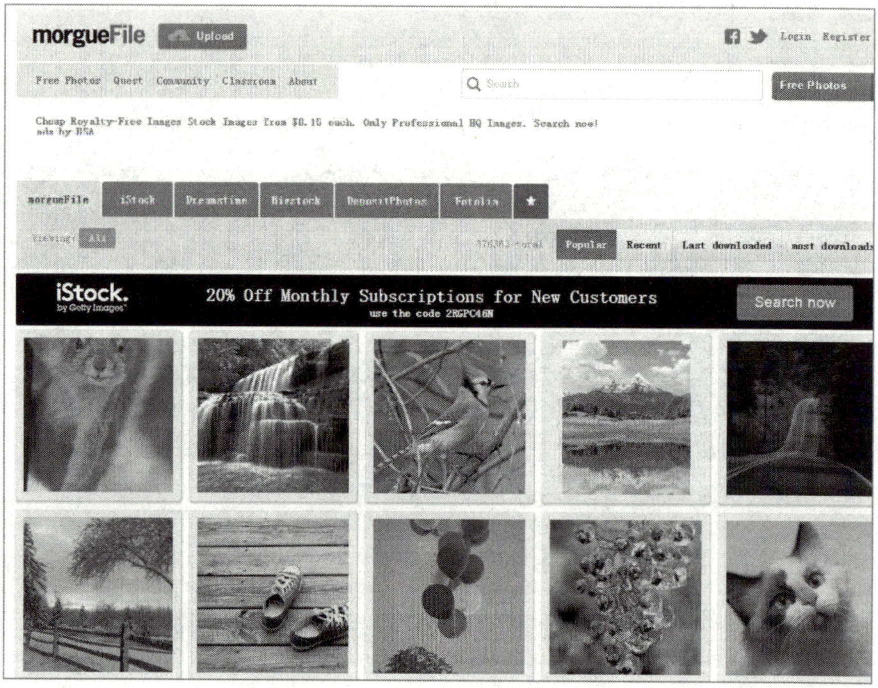

图 7-26　morgueFile 主界面

4. unsplash

https://unsplash.com/（见图 7-27）

图 7-27　unsplash 主界面

图片数量：未知。

是否收费：免费。

是否支持检索：支持英文检索，检索结果不多。

是否有分类：否。

是否需翻墙：否。

网站提供超高解析度的图片素材，每 10 天更新 10 张图片，可以用在任何地方，无版权要求。这无疑成为获取图片的最佳资源站。如果要用作网页设计素材，制作一份 WordPress 主题，或者需要 Banner 图片，那么这里的图片最适合了。

5. New Old Stock

http://nos.twnsnd.co/（见图 7-28）

图 7-28　New Old Stock 主界面

图片数量：未知。

是否收费：免费。

是否支持检索：支持英文检索，检索结果较多。

是否有分类：否。

是否需翻墙：否。

这是一个特别有感觉的网站，所提供的图片都是黑白或者泛黄的老照片。New Old Stock 专注于分享世界各地经典、怀旧风格的图像，如果要做复古风的项目，那么从这里选择图片素材再合适不过了。

6. Life Of Pix

http://www.lifeofpix.com/（见图 7-29）

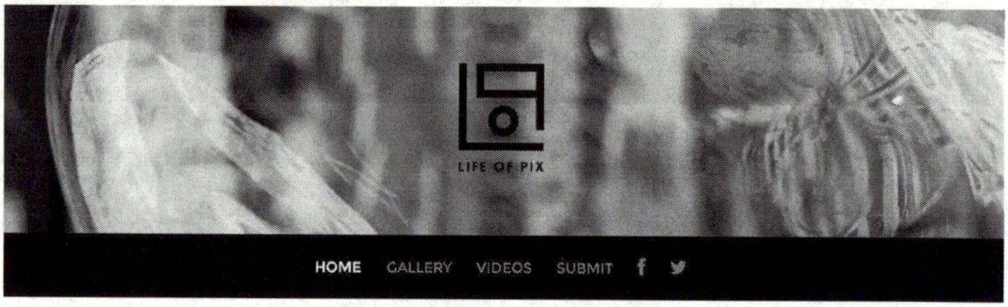

图 7-29　Life Of Pix 主界面

更新频率：每周。

是否收费：免费。

是否支持检索：支持英文检索。

是否有分类：否。

是否需要翻墙：否。

7. picjumbo

https://picjumbo.com（见图 7-30）

图片数量：未知。

是否收费：免费。

是否支持检索：支持英文检索。

是否有分类：是。

是否需翻墙：否。

该网站创办于 2013 年，自创办以来，累计有 320 多万次下载。我试着搜索了一下，“child”有 1 个检索结果，“house”有 3 个检索结果。图片数量不是很多，也可能是图片没做好索引，从而导致搜索不到结果。

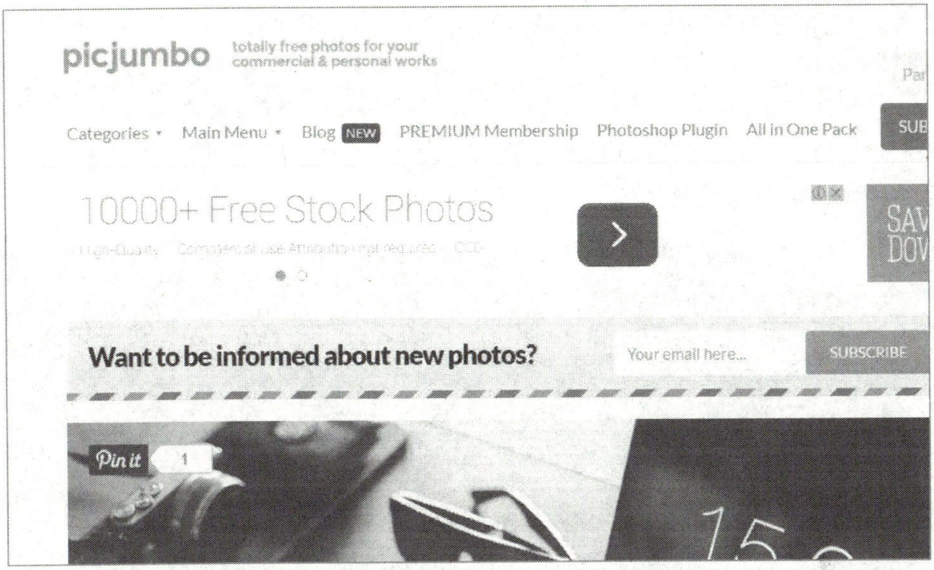

图 7-30　picjumbo 主界面

8．IM Free

http://www.imcreator.com/free（见图 7-31）

图 7-31　IM Free 主界面

图片数量：未知。

是否收费：免费。

是否支持检索：支持英文检索，检索结果不多。

是否有分类：是。

是否需翻墙：否。

7.3.2 如何快速 DIY 一张封面图

这里给大家介绍一个网站：创客贴（http://www.chuangkit.com），可以快速套用模板制作各种社交网站的封面图、海报、邀请函、PPT、信息图等工作与生活中的常见场景（见图 7-32）。

图 7-32 创客贴主界面

这里以 DIY 公众号文章首图为例，教大家通过三步快速制作一张封面图。

（1）登录创客贴，选择“公众号文章首图”场景，如图 7-33 所示。

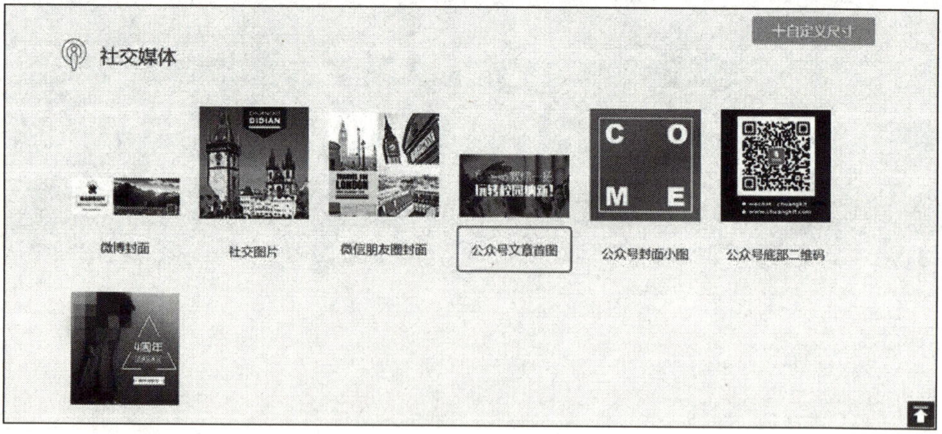

图 7-33 选择场景

（2）选择一个模板，修改图片、矢量素材、背景、字体等元素，如图 7-34 所示。

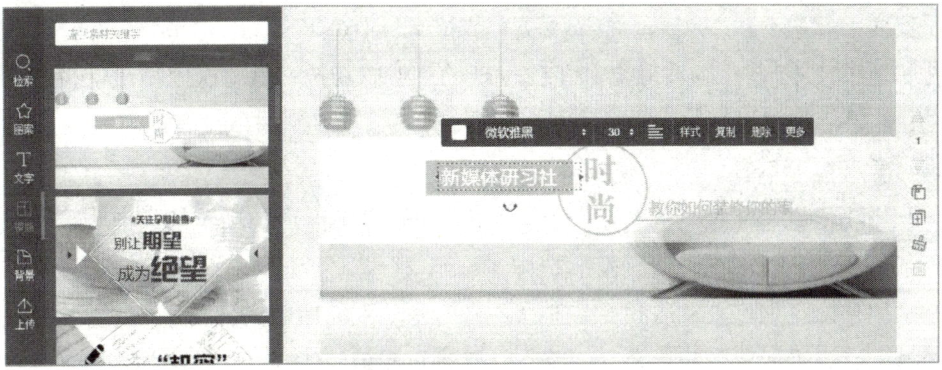

图 7-34　选择模板

（3）根据需要下载格式，如图 7-35 所示。

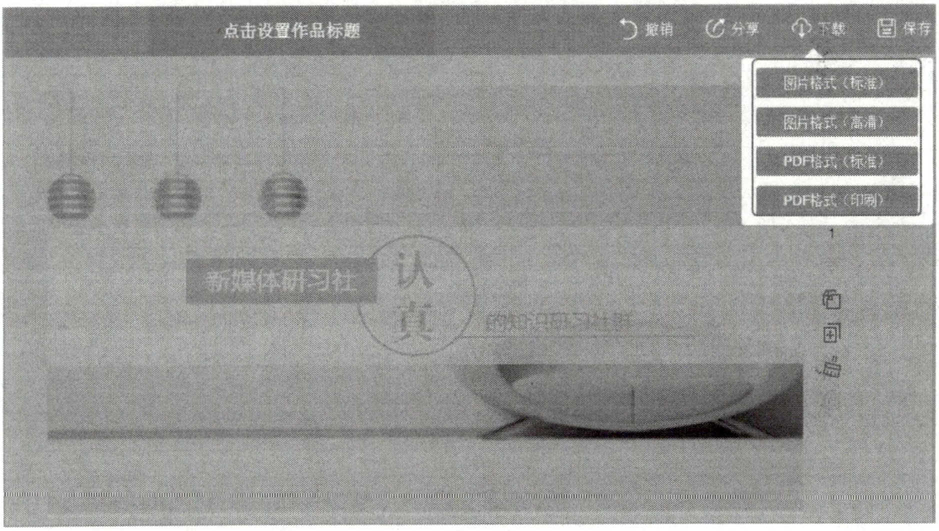

图 7-35　下载格式

7.4　二维码：这样制作好玩有趣的二维码

巴大仁新媒体研习社在进行本节作业研习的时候，我看到群内有成员问：二维码怎么制作？这不是微信生成的吗？要不是亲眼看到有人这样说，我还真不相信天底下居然有人认为只有微信才有二维码。然而当我着手准备素材，研究各二维码平台特性的时候，我也被现在的二维码技术惊艳了！

没想到现在二维码能实现那么多的功能，甚至能生成一个简单的微网站，要是我之前知道有这些技术，能帮我多大的忙呀！不过多亏了写这节攻略，让我现在知道了还不晚，很快我就会利用我发现的二维码新技术做一次大型微信拉新活动，如果活动效果不错，那么我希望能写成案例呈现在本书的后面章节中，因此现在暂且按下不表。

当我们说起二维码的时候，相信大多数人脑海中浮现的场景都是扫一下二维码加好友，或者现在较为普及的扫描二维码支付。

但是除了加好友和支付，二维码还有十分丰富的使用场景，无论是微信账号还是网站或者线下的很多公众场合，只要举目四望，必然有二维码的身影。二维码已经成为当今营销的一个入口级工具，实在值得各位新媒体运营人员重视。本节将为大家介绍一个主流的二维码制作网站的使用攻略，并且会教大家利用Photoshop轻松几步就能制作一个动态二维码。

7.4.1 草料二维码

关于各种创意样式的二维码，大家可以在知乎上搜索，看完之后我相信你会震惊。所以这里不展示那些二维码图片，我们只介绍制作工具。我看了一些二维码制作网站，几乎都是大同小异，所以这里只介绍一个主流的，并且网页上没有广告弹窗的草料二维码（http://cli.im），如图 7-36 所示。该网站功能齐全，在二维码制作方面已经相当成熟和专业，所以它的使用既有基本的功能，也有复杂的功能，本节教程按照由简单到复杂的难度来安排。

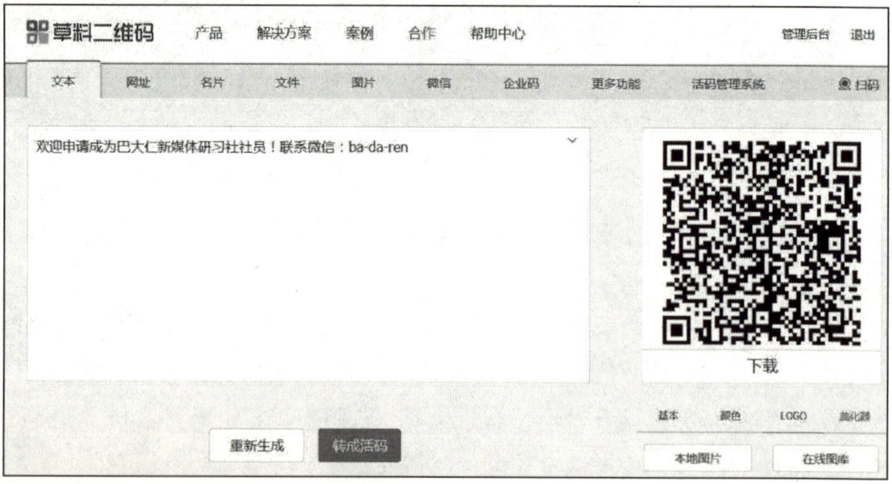

图 7-36 草料二维码

在草料二维码网站的首页我们可以看到，它可以将文本、网址、名片、文件、图片及微信生成二维码。文本、图片和网址都比较好理解，也比较常见，不再介绍。这里为大家展示一下生成名片、文件、微信和企业码的二维码效果及其操作方法。

1. 生成名片二维码

在现在的社交场合中发名片已经不那么有用了，甚至几乎是没用的。因为我经常会参加一些线下的沙龙，我发现交换完名片拿回去之后我再也没有看过，反而是现场可以扫码加好友的还存在于我微信的通讯录中，偶尔在业务上需要联系的时候还可以检索出来。而纸质名片还需要自己录入通讯录，我一般觉得麻烦而没有添加过。

还有一种情况就是临时决定去参加一些线下活动，在交换名片环节却尴尬地发现没有携带名片，就无法方便地让别人知道自己的身份。而电子名片可以很好地解决懒得录入通讯录以及匆忙中忘记带名片的问题，这时候只要出示电子名片二维码，轻松一扫就可以了。

在使用草料二维码制作电子名片之前需要先注册，否则是无法生成二维码的。登录之后点击“名片”，进入如图 7-37 所示的页面，填入移动电话、主页网址、电子邮箱和单位等信息后点击“生成二维码”，就会生成一张名片二维码，如图 7-38 所示。

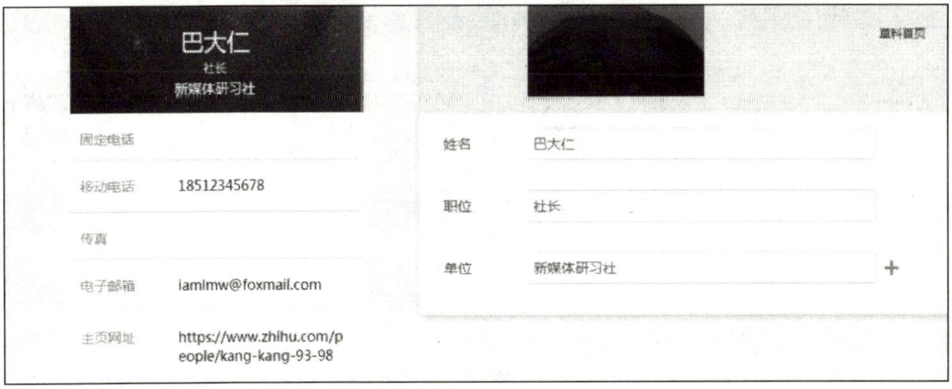

图 7-37　名片二维码

图 7-38 巴大仁名片

微信扫描二维码后的效果如图 7-39 所示。

图 7-39 巴大仁的名片

点击微信号的“关注”按钮后可以弹出二维码，长按二维码识别后就可以关注了。点击“保存到通讯录”后会出现预览页面，再点击“保存”就可以自动保存到手机的通讯录（见图 7-40 和图 7-41）。

图 7-40　保存到通讯录预览页面

图 7-41　保存到通讯录

日后出行的时候只需要携带这样一张二维码名片就可以了，让社交活动简单了很多。我也为自己制作了一张这样的电子名片，并且保存在微信“我的收藏”里，这样即使在没有网络的情况下，我也可以打开这张二维码名片，而且再也不怕出门匆忙忘记带名片了（注：图中的电话号码是随便写的，请勿拨打）。

2. 生成微信二维码

个人微信的二维码是微信自动生成的，而且点击“我”→“二维码名片”→“换个样式”还可以改变二维码的样式。然而换来换去我们发现，官方提供的二维码样式就那么几种，而且还不好看，往往在换了一遍样式之后还是找不到自己喜欢的，只好无果而终。那么公众号的二维码就更糟糕了，因为微信连换样式的功能都没有提供，只有一种样式。然而新媒体小编都是爱美的人，想换个美美的二维码又岂是微信可以拦得住的？请看下面的攻略：

在草料二维码首页点击生成微信二维码后，进入如图 7-42 所示的页面。草料二维码提供了三种渠道来获取你的微信名片的信息：可以上传二维码图片、输入链接或者使用电脑的摄像头来扫描你的原始二维码。这里需要注意的是，上传图片和摄像头扫描是适用于个人微信号与公众号的，但是直接输入公众号账号则只有公众号才可以用，输入个人微信号就会显示生成失败。上传完原始二维码后，右侧就会自动生成一个无字无图的纯二维码。

图 7-42　微信二维码

然后点击“开始美化”（见图 7-43），进入模板中心，选择喜欢的模板（见图 7-44），还可以点击“嵌入”在二维码中间嵌入 Logo 与文字。最后点击“下载二维码”，就能生成各式各样的二维码了（见图 7-45）。

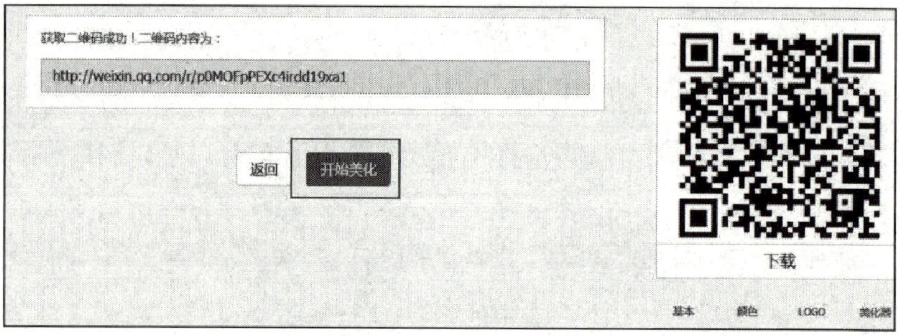

图 7-43 二维码美化

图 7-44　制作花样二维码

图 7-45　巴大仁微信二维码

3．生成文件二维码

在工作中我经常需要给用户分享一些资料，目前只能使用网盘来分享，但是很多用户并没有网盘账号，这个问题就很棘手。我也是在研习本节课题的时候才知道扫描二维码就可以下载文件这个功能，真是太方便、太强大了。这样一来我就可以给用户发一个二维码，他们就能扫码下载了。而且如果你希望只有一部分人能下载文件，那么你还可以设置密码，只有知道密码的人才能下载文件。

在草料二维码首页点击“文件”，进入如图 7-46 所示的页面，上传文件后还可以输入一段文字介绍来告知人们文件里的内容，然后点击右侧的“下载”按钮就可以下载制作好的二维码。如果你想要更丰富的功能，则可以点击“编辑”按钮，进入高级编辑窗口，如图 7-47 所示。

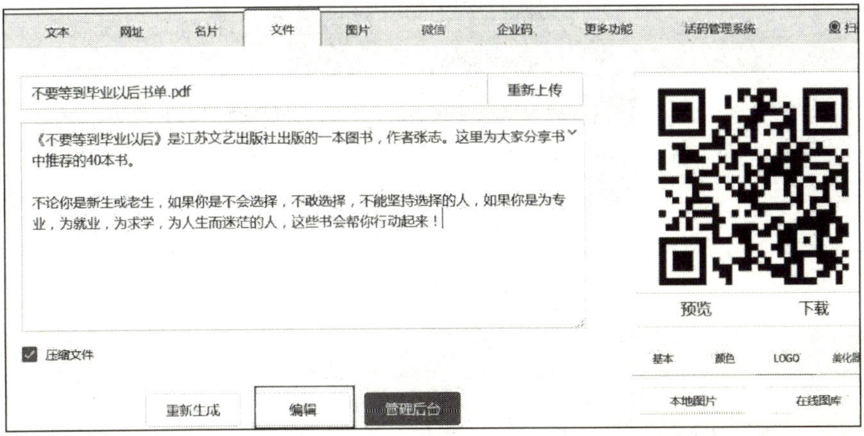

图 7-46　文件二维码

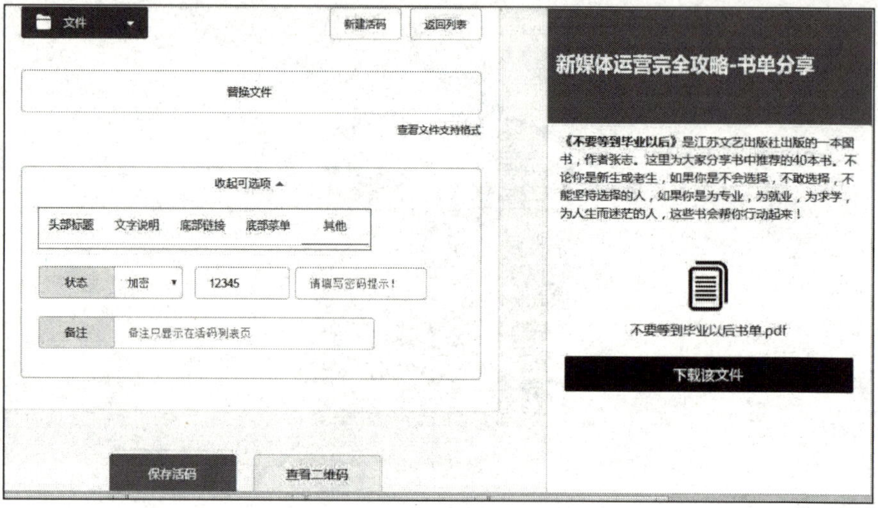

图 7-47　文件二维码制作

在高级编辑页面，可以自定义头部标题、添加文字说明、添加底部链接、制作底部菜单，在其他可选项中还可以将文件设置为加密状态。最后生成的二维码扫描后的页面如图 7-48 所示。

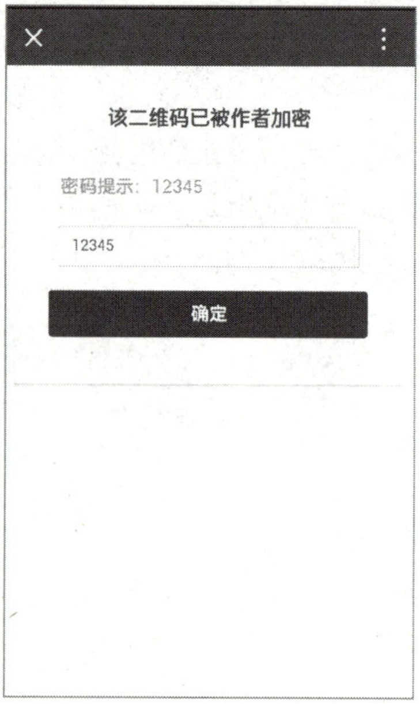

图 7-48　文件二维码扫描结果

输入密码后即可获取加密文件，如图 7-49 所示。

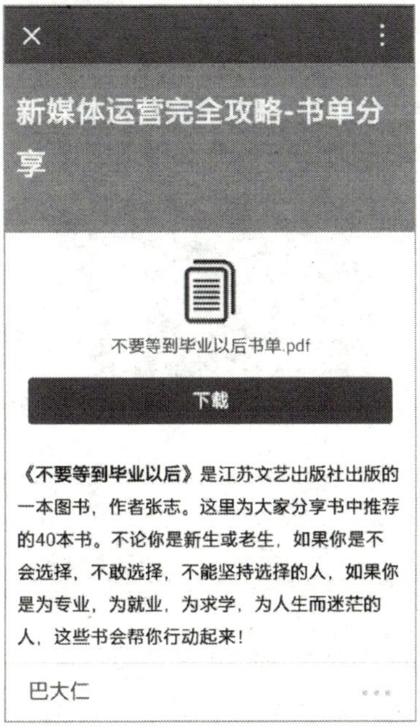

图 7-49　获取加密文件

点击“下载”按钮后，即可下载文件，如图 7-50 所示。

图 7-50　文件下载

读者可自行扫码体验，如图 7-51 所示。

图 7-51　自行扫码体验（1）

4. 生成企业码

生成企业码的使用需求并不高，因此这里简单介绍一下，不做过多演示。企业码的好处就是可以生成一个类似微网站的页面，可以直接唤起拨打电话，支持外链到达微博和网站，底部还有菜单。不再给大家做案例了，我用官方宣传视频中的案例给大家看一下扫描企业码后的效果，如图 7-52 所示。

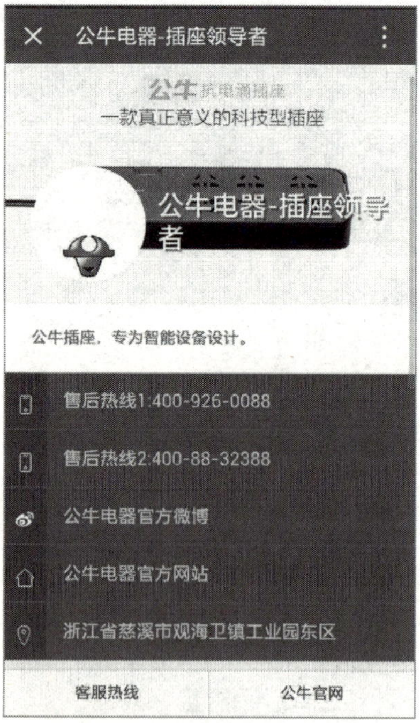

图 7-52　企业码扫描效果

读者可自行扫码体验，如图 7-53 所示。

图 7-53 自行扫码体验（2）

温馨提示：利用草料二维码制作的所有二维码的日扫描次数不同，如果你使用的是草料免费版则为 499 次，基础版为 5000 次，高级版为无限次。

7.4.2 如何制作一个有格调的动态二维码

本攻略由巴大仁新媒体研习社成员“J 老大的枪”制作完成。

（1）打开 Photoshop，如图 7-54 所示。

图 7-54 Photoshop 主界面

（2）打开动图，如图 7-55 所示。

图 7-55 打开动图

（3）选择裁剪工具，按住 Shift 键，把动图裁剪成正方形，如图 7-56 所示。

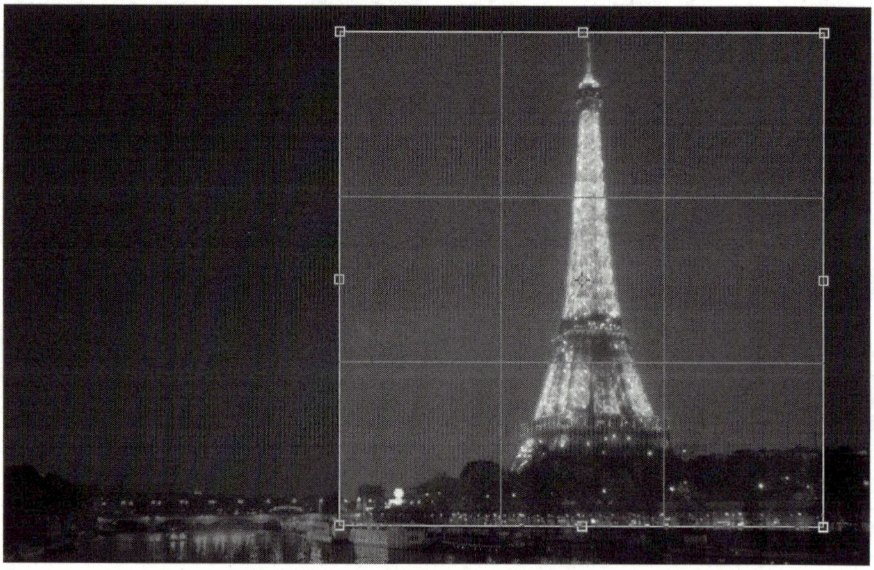

图 7-56 裁剪成正方形

（4）用草料（http://cli.im/）在线生成一个背景色透明的二维码，如图 7-57 所示。

图 7-57　透明背景的二维码

（5）把二维码拖进动图的操作界面。一定要把二维码放在所有图层最上面，如图 7-58 所示。

图 7-58　图层

（6）选择“窗口”→“时间轴”菜单命令，然后修改你想要的每一帧动画时长，如图 7-59 所示。

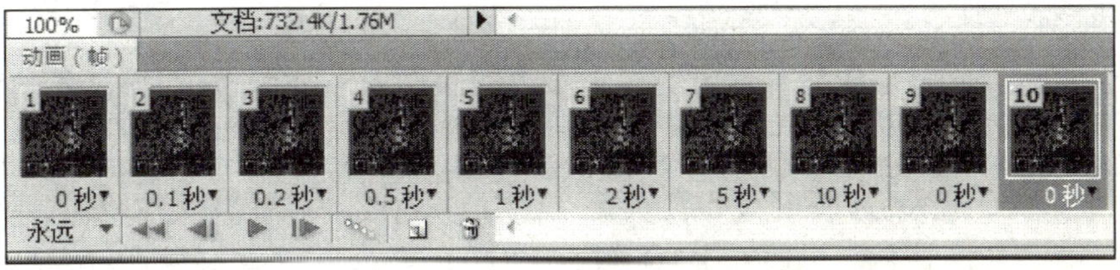

图 7-59　时间轴

（7）将制作的二维码保存成 GIF 格式，如图 7-60 所示。

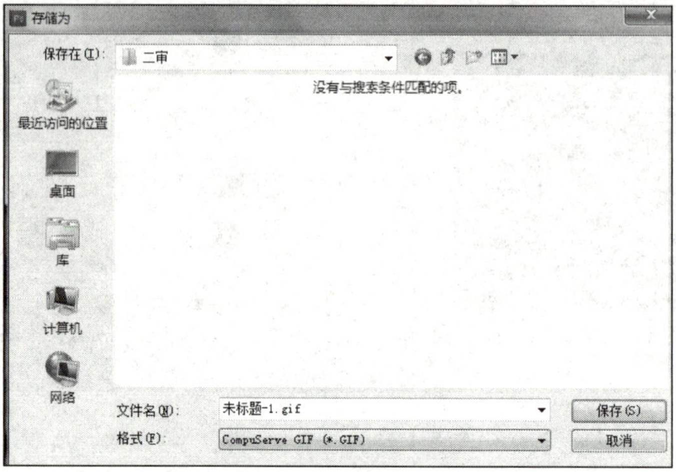

图 7-60　保存二维码

7.5　HTML 5：让你的图文炫起来

HTML 5 在国内也被简称为 H5，简单来说就是一种高级网页技术，微信出现之后为其提供了广阔的分发和传播渠道，而手机硬件技术的成熟与 QQ 浏览器 X5 内核等浏览器技术的升级，在过去一两年内迅速捧红了一些 H5 作品，比如早期刷爆朋友圈的《围住神经猫》，后来相继出现了《全民 COS 武媚娘》、《寻找房祖名》、《支付宝十年账单》、《这个陌生来电你敢接吗》、《吴亦凡即将入伍》等。

7.5.1　H5 制作工具

看到别人家的作品都能够霸屏，占据朋友圈好几天，你的老板是不是也坐不住了，让你势必做出一个火爆的 H5，把自家产品也在朋友圈晒一晒？Excuse me？H5 是个什么东西？怎么制作 H5？我可以做出 H5 吗？运营小编此时的大脑开始高速运转，脑海里立马搜索听过、看过的所谓 H5 概念，最终还是大脑负荷过重，导致宕机。

其实不懂技术、不懂开发也没关系，利用一些在线网站照样可以做出一个有趣好玩甚至广泛传播的 H5 作品。比如图 7-61 所示的这个好玩的《手机读心术》，其实制作起来就很简单。

图 7-61　自行扫码体验（3）

1．iH5.cn

iH5.cn（http://www.ih5.cn/）是深圳一家新媒体公司旗下的一款 HTML 5 编辑工具，其主界面如图 7-62 所示。该公司由一群归国极客经过多年积累后创立于 2008 年，他们以颠覆传统的展览展示技术迅速崛起并立足市场：用创新的云计算媒体技术改变互联网的呈现形式；提供突破全球科技边界的在线媒体设计工具；无限创意实现+零代码困扰；拥有超过 40 项中国与美国的发明专利，是一家真正以技术和产品为核心的公司。是的，这是其官网上的介绍，他们说："我们是一家真正以技术和产品为核心的公司。"

图 7-62　iH5.cn 主界面

刚才我们体验的那款《手机读心术》就是用 iH5.cn 做出的作品。他们的设计理念就是用可视化的操作代替传统的编程，同时致力于为编程新手在操作易用性与交互效果上取得良好的平衡。这样就能帮助我们这些没有一双写代码的手却有一颗制作小动画的心的小编制作一些简单交互的 H5 页面。

详细的操作说明会在 7.5.2 节介绍，以便为其他工具的展示留出一些空间。

2. MAKA

MAKA（http://www.maka.im/）也是一款非常强大的 HTML 5 创作工具，一推出便受到广泛好评，其主界面如图 7-63 所示。其在线编辑器可帮助企业创作出专业级的 H5 酷炫动态效果，而操作的时候只需要像制作 PPT 一样，可以轻松地添加文字、图片、音乐等元素。它基于先进的 HTML 5 技术，可以适配不同的手机平台。

图 7-63　MAKA 主界面

MAKA 里面包含海量设计师原创的主题模板。虽然网站建立时间不久，但是模板非常丰富，可根据场景需要选择相应模板进行编辑，有一些免费模板，但是更多模板都是收费的，19 ~ 49 元不等；在交互上能够实现指纹解锁、擦一擦、重力感应等多种交互场景设计，图片库、图形元素也能持续更新，让你的 H5 微场景个性非凡！

3. 易企秀

估计大家看到的比较多的商用 H5 都是用易企秀（http://eqxiu.com/）制作的，它的主打方向也是企业应用，致力于成为中小企业社会化自营销服务平台，提供基于场景的自营销闭环服务，方便中小企业制作展示场景、数据收集、二次营销，其主界面如图 7-64 所示。它定位于一款轻设计在线设计工具，以及针对传单、图片设计的轻型设计工具，方便不懂 Photoshop 制图的企业营销人员设计出精美的企业宣传图片。它是一款针对移动互联网营销的手机幻灯片、H5 场景应用制作工具，所以我们看到很多企业宣传、大会宣传、邀请函、报名信息收集等都是用易企秀制作的。

图 7-64 “易企秀”主界面

在交互上可以实现涂抹擦除、指纹解锁、飘雪和烟花的效果，在文本和图片的动画上可以实现滑动、放大缩小、隐现、悬摆、翻转等类似 PPT 的动画效果。总之，这是一个不错的“移动 PPT”制作和分享工具。

4．兔展

功能上大同小异，但可喜的是，兔展（http://www.rabbitpre.com/）承诺永久免费开放其所有功能，其主界面如图 7-65 所示。

图 7-65 “兔展”主界面

5．初页

初页（http://www.ichuye.cn/）是一款仅支持移动端制作动态海报的表达工具，手机操作门槛低，容易上手，其主界面如图 7-66 所示。

图 7-66 “初页”主界面

6．Epub360 意派

Epub360 意派（http://www.epub360.com/）有着专业级的动画控制器，支持路径动画、组合动画、序列动画以及动画的时序管理；在交互上有着丰富的触发交互，能够实现手势、重力感应、参数变量、全景制作等交互效果，让你的作品与众不同，其主界面如图 7-67 所示。另外，与其他展示 H5 制作网站不同的是，它还接入了微信的 JS-SDK 接口，基于微信内的网页开发工具包，让设计者可以尽情使用微信高级接口，比如身份认证、微信拍照、微信录音等功能，即使不会编程，在这个平台上此类功能也能信手拈来。

图 7-67 “Epub360 意派”主界面

Epub360 意派相较于 MAKA、易企秀、兔展和初页有着更为出色的动画和交互效果，而且在可操作性上有相对较高的自由度，声称是为专业设计师打造的交互设计利器。虽然在操作上要略微复杂一点，但其在本质上还是制作 PPT 时的那套逻辑，所以你依然可以在无须编程的情况下在线设计一款专业级的 H5 作品。只是免费版作品数量有限制，最多只能创作 10 个，且导出带有 Logo。

7.5.2　iH5.cn 使用介绍

进入 iH5.cn 网站首页后，我们先来认识一下左边的导航栏。如果你是新手，并且感觉无从下手，那么不妨看看别人的作品是怎么制作的；如果你是老手，但是缺乏灵感，那么也不妨来看看最新作品，从他人的设计中寻找灵感。

“大师推荐”是网站推荐的优秀大师作品；“精品模板”是网站上设计师制作的一些 H5 模板，在“火热更新”的内容区（见图 7-68）可以看到一些限免的作品和收费的作品，这里需要注意的是，新上架的作品限免两天，而且每天都有新作品上线，所以看到好的作品要及时下载保存；“教学案例”是网站上的教学视频中需要用到的案例素材，方便学员使用；QQ 群是提供技术交流、付费咨询或者定制作品的交流渠道（见图 7-69）。

图 7-68　最新的作品

图 7-69　交流咨询群

点击“个人主页”后可以看到编辑中的作品及已经发布的作品，或者你收藏的一些作品，如图 7-70 所示。自己制作的作品还可以放在平台上出售，但这项功能目前尚在公测阶段。

图 7-70　个人主页

这里要重点强调的是“教学视频”按钮，强烈建议想学 H5 制作的读者认真看一遍，会收获良多。目前教学视频分为 5 个大类，即新手必学、进阶必备、iH5 特效、工具字典和案例教学，每个大类下面分为几个模块，每个模块下面又分为几个小节，课程制作得极为精细化。如果在使用之前认真学习一遍教学视频，那么我相信你一定可以制作出让公司所有人都惊讶的作品，他们会惊呼：“天啊，这不是开发才能实现的效果吗！”那么，你就准备好迎接他们的膜拜吧。

如图 7-71 所示是朋友圈营销活动的案例视频，有投票活动、抽奖活动、幸运大转盘的制作、刮刮卡、漂流瓶以及集赞、砍价和发红包等，都是目前主流且异常火爆的营销方式。现在你可以不用学编程也能自己做出这样的效果，想想是不是就很兴奋，摩拳擦掌、跃跃欲试了呢？

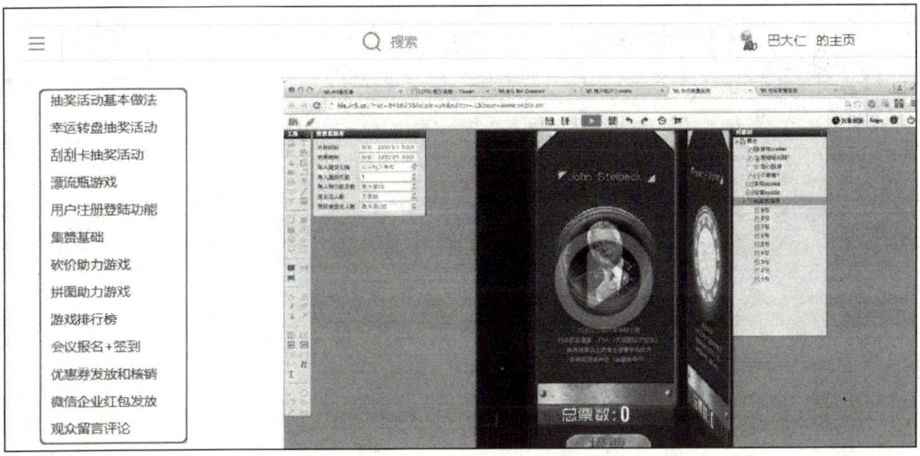

图 7-71　免费教学视频

学习完这些教学视频，那还等什么，点击“新建案例”按钮就可以开始创作自己的处女作了。

图 7-72 就是 iH5 的操作界面，单看这个界面你就会知道，这将是一个强大的、可以制作炫酷动画和交互的 H5 编辑器，其上各面板如图 7-73 ~ 图 7-75 所示。

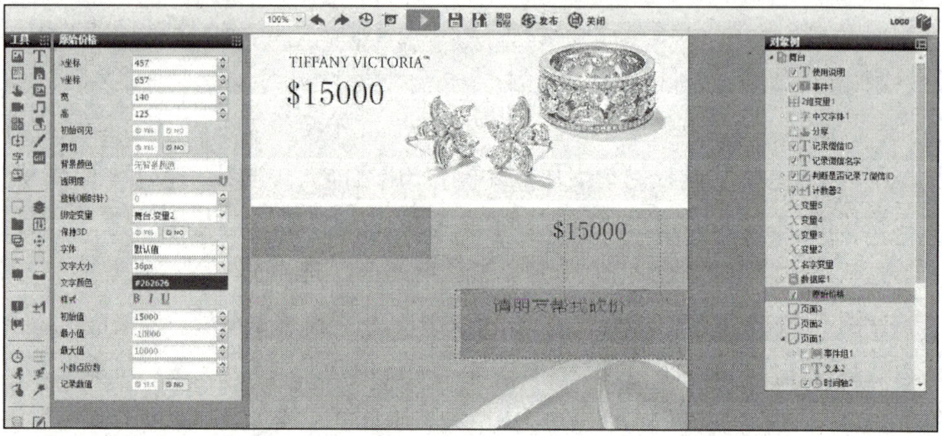

图 7-72　iH5 操作界面

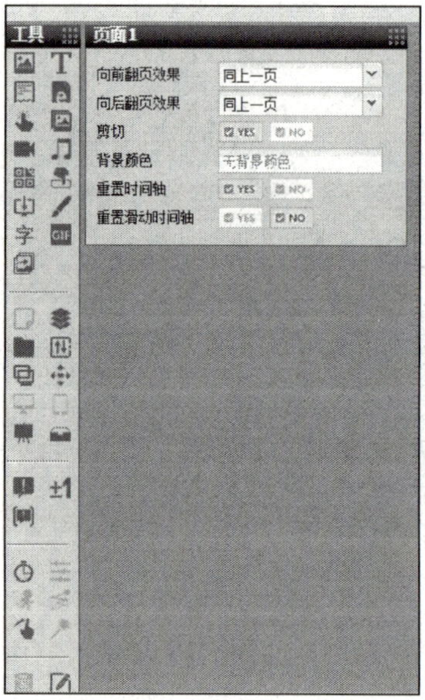

图 7-73　工具条

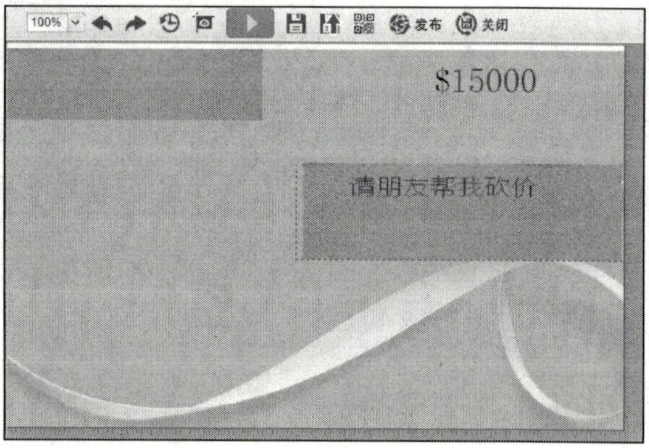

图 7-74　对象编辑区

右侧的对象树，抽象来说，你也可以理解为在制作 PPT 自定义动画时右侧的“动画窗格”，如图 7-76 所示。

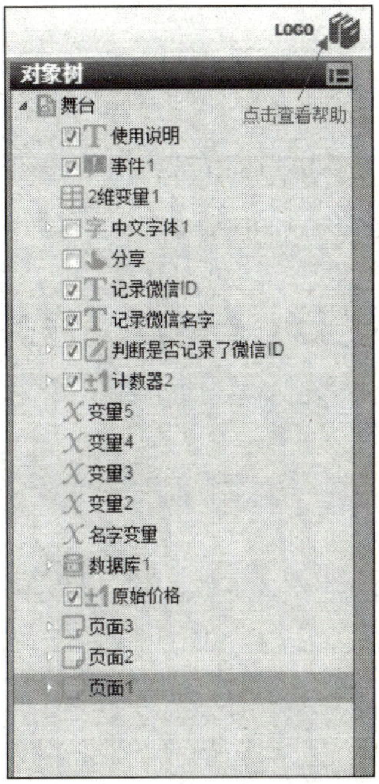

图 7-75　对象树

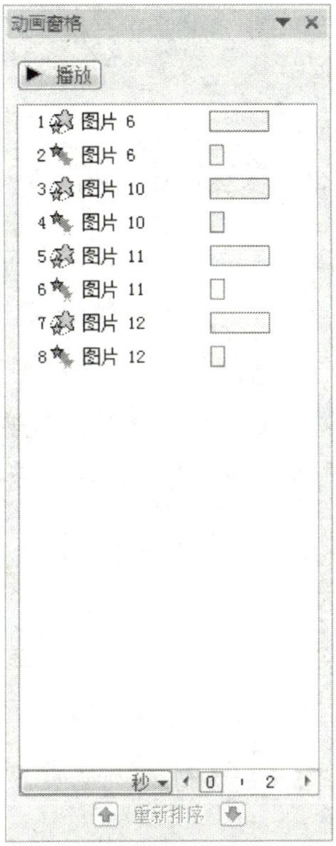

图 7-76　动画窗格

具体每个按钮有什么功能，这里由于篇幅有限无法展开，而且也不是本书的写作目的，我只负责介绍一下这款工具，具体的学习还要靠读者自己去网站看教学视频，亲自动手去操作每一种工具，看它能制作出什么样的效果。伊甸园我为你展示了，宝藏图还要靠自己去寻找。去学习吧，我相信通过上面的展示，已经勾起了你的学习欲望。加油！

7.6　第三方：小编搞不定的交给第三方

腾讯董事会主席兼 CEO 马化腾曾多次公开表示，在微信这样的平台型产品上，腾讯希望搭建起简单的规则体系，然后引入第三方合作商来参与。在 2014 中国互联网创业者大会上，腾讯云平台部总经理陈磊也表示，微信第三方服务市场的需求是很大的，如果没有微信第三方，那么微信的发展不会这么快。而且在功能接口上，微信正在向第三方开放越来越多的服务接口。不难看出，腾讯正以友好的态度与第三方服务商相互配合，与合作伙伴共同打造安全、健康、有序的微信服务市场。

7.6.1 微信第三方服务商

何为微信第三方服务商呢？通常是指基于微信、微信公众平台为企业或个人提供服务的平台与公司，如微信第三方开发公司、微信第三方运营公司、微信营销培训公司和微信推广公司等。通过第三方开发平台，可以让微信账号实现更加丰富的营销功能，如微菜单、微官网、微会员、微活动、微商城、微统计等。想要做好微信推广和营销，这些功能或能助你一臂之力。下面介绍几个主流的第三方服务商。

1. 点点客

点点客（http://www.dodoca.com/）成立于 2007 年，是上海市首批 5 家新三板上市公司之一，被誉为“移动互联网第一股”，其主界面如图 7-77 所示。目前点点客在移动互联网产业链上布局了 4 个方向：移动 O2O、移动电商、移动广告和移动金融。在移动 O2O 领域，点点客拥有近 30 套行业版成熟的解决方案，全面覆盖各个商业领域的移动社交营销需求；在移动电商领域，点点客人人店分销平台是微信分销领域第一品牌，可帮助商家快速建立分销渠道，实现全网营销；在移动广告领域，点点客整合朋友圈广告、腾讯广点通、移动 DSP 广告等众多平台，打造国内最大的移动广告服务商；据悉，未来点点客也将逐渐布局移动金融业务。

图 7-77 “点点客”主界面

2. 微盟

微盟（http://www.weimob.com/）成立于 2013 年 4 月，2015 年 11 月对外宣布已完成 C 轮融资，融资金额为 5 亿元人民币，由海航集团领投，融资完成后，微盟估值超过 20 亿元人民币。它是一家基于微信为企业提供开发、运营、培训、推广一体化解决方案，帮助企业实现线上线下互通（O2O）、社会化客户关系管理（SCRM）、移动电商、轻应用（lightapp）WMAPP 等多个层面的业务开发公司，其主界面如图 7-78 所示。微盟旺铺、社会化分销平台（SDP）为零售行业提供全渠道的电商解决方案，帮助企业搭建新一代微商分销体系，实现线上线下互通和客户沉淀。

图 7-78 “微盟”主界面

3. 小猪 cms

小猪 cms（http://www.pigcms.com/）是中国最早的微信营销 CMS 系统，其成立以来一直致力于微信营销系统的开发，其主界面如图 7-79 所示。2014 年 3 月，因客户量众多，腾讯云与小猪 cms 达成协议，成为腾讯云重点合作商。旗下的产品有微信营销系统、微电商系统和 O2O 系统。其中，微信营销系统内置 100 多项应用，涵盖近 30 个行业的垂直领域应用；微电商系统包含分销系统、多门店 O2O 电商系统和批发代理商城；O2O 系统包含 O2O 生活通、社区 O2O、卡券 O2O、外送系统、上门预约 O2O 和线下智能设备。

图 7-79 “小猪 cms”主界面

4. 微俱聚

微俱聚（http://www.weijuju.com/）是一个专门针对微信公众号提供营销推广服务的第三方平台，其主要功能是针对微信商家公众号提供与众不同的、有针对性的营销推广服务。通过微俱聚平台，用户可以实现互动推广、客户关系管理、移动电商分销、数据分析、运营服务及行业定制方案。用户可以在微俱聚平台上管理自己的微信各类信息，对微信公众号进行维护，开展智能机器人、在线发放优惠券、抽奖、刮奖、派发会员卡、打造微官网、开启微团购等多种活动，对微信营销实现有效监控，极大地扩展潜在客户群和实现企业的运营目标。微俱聚平台很好地弥补了微信公众平台本身功能不足、针对性不强、交互不便利等问题，为商家公众号提供贴心的功能和服务。在线优惠券、转盘抽奖、微信会员卡等推广服务更是让微信成为商家推广的利器，其主界面如图 7-80 所示。

图 7-80 “微俱聚”主界面

5．微信魔瓶

微信第三方平台实在太多了，竞争激烈，同质化也很严重。在众多第三方服务商中，微信魔瓶（http://www.wxmp.cn/）声称免费，而且彻底免费。所以我不得不在上面那些收费平台之外为大家介绍一下这个免费的平台。在功能上，微信魔瓶提供基础的微信功能；在营销活动上，提供大转盘、摇一摇吸粉、微助力、摇红包、砸金蛋、刮刮卡、微众筹等功能；此外还提供游戏营销模板，如蚊子大战、贱兔奔月、么么哒、月饼大战等微信营销的小游戏。这些功能都是可以免费使用的。其主界面如图 7-81 所示。

图 7-81　“微信魔瓶”主界面

6．柳叶网

柳叶网（http://www.iliuye.com/）是一个专为自媒体人打造的具有强大的内容管理和发布功能的自媒体强化平台，其主界面如图 7-82 所示。柳叶网的愿景就是服务好自媒体人，帮助自媒体人营造好自己的社交平台。重要的是这个平台也是全免费的！柳叶网的特色功能有强大的文章管理，支持文章一键导入、一键分享、批量管理、多种相关链接、专用素材库、多层级智能检索；便捷的建站体验，独创的微网站控制面板、最直观的栏目和组件管理、自定义域名、手机登录管理微网站、企业一键智能建站。另外，柳叶网不仅所有功能全免费，更为所有用户提供了接广告赚钱的模式。

除了上面提到的企业第三方服务商，我也关注到了校园的第三方开发平台。因为校园里有着海量的用户资源，从微博的兴起到微信的爆发，这些社交应用没有一个忽视校园的力量。因此，在第三方开发平台中，我居然看到腾讯官方也在抢占用户资源，推出了腾讯微校，试图与最大的校园第三方平台“掌上大学”制衡。

图 7-82 “柳叶网”主界面

7. 掌上大学

掌上大学（http://www.wxhand.com/）专注中国高校微信平台，其创始团队来自温州大学的 90 后创业团队，项目荣获 2014 年全国大学生挑战杯国赛金奖，同年获得百万级天使投资，2015 年获得青松资本千万级 Pre-A 轮投资。掌上大学是中国首家校园第三方公众平台，目前占领 70%的市场份额，是市场上最大的微信第三方，覆盖 2400 所高校、3 万个微信平台和 2000 万大学生用户。其主要功能有课表查询、活动投票、失物招领、校园二手、校园兼职、校园外卖等。而且它也是可以免费使用的平台。其主界面如图 7-83 所示。

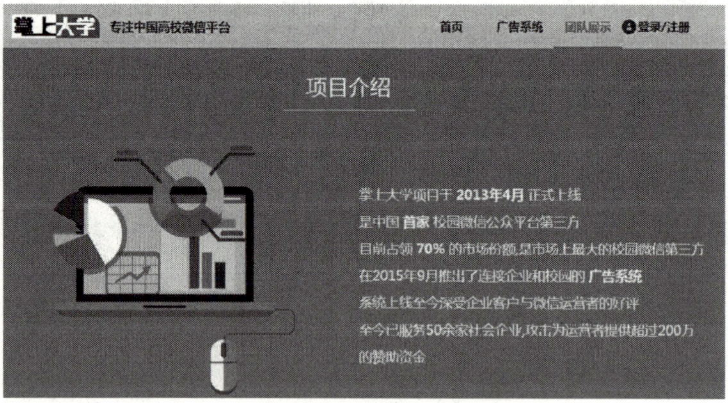

图 7-83 “掌上大学”主界面

8. 腾讯微校

腾讯微校（http://weixiao.qq.com/）以官方的身份声称要做最懂校园的公众号服务平台，而且终身免费，并且为高校运营人员组织交流分享和资源共享的线下沙龙。感觉和我当时在校园时参加的微博校园大使一样，就是帮助平台在校园做推广，同时会有官方组织的分享，还是很锻炼人的，如果你是一名在校的新媒体爱好者，则强烈推荐。在功能上也提供了查询成绩、建立微网站、提供小机器人和校园大型晚会的微上墙等丰富的校园应用。其主界面如图 7-84 所示。

图 7-84　“腾讯微校”主界面

9. 萌小助高校微信服务平台

萌小助（https://www.mengxiaozhu.cn）于 2014 年 12 月获得天使投资并建立，2015 年 4 月已有 649 所高校接入使用，600 万名高校学生从中受益。萌小助专注利用高校微信服务帮助大学生自由创业，抛弃老梗、颠覆传统，成为大学生创业操场！课表、成绩、图书、自习一键开发，查水表、找基友、吐槽/评教、匿名/许愿，还有更多定制服务。其主界面如图 7-85 所示。

图 7-85　“萌小助高校微信服务平台”主界面

7.6.2 如何绑定微信第三方平台（以微盟为例）

记得在较早的时候，想要接入第三方平台是需要执行很多操作的，在注册第三方平台的账号之后需要填写很多资料，想要使用第三方的功能，最重要的一步就是绑定微信公众平台的 URL 和 Token 值，非常烦琐。现在使用管理员微信只需三步，你就可以很方便地绑定一个第三方服务平台。

（1）注册第三方平台账号并登录。

（2）使用管理员微信授权绑定。登录微盟后进入管理平台，点击“授权绑定”按钮进入微信公众平台的授权页，用微信公众号管理员的微信扫描二维码后选择账号进行授权，如图 7-86 所示。

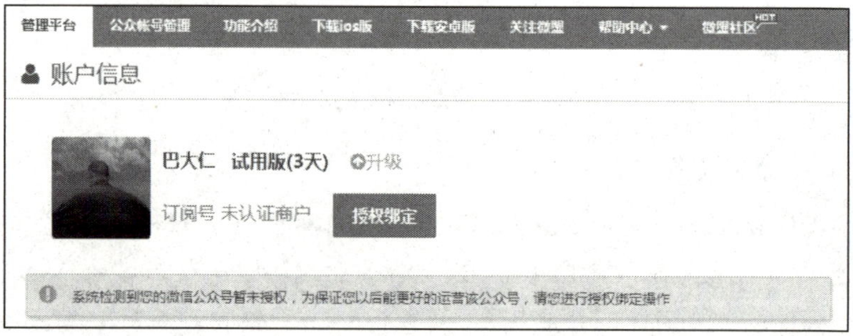

图 7-86　点击“授权绑定”按钮

（3）选择授权账号授权成功后，微盟页面会自动刷新，这样就完成了绑定，如图 7-87 所示。

图 7-87　用管理员微信扫描二维码进行授权

7.7　微电商：商业化的得力助手

微电商是区别于传统电子商务的崭新的电商模式。它不像传统电商过度依赖于平台（如淘宝、天猫、京东），而是依赖于你的客户以及你与客户保持联系的渠道。微电商需要你更重视对客户的管理和长期的培育，也要更重视品牌的建设。微电商在市场运营策略上不再以平台为中心（通过简单粗暴的流量采购、广告推广来获得销量），而是通过微博、微信这样的沟通渠道，直接联系到你的客户，从而带来销量。此外，微电商还需要商家更加重视买家之间的口碑相传，在买家的社交圈子上（微信朋友圈、微博等）形成广泛的二次传播，吸引更多的客户，如图 7-88 所示。

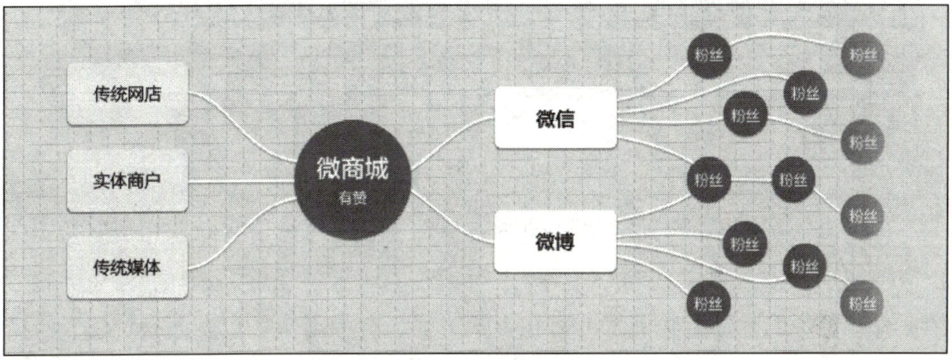

图 7-88　吸引更多的客户

脱离大平台，长期维护你的客户关系，更高的复购率，更高的品牌忠诚度，这就是微电商。

7.7.1　微电商平台

微电商平台的崛起很好地充当了中间人的角色，为卖家提供商品展示和售卖平台，为买家提供浏览、支付及担保，从而有效地保证了市场的秩序，于是一批微信公众号在进行商业转化的时候也纷纷接入微电商平台，如罗辑思维、凯叔讲故事、冯唐等。这些微电商平台在提供了更好的交易体验、展示服务、便捷支付之外，还提供了丰富的微信管理功能和营销推广方式。因此，新媒体运营人员至少需要掌握一款微电商平台，以解决产品售卖的商业转化问题。下面为大家介绍两个主流的微电商平台：有赞（原“口袋通”）和微店（原“口袋购物”）。

1. 有赞

有赞（https://www.youzan.com/）是面向线下实体商家和线上传统电商提供完整的客户管理和在线营销解决方案的，无论是企业还是个人，都可以搭建属于自己的微商城，而且可以利用平台提供的丰富有趣的营销应用进行推广，并且进行精准的数据分析。其主界面如图 7-89 所示。

图 7-89 “有赞”主界面

你可以使用成熟的会员系统、高效的客服系统，与微信和微博完美对接，真正帮你实现社会化营销。在店铺装修上有丰富的店铺模板可供选择，有好玩的营销插件，更赞的是还有物流通知。在促销方面，有赞制作了很多创新玩法，如找人代付、降价拍、场景画报等。目前该平台有着超过百项特色功能，我在写这篇文章的时候所有功能还是免费的，但是写完之后就变为收费的了，先是收取新开店用户的店铺费，然后对所有使用者收取年服务费。

亮点：可操作性极强；有丰富的店铺模板和页面模板可供选择；在促销方面有很多创新玩法，这点很实用。

2. 微店

微店（http://www.weidian.com）的最大亮点在于它开店的方便性和操作的简单性。这是一个主打手机开店的免费工具，从图 7-90 中的品牌口号“手机开店用微店”也可以看出微店的特点。只要在手机上下载一个微店 APP，就能方便地开通并管理自己的店铺了，对于个人店家来说无疑是非常方便的。通过微店的商品管理，你可以轻松添加、编辑商品，并能一键分享至微信好友、微信朋友圈、新浪微博、QQ 空间；订单管理可以实现新订单自动推送、免费短信通知、扫描条形码输入快递单号等功能；客户管理支持查看客户的收货信息、历史购买数据等，助你分析客户喜好，有针对性地进行营销。

亮点：操作简单，手机端即可管理，还可以在微信名片中展示自己的微店。

图 7-90　“微店”主界面

7.7.2　如何在微信名片中点亮个人微店

对于个体户来说，微店是一个既小巧又强大的 APP，非常适合移动的使用场景。相信很多人都留意到，在有些人的微信名片中可以看到一个“微店”标识，点击后就能进入他的微店进行商品的浏览和购买。这是如何实现的呢？

（1）下载最新版微店，使用手机号注册，如图 7-91 所示。

图 7-91　注册微店

（2）进入“微店管理”页面，然后选择“在微信中点亮微店”，如图 7-92 所示。

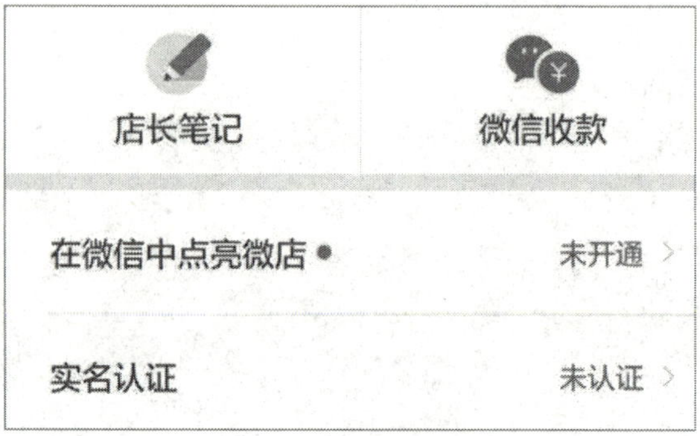

图 7-92　微店管理

（3）点击“立即开通”按钮，如图 7-93 所示。

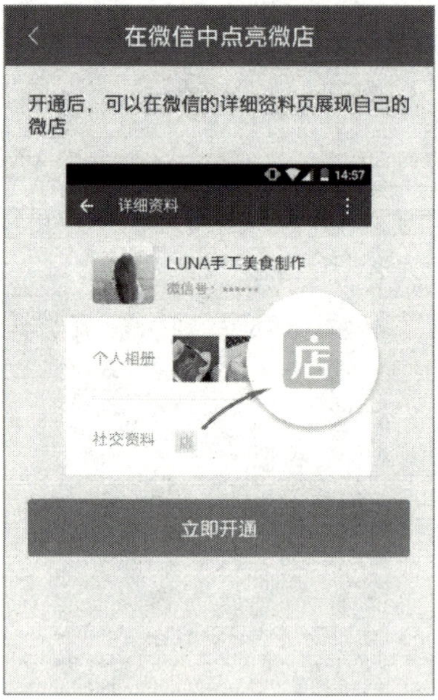

图 7-93　立即开通

（4）点击“确认登录”按钮，如图 7-94 所示。

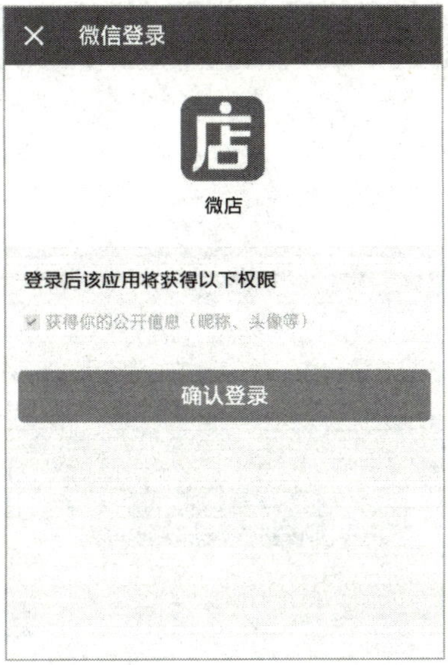

图 7-94　确认登录

（5）进行授权绑定，如图 7-95 所示。

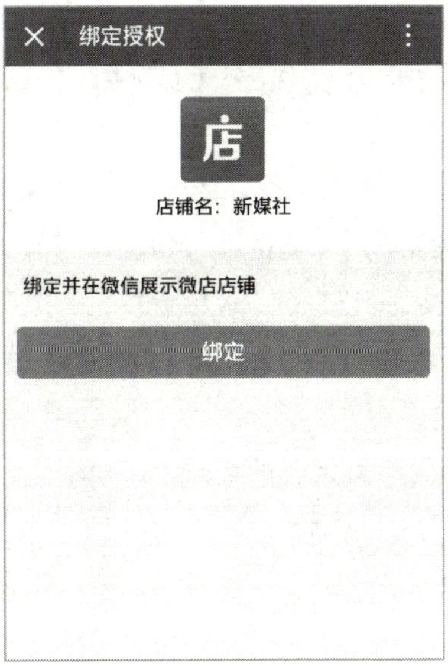

图 7-95　绑定授权

（6）成功点亮，选择分享给好友或关闭，如图 7-96 所示。

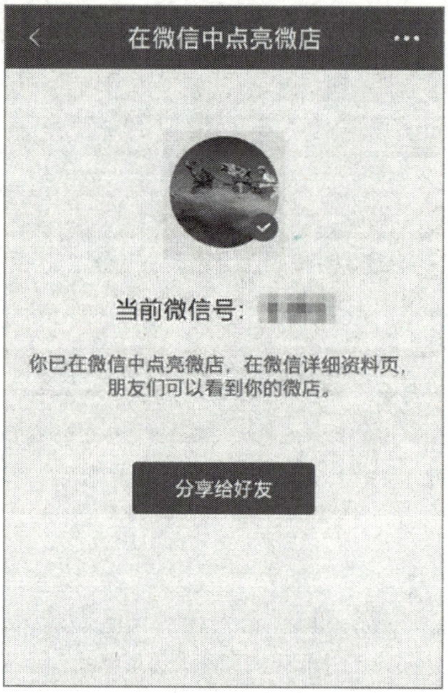

图 7-96　成功点亮

7.8　榜单：热文查询与竞品分析的好工具

对于 90%的微信公众号来说，最好的选择其实不是原创而是转载。现在微信的版权保护也做得比较完善，原创的账号也会乐于别人转载自己的文章。运营人员在转载的时候要做的就是选好题，你要能够准确把握自己账号的订阅者群体的偏好，为他们精选有思想、有启发的他们认为的好文章。

因为每个账号获取用户的方式都不一样，所以用户人群的偏好也各有差异。因此，同一篇文章在不同的账号发布的效果不一样，同样的文章修改一下标题发出去后的效果也是不一样的。比如我们转载过一篇文章，这个原创账号的体量应该和我们差不多，但是他们的这篇文章阅读量只有 7 万多次，我们发出去后的阅读量达到 50 多万次。

新媒体人怎么找到热门文章呢？这就要用到榜单工具。

榜单是新媒体成为当下主流传播媒介的时候出现的一种新的工具。其主要在做两件事：第一件事情就是为公众号排名；第二件事情就是为公众号的文章排名。所以通过榜单工具的热文排行，我们可以很快地知道最近什么文章在流行，结合自己的定位稍作排版和修改，往往也能获得不错的阅读量。这要远比自己原创安全得多，并且更为稳定长久。也许你也很有才华，可以写出爆文，但是不可能天天写出爆文，甚至不能保证每月写出一篇爆文，这时候显然使用经过检验的文章更为安全和稳定。下面介绍 4 个榜单工具。

1. 新榜

新榜（http://www.newrank.cn/）作为微信公众号内容数据价值评估的第三方机构，由复旦大学新闻学院提供全方位学术支持。它对微信公众号实行每日固定监测，据此发布微信公众号影响力排行榜（日、周、月、年），以及超过 20 个细分内容类别的行业榜和超过 30 个省（市、区）的地域榜。作为评估内容价值的重要产品，新榜每月和每年发布的中国微信 500 强已成为行业公认的权威标准。对于热门内容，新榜支持按日和按周查询，样本数量总计 20 多万个，几乎覆盖所有有影响力的微信公众号。其主界面如图 7-97 所示。

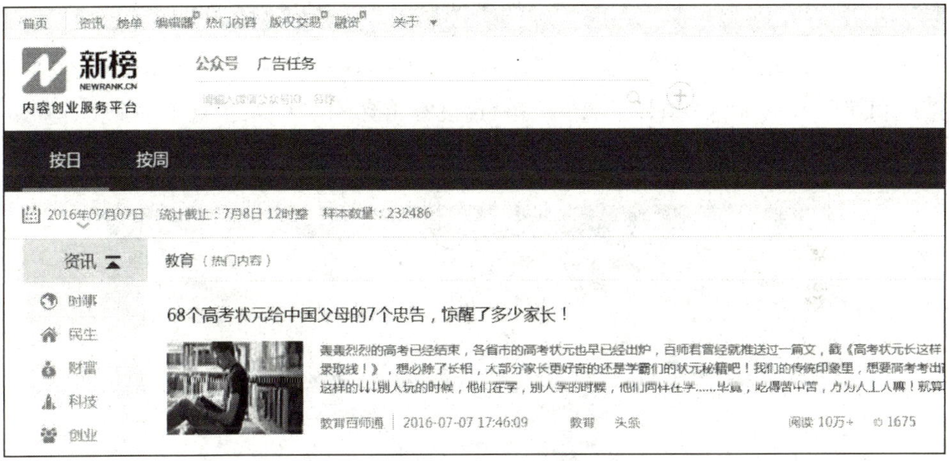

图 7-97 “新榜”主界面

目前在提供榜单查询之外，新榜的产品形态也逐渐丰富起来，除了被大多人知道的新榜编辑器，新榜目前还向政企客户提供涵盖数据服务、咨询评估、会务培训、广告匹配、精准营销的新媒体整体解决方案，并且所有服务项目可针对客户实际需求实行定制化调整（见图 7-98）。

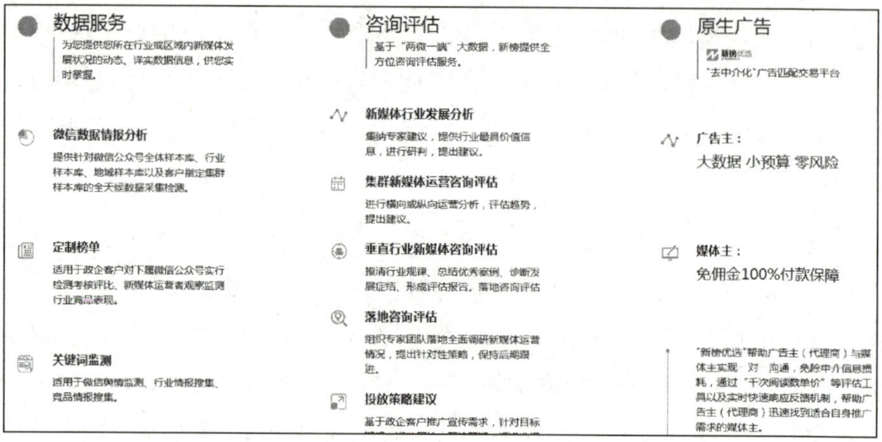

图 7-98 "新榜"的产品形态

2. 爱微帮

爱微帮（http://www.aiweibang.com/）其实是我个人最爱用的（其主界面如图 7-99 所示），因为它的数据要比新榜更加及时和接近我们在手机微信上看到的阅读量数据，也就是说新榜的数据要远低于实际数据。榜单工具一般都有公众号排行和热门文章排行，所以这样的功能我就不再介绍。下面给大家介绍一下爱微帮除榜单之外不一样的功能。

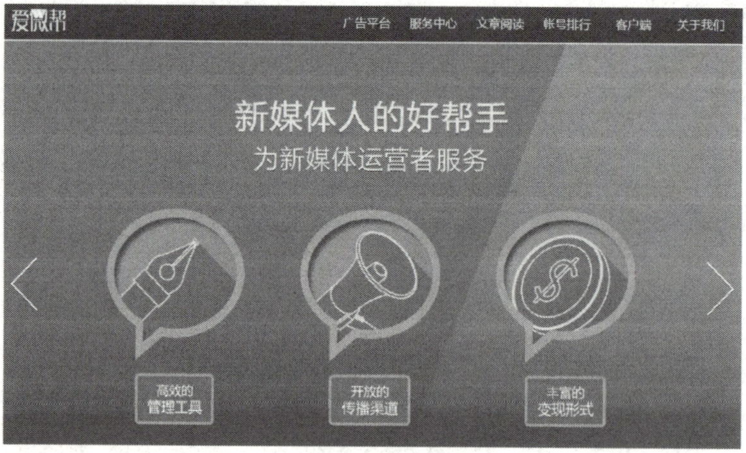

图 7-99 "爱微帮"主界面

最可圈可点的就是爱微帮服务中心的功能，其中我尤为推荐的是"个人微站"功能（见图 7-100）。因为经常遇到新媒体人咨询有些账号的文章列表页是怎么做出来的，其实那是开通了原创标识的账号才有的页面模板功能。但是没有原创功能，又想要实现那样的页面效果，还没有开发人员，怎么办？

图 7-100　爱微帮服务中心

就让爱微帮的个人微站来帮你免费实现吧。甚至爱微帮的这个微站功能比微信官方的都好用，比如在图 7-101 中大家可以看到“周末课堂”标签，这里面的文章都是自动聚合的，只要在微信公众号内推送文章的时候在标题中加入“周末课堂”这个关键字，带有周末课堂标题的文章就会自动聚合到这个标签下面，不用像微信官方的页面模板那样每篇文章都需要手动添加，十分方便和省力。

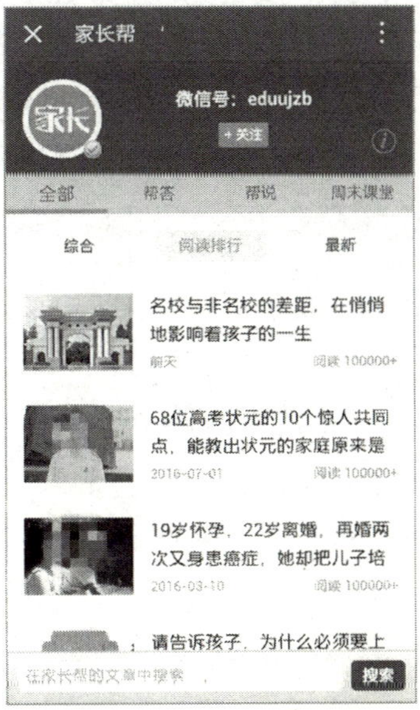

图 7-101　爱微帮的微站功能

3. 微指数

微指数（http://www.weizhishu.com/）除常规榜单功能之外，其差异化的地方在于可以对关键词进行监测，其主界面如图 7-102 所示。比如我们的微信账号是做家庭教育的，所以我监控的关键词就是“孩子”，通过关键词监测可以看到每天有哪些与孩子相关的关键词文章，其阅读量和点赞量是怎样的。

图 7-102 “微指数”主界面

这样的功能有一个好处，就是可以挖掘出一些好的内容素材。其实有些内容很好，但不是头条推送，或者推送的账号体量太小，导致文章无法获得有效的传播，我们挖掘出来经过包装之后可以带来更广泛的阅读。毕竟榜单的高阅读量文章都是众多账号一起转载的，很多文章甚至被反复转载，给读者的感觉就是缺乏新意。通过关键词挖掘，可以发现一些被埋没的少为人知的好文章（见图 7-103）。

提及关键词孩子的文章列表明细

帐号（ID）	文章标题	发布时间	是否头条	阅读数	点赞数	点赞率
八卦佛山	这款孩子都爱吃的巧克力被检出致癌物，可能你家也有！	2016-07-08 22:38:30	否	318	0	0%
搞笑漫画	【脑洞漫画】长那么好看！一看就是男孩子！	2016-07-08 21:49:13	否	2327	11	0.48%
搞笑内涵唯美图片	▸宝马车上的女孩子居然...	2016-07-08 21:32:49	否	89	0	0%
搞笑微视频	奶奶一碗面害了孩子，多少家长正在这么做！	2016-07-08 20:53:16	否	1	0	0%
集结号户外运动	【集结号】生命之旅第三天	2016-07-08 19:30:07	是	309	12	3.89%
南粤国旅	294/人 抢、抢、抢！【从化嶐格诗温泉度假庄园！】玩转全新三大主题乐园、住五星庄园！！	2016-07-08 18:51:50	是	27	0	0%
冷笑话精选	两张照片引发巨大争论：日本就是素质高？咱中国就是演戏？	2016-07-08 18:28:29	否	1170	2	0.18%
搞笑视频台	▸孩子发现妈妈的玩具后居然.	2016-07-08 17:44:10	否	624	1	0.17%
每日笑话	多一些真诚，少一些套路~	2016-07-08 17:35:31	否	79	0	0%
冷笑话搞笑视频	♉熊孩子造句子，笑喷了！	2016-07-08 17:29:00	是	9869	22	0.23%

图 7-103 关键词监测

其另一个功能就是广告联盟（见图 7-104），可在这里方便地查询一些自媒体的报价。支持按照行业、广告位、价格、粉丝数和阅读数这些不同维度去筛选账号，而且下单流程也很方便，都是自助的。投放广告之后，还可以利用其后台的“监控广告投放”功能，查询投放出去的广告效果。

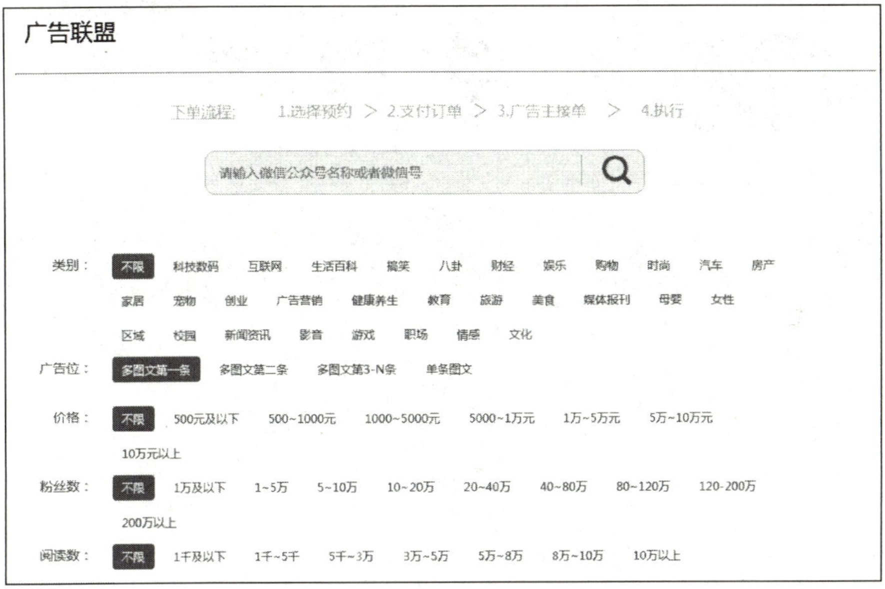

图 7-104 广告联盟

4. 清博指数

留意到清博指数（http://www.gsdata.cn/）是因为在 2016 年 4 月其宣布已完成 2100 万元 Pre-A 轮融资，由飞图创投领投，估值 2.1 亿元。目前，清博大数据的服务对象囊括国家部委及政府部门、知名企业及主流媒体；业务涵盖数据分析、竞品分析、智力支持、品牌监测等。其主界面如图 7-105 所示。

同时，清博大数据拥有超过 300 万微信粉丝的社交矩阵，与腾讯、阿里巴巴、百度、新浪、今日头条等互联网公司均有合作。清博大数据目前的主要产品和服务有清博指数、清博舆情、清博管家、清博广告、清博学院。其中，清博指数在新媒体指数、创投指数、品牌指数、社群指数、网红指数等领域已经建立了一套权威的评价标准，目前总计有 2 万多家单位或组织、机构使用其指标体系。

图 7-105 “清博指数”主界面

附录 A

新媒体网站与书单推荐

新媒体的特点就在于更新速度快，所以新媒体从业者需要不停地学习新的知识。这里就为大家列举一些很好的新媒体学习站点，并且为大家精选了几个比较聚焦新媒体的公众号，最后为大家推荐了 10 本对于做好新媒体有帮助的书目。让我们始终保持学习者的姿态吧！

由于一直有很多人让我推荐一些学习类网站和书单，因此在附录部分为新媒体人做一个整理推荐。所推荐皆为我自己使用和浏览过的，不权威也不全面，甚至权威网站上的内容也未必全部正确，更多的都是一家之言，这点提前与诸位交代清楚。所有的学习都不要盲从，也不可盲信，尽信书不如无书。

一、互联网行业观察与创投

这方面主要是一些互联网行业信息和创投的资讯。浏览这方面的信息一方面能够了解国家政策，获取权威数据；另一方面能够掌握资本市场对哪些新媒体项目比较看好，平时可以多留意。

（1）中国互联网络信息中心（http://www.cnnic.net.cn/）。

（2）互联网的那点事（http://www.alibuybuy.com/）。

（3）虎嗅网（http://www.huxiu.com/）。

（4）百度百家（http://baijia.baidu.com/）。

（5）36 氪（http://36kr.com/）。

（6）i 黑马（http://www.iheima.com/）。

（7）创业邦（http://www.cyzone.cn/）。

（8）DoNews（http://www.donews.com/）。

（9）速途网（http://www.sootoo.com/）。

二、广告文案创意网站

做新媒体内容运营每天都离不开文案的撰写、编辑与排版，以及标题的拟定。下面为大家介绍几个广告文案和创意方面的网站，平时多浏览也会给自己很多思路和灵感。

（1）TOPYS（http://www.topys.cn/）。这是我看过的最有设计感的学习网站。

（2）互动中国（http://www.damndigital.com/）。

（3）广告最好看（http://ymqworks.gotoip4.com/okgg/）。

（4）waaaat？（http://waaaat.welovead.com/cn/）。

（5）广告门（http://www.adquan.com/）。

三、社会化营销创意网站

（1）梅花网（http://www.meihua.info/）。

（2）SocialBeta（http://socialbeta.com/）。

（3）数英网（http://www.digitaling.com/）。

（4）Motive（http://www.motive.com.tw/）。

四、产品思维学习网站

我一直认为运营人员具备产品思维是很必要也很重要的，只有像产品经理一样思考，你才能运营好一款产品，并在产品思维塑造中不断拔高自己的运营能力，同时在想转行的时候拥有更多的资本。

（1）人人都是产品经理（http://www.woshipm.com/）。

（2）产品 100（http://www.chanpin100.com/）。

（3）产品邦（http://www.masterchat.cn/）。

五、研究报告类网站

这类网站我个人是非常喜欢的，我甚至订阅了一个网站，就是为了方便每天能够收到与互联网相关的资讯，同时在其有新的报告发布的时候可以较快地知晓。数据从来都是最有说服力的证据，通过数据我们也能洞见一些未来。

（1）艾瑞网（http://www.iresearch.cn/）。

（2）企鹅智酷（http://tech.qq.com/biznext/list.html）。

六、培训学习类网站

如果想学习与新媒体或者互联网相关的技能，报一些在线学习班也是很好的学习方式。下面介绍几个 PC 端的学习网站，一般都能找到与新媒体相关的课程。

（1）网易云课堂（http://study.163.com/）。

（2）多贝网（http://www.duobei.com/）。

（3）腾讯课堂（https://ke.qq.com/）。

（4）百度传课（http://www.chuanke.com/#）。

（5）慕课网（http://www.imooc.com/）。

（6）馒头商学院（http://www.mtedu.com/）。

（7）踏浪 100（http://www.talang100.com/）。

（8）三节课（http://www.sanjieke.com/）。

（9）第 9 课堂（http://www.dijiuke.com/learn?categoryId=startup）。

七、新媒体学习公众号

目前在新媒体方面做得比较好的公众号也有很多，其中还有一些因为做新媒体培训的创业而获得了不错的融资。比如插坐学院是较早获得融资的，三节课也拿到了投资。公众号的更新速度比较快，也比较适合新媒体的学习。

1. 插坐学院

功能介绍：国内最好的企业新媒体服务机构，聚焦 1000 万企业新媒体人，提供系列课程、战略咨询与解决方案等服务。微信号：chazuomba。

2. 馒头商学院

功能介绍：欢迎加入馒头商学院，互联网从业者在线学习社群！这里汇集众多优秀的产品、运营、营销精英，提供最接地气的实战课程。你还可以加入各种专业小组，收获导师、朋友和圈子，与最优秀的互联网人一起成长！微信号：mantousxy。

3．一招学院

功能介绍：一招旗下“新媒体学习型社群”，拥有合计上万名企业家、创业者、市场人、投资人、新媒体人、运营人与广告人社员。微信号：yizhaoxueyuan。

4．业问

功能介绍：最好的互联网职业技能和经验分享平台。专注于为互联网人匹配高价值实战经验，连接一线职场前辈，通过线上线下问答和课程方式高效互动，解决职业问题。更有高品质知识互助社群，加速个人成长。微信号：askyewen。

5．姑婆那些事儿

功能介绍：姑婆那些事儿是移动互联网推广运营知识分享平台，关注移动推广，包括 APP（Android，iOS）推广运营、WAP 推广运营、校园推广及互联网领域最新动态。欢迎大家踊跃参与，与我们一起探讨推广运营那些事儿。微信号：gupo520。

6．实力派

功能介绍：实力派是一个实战知识经验共享平台，集聚各领域的实战型专家和实力派资深人士，通过知识众筹和一对一咨询，为用户提供低成本、及时性、定制化的学习服务，帮助用户快速成长为新生代实力派。微信号：shilipai1234。

7．新榜

功能介绍：涨粉、变现、运营、观察，新榜给你不一样的新思路。新榜——内容创业服务平台。微信号：newrankcn。

8．鸟哥笔记

功能介绍：鸟哥笔记是国内首家手游、APP 推广运营公益交流平台，移动互联网推广运营干货分享第一平台。微信号：niaoge8!。

9．91 运营网

功能介绍：91 运营网专注于互联网产品运营干货，聚焦互联网产品策划、电子商务、网络营销、移动互联网、融资创业等领域经验分享。微信号：yunying-91。

八、新媒体书单推荐

由于经常被问到这个问题，所以在本书最后我就自觉地放上一张书单，这 10 本书曾经给了我很大的启发，给了我很多顶层设计上的思考。不知道于你是不是也一样能收获很好的感悟，仅供参考吧。

1.《认知盈余》

作者：克莱・舍基（Clay Shirky）

出版社：中国人民大学出版社

编辑推荐语：舍基不愧为“互联网革命最伟大的思考者”，他对互联网给人类所带来的行为以及文化的变迁洞若观火。“认知盈余”是新时代网民赋予互联网从业者很大的红利之一。舍基的每一次发现，其实都是在提示我们未来人类世界的一个全新的发展维度。

2.《未来是湿的》

作者：克莱・舍基（Clay Shirky）

出版社：中国人民大学出版社

编辑推荐语：湿，是协同合作的态度。湿，是社会资本的累积。湿，是思维范式由一维而万维。湿，是政治文化从一元到多元。湿，是交流空间打破鸦雀无声，走向众声喧哗。这是一种力量，这更是一场革命！能否察觉和利用这种象征着力量、关系和环境的“湿度”改变，也许决定了我们能否在未来活下来。

3.《引爆点》

作者：马尔科姆・格拉德威尔（Malcolm GlaDwell）

出版社：中信出版社

编辑推荐语：作者以社会上突如其来的流行潮为切入点，从全新角度探索了控制科学和营销模式。他认为，思想、行为、信息及产品常会像传染病爆发一样迅速传播。正如一个病人就能引起全城流感；几位涂鸦爱好者能在地铁里掀起犯罪浪潮；一位满意而归的顾客还能让新开张的餐馆座无虚席；发起小规模流行的团队能引发大规模流行风暴。这些现象均属“社会流行潮”，它达到临界水平并爆发的那一刻，就是一个“引爆点”。

4.《疯传》

作者：乔纳·伯杰（Jonah Berger）

出版社：电子工业出版社

编辑推荐语：这本书将为你揭示这些口口相传和社会传播背后的科学秘密，并且告诉你如何将产品、思想、行为设计成具有感染力和传播力的内容。这是一本具有感染力的关于病毒营销的著作。作者以幽默、风趣的语言描绘了认知心理学和社会行为学之间的交互影响过程，着眼于帮助商人和其他群体传播他们的信息，其研究结果也可作为研究流行文化传播的基础读物。

5.《文案创作完全手册》

作者：罗伯特·布莱（Robert W. Bly）

出版社：北京联合出版公司

编辑推荐语：本书是广告教父奥格威力荐的经典文案教材，能让你快速、全面地提升文案水平。畅销美国 30 年，广告人传授超实用文案秘诀。8 种标题、9 种特质、11 种方法让你轻松掌握最有效的广告技巧，像广告人一样写出热卖文案。

6.《长尾理论》

作者：克里斯·安德森

出版社：中信出版社

编辑推荐语：本书阐释了长尾的精华所在，指出商业和文化的未来不在于传统需求曲线上那个代表“畅销商品”的头部，而是那条代表“冷门商品”的经常被人遗忘的长尾。他还揭示了长尾现象是如何从工业资本主义原动力——规模经济和范围经济——的矛盾中产生出来的。同时，长尾理论转化为行动，最有力、最可操作的就是营销长尾，通过口碑营销，长尾理论将在不可能的情况下实现销售。营销长尾带来了可信任的、真实的、自然发展的、自下而上的、基层民主的意见，并最终影响到 21 世纪消费者的行为。

7.《定位》

作者：艾·里斯 杰克·特劳特

出版社：机械工业出版社

编辑推荐语：本书是特劳特的成名作，深入阐述了定位理论和操作方法，并配有丰富的实战案例解析，指导企业家成功定位企业，获取商业成功。美国史上百本最佳商业经典第一名，美国 CEO 最怕被竞争对手读到的商界奇书，有史以来对美国营销影响最大的观念。

8.《乌合之众》

作者：古斯塔夫·勒庞

出版社：中央编译出版社

编辑推荐语：《乌合之众》作者论述在传统社会因素毁灭、工业时代巨变的基础上，“群体的时代”已经到来。书中极为精致地描述了集体心态，对人们理解集体行为的作用以及对社会心理学的思考发挥了巨大影响。《乌合之众——大众心理研究》在西方已印至第 29 版，其观点新颖、语言生动，是群体行为的研究者不可不读的佳作。

9.《部落》

作者：赛斯·高汀（Seth Godin）

出版社：中信出版社

编辑推荐语：互联网让地球村成为现实，远古时代的部落精神得以重生，传统的企业把时间花在寻找目标人群上，把钱花在对他们的营销上。聪明的企业正在创建部落，大批的追随者成为义务的推广员。奥巴马当选总统、乔布斯狂卖 iPod、尤努斯创办穷人银行的秘密：发展真正忠实的追随者，组建自己的部落，发挥一呼百应的号召力！这才是真正的影响力！

10.《浅薄》

作者：尼古拉斯·卡尔

出版社：中信出版社

编辑推荐语：媒介即信息，浅薄比深刻更有境界。我们的思维方式与所使用的生产力工具密切相关。互联网是如何革命我们的思维的？使用互联网对我们大脑的工作方式会带来什么影响？卡尔认为，互联网鼓励我们蜻蜓点水般地从多种信息来源中广泛采集碎片化的信息。这是一套速度至上、效率至上的伦理，也是一套产量最大化、消费最大化的伦理。如此说来，互联网正在按照自己的面目改造我们。我们变得对扫描和略读越来越得心应手，但是，我们正在丧失的却是专注能力、沉思能力和反省能力。

致　谢

首先感谢北京源智天下科技有限公司的编辑王若男，她从知乎上联系到我，问我有没有意向写一本运营方面的书籍。当时，我刚刚建立新媒体研习社，其中一项计划就是写一本书。在实施这项计划之前，我还参与了一个朋友众筹写新媒体方面书籍的计划，他已经联系好了出版社，但是后来由于大家都比较忙，计划暂时搁置了，成为一个遗憾。而这时候王若男联系到我沟通出书的计划时，我们一拍即合，很快就签订了合同。感谢编辑王若男的邀约，也感谢她在本书出版过程中给出的建议。

其次感谢巴大仁新媒体研习社的成员，在我写作本书的初期陪我一起进行新媒体工具的研习，他们每周的研习作业也给予了我很多帮助，他们在研习社的交流也为我提供了很多灵感，他们对研习社文化的建设功不可没。由于他们的高度自治和专业研习，不但促进了社员的成长，也帮我建设了这么好的新媒体知识研习社群，在我写作本书的过程中成为极好的社群案例，同时他们对于新媒体知识的孜孜不倦也激励着我不断地写下去，最终完成本书。

最后感谢我的公司、我的老板，还有我的同事。是公司给了我这么好的平台，让我走出校园后得到充分的锻炼，公司的企业文化也深刻地影响着我，比如公司倡导的“向书本学习，向所有人学习，向一切事物学习”的理念还被我借鉴到新媒体研习社中。我的老板在工作中给予我充分的放权和大力支持，才使我能够做出那么多的创新，最终我才有可能做成本书中讲到的几个大型活动，成为本书的一手案例，并且能够提供给大家翔实的数据资料。同时还要感谢我的同事，任何一个大型项目的成功都离不开大家的齐心协力。

感谢在本书出版过程中做出贡献的所有人，没有你们，这本书就不会这么快付梓面世。